安第斯高原的太陽之子

印加的智慧

沈小榆　著

前言 FOREWORD

金色的國度

古老的美洲大陸或許是地球上最令人難以捉摸的神祕土地之一。它置身於人們的思考軌跡之外，輕快地戲謔著科技文明的法則。儘管今天的美洲人腳下踩著的仍然是那片自古而今的土地，然而，在這塊土地上曾經發生的過去，卻在當年西方文明的武斷覆蓋之下含蓄地緘默著，不再吐露那難以破譯的謎底。

那斯卡地形圖的優美軌跡，阿茲特克雕像的神祕表情，掩蔽在叢林之中的瑪雅金字塔多少年來靜靜地矗立……許許多多傳說營造起來的美洲文明早已化作現代神話，與人們內心深處的隱祕之境暗暗合一。

二十世紀初的一天，一位科學家在雨中踏上山間崎嶇的叢林之路，劈開交叉小徑上遮蔽去路的植物莖蔓，艱難前行。長時間的跋涉令他疲勞不堪，沒有目標的徒步和天氣一樣令人灰心喪氣。然而，當他登上山頂，順手撥開擋住視線的一簇葉片，突然為眼前的景觀深感震驚。在野生植物的掩蔽之下，一座失落的城市，輪廓清晰可辨。就此，傳說中的神祕古城——馬丘比丘——終於重見天日。

試想一個發現者的樂趣。登上高原，一個以黃金裝點的國度，也擁有著金子般文明的古代國家——印加帝國。

在最早到達美洲大陸的西班牙人當中流傳著這樣的故事：一五一一年，當一位印第安酋長看到西班牙人稱量剛剛從布查

族搜刮到的金子時，十分驚訝地說：「如果這就是你們遠離自己的家鄉，冒著生命危險所要追求的東西，我可以告訴你們，有一個地方的人民，他們吃喝用的器皿都是金製的，那兒的金子有如你們所帶的鐵一樣便宜。」另一個印第安人，站在太平洋岸邊的沙灘上，彎著腰，做了個駱馬的姿勢，告訴西班牙人；「有一個迷人的地方，那兒有這樣一種動物，像你們的馬一樣馴良。」人們傳說，在那片神話般的土地上，到處都是金穴，國王每天換一件綴有金沙的新上衣，是一個以黃金鍍身的國王。這個誘人的地方就是印加帝國。

以盛產黃金著稱的印加帝國，有著比金子更寶貴的財富。它是美洲三大文明之一，與著名的瑪雅文明、以特諾奇蒂特蘭為中心的阿茲特克文明齊名，並且是西班牙人入侵以前，美洲大陸上傳統印第安文化的最大中心。比起較早的瑪雅，或者處於同一時期、後來成為墨西哥的中美洲鄰居阿茲特克，南美的印加文明自有其獨特的風格。儘管它可能始終沒有發明文字，卻有著當時美洲大陸十分罕見，體現在社會組織上的成熟理性。它擁有長達幾千公里的發達的道路系統，並因此獲得了「新世界的羅馬」之稱。他們還有著在當時的世界上速度最快的郵政。印加境內的梯田和水利系統，其規模也令人稱奇。幾百噸重的岩石塊壘造的龐大建築物，經歷了幾個世紀，在承受了頻繁的地震之後，始終巋然挺立，那些拼合緊密的石縫至今仍不能插入一片薄刃……

這樣的文明當真令人嘆為觀止！

如果說瑪雅地區像是連綴不緊的「文化馬賽克」，如果說阿茲特克依靠征服與納貢構建的「帝國金字塔」略顯疏闊，那麼，印加在其國家制度和社會組織方面則達到了「超前」的成

熟。它曾經被西方研究者稱為「世界上最為成功的專制統治之一」。從一定的意義上說，印加是印第安美洲唯一一個真正符合帝國稱號的古代文明。

印加以不斷征服的方式擴充領土。十六世紀初，當西班牙人入侵帝國之時，正是其國土最遼闊的時候。印加帝國的位置，從今天的地圖上看，沿著南美洲西海岸縱向展開，著名的安第斯山脈縱貫國境。它的形狀奇特。南北方向延伸得很長，從北緯2度附近沿太平洋一直延伸到南緯37度左右，有四千公里長；東西方向卻相對地顯得狹窄局促；整個國家形狀狹長。印加帝國被西班牙人稱為「秘魯」。但這個「秘魯」的意義與今天的秘魯並不重合，它的範圍要比後者大上許多。印加帝國的總面積達二千多萬平方公里，包括現在的秘魯、厄瓜多爾、玻利維亞三個國家的領土，以及哥倫比亞、阿根廷和智利國土中的一部分。它的疆界北起哥倫比亞的安卡斯馬約河，南至智利中部的毛萊河，東抵亞馬遜河域森林，東南到達阿根廷的圖庫曼，西臨太平洋。

「印加帝國」這個稱呼其實並非帝國的原有名稱。「印加」一詞最早是部落的名稱，帝國形成之後，用來稱呼「太陽之子」印加王及太陽後代王族階層。印加部落於十五世紀發展壯大，逐一征服了周遭各個部落，並將勢力範圍迅速擴大到安第斯谷地以外的地方。帝國的國土向東、西、南、北四個方向不斷延伸，他們也將自己的國家稱為「四個連在一起的地方」——「塔萬廷蘇尤」。帝國滅亡之後，印加王室後裔加西拉索，德拉維加的名著《印加王室述評》的問世，使「印加」這個榮耀之稱與帝國的燦爛文明聯繫在一起，此後人們開始沿用「印加帝國」的稱法。印加帝國的富饒繁榮，它在治國方略、文化經濟上的各種成就，令西方人讚嘆不已。在它的鼎盛

時期，擁有大約六百萬的人口，這些居民主要集中在農業發達的庫斯科谷地及其周圍。帝國的首都庫斯科可能是當時世界上最繁華的都市之一。

前印加文明

　　儘管對於美洲文明中一些匪夷所思的「奇蹟」，流傳著種種莫名其妙的傳說，譬如有些人相信那是外星人造訪地球的遺跡。然而，任何文化均有其自身發展的軌跡；印加文化也是如此。印加文明建立在安第斯地區的美洲古文明的基礎之上。庫斯科谷地是印加文明的搖籃，印加帝國發端於此。此外，印加文明在其成長的過程中，也不斷得到從征服地輸入的其他文化的滋養，逐漸發展壯大。

　　印加文明的勢力範圍：南美洲太平洋沿岸中部、安第斯山服中段和玻利維亞高原，原本就是世界上最古老的農業文明發祥地之一。早在公元前八千到前三千年代中葉的石器時代，這裡的沿海居民已開始發展原始農業。隨著農牧業的發展，這片廣闊的地帶產生了一系列古文化中心，其中，一些文明已經有了長足的發展，有著鮮明的文化標誌物。這些「前印加文明」大致有以下幾處。

　　公元前十至六世紀的「查文文化」，根據高原北部總面積150×75平方米的查文－德－萬塔爾考古遺跡而得名。安第斯地區的巨石建築傳統可以追溯至此。這裡有地下神殿、石建築物和石柱、石碑等各種雕刻作品。其中高達15米的「卡思蒂略」建築物，內部有走廊、樓梯、通風煙囪和無窗的房間，已具備後來石建築的基本結構。圓形廣場周圍的壁雕紋樣，顯示

出當地居民的美洲虎崇拜，其中一尊巨型頭戴蛇形羽狀冠飾的獸頭人身像尤其突出。查文文化的陶器多為黑色或棕色的單一色調，裝飾著幾何圖案。他們的金屬工藝也已達到很高的水準，能將金片打製成神獸、迴紋等精巧的圖案。

位於南部沿海地區，公元前十世紀至公元五世紀之間的「帕拉斯文化」在紡織工藝上表現出驚人的成就，其織物色影絢麗，根據色調、色相的變化，分化出一九〇多種色彩。南部沿海皮斯科出土的木乃伊服裝，以其色彩絢麗、圖案被雜，在紡織和刺繡上達到的高度藝術性，獲得「世界沿海紡織品的奇蹟」之譽。公元十世紀中葉，位於同一地區的「那斯卡文化」也有較大程度的發展，其陶藝造詣突出。那斯卡陶器的底色以磚紅或橙黃為主，其上以紅、黃、褐、灰、紫、黑、白等口種不同的色學描繪鳥獸、草木和神怪形像的圖案花紋。陶器的工藝精湛，有的器物表面塗釉達八至十次之多。

與此同時，在北部沿海傳布了「莫契卡文化」（又稱為「早期奇穆文化」）。「莫契卡文化」遺址中矗立著巨大的土築「金字塔」；其中最大的一座，基座長二二八米，寬一三六米，高十八米。南部的「金字塔」每邊長一〇三米，高二十三米，用一億三千萬塊土坯才能建成。「金字塔」頂部建造了巨大的神廟。「莫契卡文化」中發現了水渠和下水道的遺址，還留有石板道路的遺跡。考古發現，這裡的人已經會提煉金銀，並懂得用金銀與銅製造合金。「莫契卡」陶器十分獨特，兼具器具與塑像的功能，器身被製成人像、頭像、動物、家具、房屋、船隻、果實等形狀。手持狼牙棒、戰斧、標槍、盾牌等武器的戰士塑像，以及赤身露體、脖套繩索的奴隸或俘虜形像被

塑造得相相如生。陶器表面彩繪漁民、武士、僧侶的日常生活，表現了世俗生活的場景。

　　前印加時期最著名、最發達的文化是「蒂亞瓦納科」文化。在六至十世紀，它的影響達到現在的玻利維亞高原、秘魯的北部高原和沿海地區、厄瓜多爾南部、智利北部和阿根廷西北部地區。這一文明的中心位於海拔四千米的安第斯高原之上，世界最高的淡水湖的的喀喀湖東南 21 公里處。一五四八年西班牙人，在蒂直瓦那科村莊中首次發現，並據此命名。這片一○○○×四五○平方米的大面積遺址群，以巨石建築為其特徵。

　　蒂直瓦那科文化遺址位於太平洋沿海通向內地的重要通道上，被大道分為南部。大道一側有「阿加巴那」金字塔，古地二一○平方米，高十五米。大道的另一側是「卡拉薩賽亞」建築，由長一一八米，寬一一二米的台面組成，四周有堅固的石牆，建築物內有通向地下內院的階梯。在它的西北角，是前哥倫布時代美洲最為著名的古蹟──「太陽門」。

　　「太陽門」是用一整塊重達百噸以上的巨石雕成，中央鑿出一個門洞，門楣正中雕刻著高約三米，寬約三·七五米的人形神像淺浮雕，頭部向四周放射出多道光線，雙手持護杖。也有人認為這神像是虎頭天神，頭戴輻射狀的羽狀冠飾，右手持擲矛器，左手執箭袋。神像兩旁為三列 48 個較小的形象，上下兩列是面對神像的帶翼勇士，中間一列是人格化的飛禽，手持旗或槍矛。太陽門被發現時已經殘碎，一九○八年重新整修。之所以稱為「太陽門」，還有一個原因。據說，每年九月二十一日秋分那天，黎明的第一縷陽光必定從門洞中央射入。

　　關於「太陽門」，歷來傳說種種。當地艾馬拉人認為那是

· 印加太陽門

維拉科查神的奇蹟之一。此外，傳說它是由一雙看不見的手一
夜之間建造起來的。另一個傳說則說，門上的雕像本來是當地
居民，後來被一個外來的朝聖者變成了石頭……云云。之所以
傳說紛紜，那是因為在人們看來，如此巨大的石建築，實屬人
力所不可為。

　　太陽門建成於公元十世紀之前，在沒有發明輪子，缺乏運
輸工具，完全依靠人力的古代，要把數十噸甚至上百噸的石
塊，從數公里之外的採石場，藉著羊駝、皮繩，拖曳到指定地
點，必須擁有一支二千六百多人的隊伍才能完成。但要解決這
麼多人的吃住，似乎並不可能。也有人認為，當時的的的喀喀
湖比現在的水位高出許多，湖岸與「卡拉薩賽直」很近，人們
是用平底駁船，從科帕卡瓦納附近的採石場，通過的的喀喀湖

上運送石料。但即使有這樣的駁船，它的體積要比西班牙人的船大上好多倍，似乎也不大可能。因而，「太陽門」是如何建造起來的，至今仍是一個謎。

印加的崛起與終結

公元前六世紀，庫斯科谷地的查納帕塔文化開始發展。儘管它比同時期的其它安第斯文化落後，然而，高度發達的印加文明就是以此為基礎發展起來的。

印加民族早先只是安第斯地區一百多個小部落中的一員。這些都落主要分屬克丘亞、艾馬拉（科利亞）、莫契卡和普基納（烏魯）四大語族。艾馬拉（科利亞）諸部落的所在地佔據了後來印加帝國幾乎三分之一的地域，位於其南部，的的喀喀潮流域及周圍的高地；莫契卡部落居住在沿海北部地區，他們的「奇穆王國」或部落聯盟就位於此地；普基納（烏魯）諸部落可能活動在的的喀喀湖周圍地區：克丘亞部落的範圍只局限於庫斯科谷地周圍較小的區域。然而，正是克丘亞部族中的一支小部落——印加，最終完成了征服整個安第斯地區的大業，建立了威震四方的印加帝國。

在印加文明崛起的同時，北方海岸的「奇穆文化」也正在迅速發展。奇穆文化在公元十一至十五世紀強盛起來，以昌昌為首都。昌昌占地約 18 平方公里，是古安第斯地區最大的城市。整個城市至少由十個以圍牆包圍的住宅區或長方形街區（類似於中國古代的「街坊」）組成，每個街區面積約為480×355 平方米，現存的殘牆有的高達 9 米。一個街道區內

有住宅、街道、金字塔、蓄水池、花園、墓地等。房屋用生磚建築，牆面塗泥，有印刻的圖畫或淺浮雕裝飾。街區之間的地方開闢為農田，建造了水渠，進行灌溉。奇穆的陶器以磨光黑陶為主，紡織品精美，懂得使用染纈法，並將鳥類的羽毛編織在織物之中。「奇穆王國」於一四七〇年左右為印加國所滅。

　　印加帝國征服四方之後，將其先進的農作方式推廣到了新領地，在一定程度上建立起了統一國家的政治體系，印加文明隨同其國家權力的作用與民間交往的影響，迅速滲透、覆蓋了所到之處。以陶藝為例，喇叭口形的印加瓦罐很快在新領地中得到推廣。北部沿海的奇穆地區原先製作富有特色的黑陶製品，在被征服後即被同化，開始製作印加風格的陶器。其它的製陶傳統地區也發生了類似的變化，比如以色彩豐富為特色的納斯卡陶器也仿製印加陶器的裝飾和某些製作方法。

　　十六世紀初，西班牙人到來之前的印加帝國已經是一個幅員遼闊，政治統一，經濟一體，文化合一的強大國家。

　　一五一三年之後，南海（即太平洋）的發現者西班牙人巴爾沃亞與他的船隻駛向巴拿馬以南。當他們沿著海岸航行，來到赤道地區，看見一個印第安人正在河口捕魚。他們向他詢問，他們來到了什麼地方？印第安人說出了「秘盧」這個詞語。在當地的語言中，「秘盧」是個普通名詞，乃「河流」的泛指。印第安人想說明他所在之處是「河流」，西班牙人卻以為他們來到了「秘魯」。「秘魯」的名稱就此傳入西方。西班牙人將它與傳說中那個富裕的黃金之國聯繫到了一起。一五三二年，印加帝國的神祕大門終於向外來者開啟，它的魅力也就此為世界所知。可惜的是，印加人的友善過於盲目，最後他們不得不將自家門戶的鑰匙，也一併交給了西班牙人。

目錄 CONTENTS

Chapter 1
生民・民生

斯土斯民

儘管印加人虔誠地敬奉他們的太陽神，但上天的回贈卻十分微薄。俗話說：「民以食為天。」自然條件對於印加的農業生產卻相當不利。

地埋條件造成了氣候的複雜多樣化。印加地形狹長，它從北緯 2 度附近的太平洋沿岸，一直延伸到南緯 37 度。沿海地區是狹長的砂土地帶，雨量稀少，僅有幾條細小溪流，水源匱乏，幾近荒漠。安第斯山脈形成的山區地帶山勢陡峭，山體主要為花崗岩，岩石縱橫交錯，海拔高度在雪線以上的地區終年積雪。相對而言，海拔二千四百～三千四百米的山谷盆地高度適中，又有溪流滋養，是大自然給予印加人略顯仁慈的優容。但人們利用梯田工程和水利灌溉，在上天的苛刻面前，仍然把生存的地域推向可能的極限。玻利維亞高原的草原地帶，平均海拔達四千米，印加人也加以開拓和利用。在安第斯地區，海拔五千三百米的高度之上，仍有人常年定居。

· 印加古棧道

　　「一山有四季，十里不同天」的山地氣候，以及安第斯山區的獨特地形地貌，使這一地區的土地條件和農業狀況極不統一。安第斯地區的農業整個地呈現出斑雜錯落的面貌，相同的土地條件十分少見；不要說廣袤的良田，甚至毗鄰地區之間，適宜生長的農作物也各不相同。

惡劣的環境迫使人們尋找應對之方，不同的海拔高度、緯度地帶的農人驗證了不同作物的適應能力。整個印加境域內的農產品在植物種屬圖表上畫出了一條由熱帶作物向溫帶作物變化的曲線。甚至那些高原頂端的不毛之地，人們也加以利用，用來放牧駱馬和羊駝。生存予人以化腐朽為神奇的能力，長時期的生產實踐，使人們不僅適應了地理環境驟變的不利條件，並以此形成了本地的農業特色。人們從自己的村莊出發，長途跋涉之後，來到距離很遠的其他生態區域，在一年中的不同時間，完成打漁、園藝、農耕等不同的工作。就這樣，人們以不同的方式謀生，同時也滿足了自身多方面的需求。

　　整體而言，在印加，人口最集中的地區是的的喀喀湖四周的高原地帶。直到現在，這裡仍然是人口最為密集之處。然而，此處也並非風水寶地。海拔相當之高，給居住在這裡的人造成了另一個重大的難題——日夜溫差造成的氣溫驟變。在人口稠密的高原地區，酷熱的白天與寒冷的夜晚之間，溫差高達攝氏 30 度，甚至更大。任何一年中都有三百個晚上會出現霜凍的天氣，是人們最大的憂慮。

　　印加的宗教節日中，有一個異常隆重的「庫斯基耶拉伊米」典禮。玉米播種完畢，開始發芽之時，典禮如期舉行。人們向太陽神獻上各種犧牲，心中只有一個希望——向太陽神虔誠祈禱，讓他們剛剛種下的玉米能夠逃脫冰凍的傷害。從印加都城庫斯科的住民那種敬畏的態度，便可知道此地霜凍的厲害程度。印第安人的主食玉米尤其容易為霜凍所傷害。大量種下的玉米種子，如要保證收成良好，就不得不求助於神明的「恩典」。

　　霜凍的前兆是天氣晴朗。雲層可阻擋地面熱量的散失，晴朗少雲的夜晚尤其寒冷。當人們一看到晚上天氣晴好，萬里無

雲，就擔心晚上出現霜凍。對此，人們採用了既有一定的科學道理，又脫離不了巫術思維的對策。他們點燃垃圾污物，產生了大量煙霧。各家各戶都在各自的庭院裡燃燒各種廢棄物品。他們以為煙可以防止霜凍，這恐怕是由於煙與雲彩形態相近，引發了人們的巫術思想。實際上，煙霧中的灰塵顆粒是水分子的凝結核心，由此也會促使雲層形成。但是，燃燒並不能產生立竿見影的效果，由此也無以產生足夠的灰塵。總的來說，對於當地嚴酷的霜凍，這畢竟只是杯水車薪。

人們對嚴寒和霜凍，有避之唯恐不及的一面，也有合理利用的一面。比如，科利亞省生產一種名叫「帕帕」的馬鈴薯。「帕帕」剛剛挖掘出來時，富含水分，容易腐爛。人們在地上鋪上茅草，把「帕帕」放在茅草之上。此地終年冰雪，把「帕帕」放在室外，經過幾夜，浸透冰雪，然後在「帕帕」之上蓋一層茅草，人在草上踩踏，把果實中的水分全部擠乾，再放到太陽下晒乾。加工後，「帕帕」變成可以長期儲藏的乾爽「丘紐」。居住在安第斯地區的人用同樣的方法加工各種蔬菜，特別是數千種薯類作物。對於肉類，也如法炮製；即經過夜間冷凍，白天在熱帶的陽光下曝晒。這樣做，就能夠使大部分作物份量減輕，便於運輸，而且能夠在高原環境中長期保存而不腐敗。肉製品經過這道程序，足以供給今後一年的食用。

印加地區的農業曾經發生過一次重大的變化。十六世紀，當歐洲人來到印加，引進了許多當地所無的品種，比如大麥、甘蔗、葡萄、香蕉，當時它們已能夠適應美洲的環境，也被證明富有營養價值。奇怪的是，移植的品種在多年以後，有許多又重新失傳。即使是那些保存下來的品種，在美洲當地也沒有獲得像本土作物那樣的重要地位。

事實上，原有品種的本土特性表現了幾千年間培養起來的

對當地環境的堅韌耐力。在安第斯地區的植物培育過程中，塊莖植物和塊根植物以其適應上的優勢而成為上選。研究者發現，玻利維亞高原的馬鈴薯品種最多，約 13 種，它們起源於 60 多種野生茄屬植物。的的喀喀湖周圍的居民從野生馬鈴薯中挑選出上好的品種加以培植，馴化，最終形成現代馬鈴薯的種類。不僅如此，印加民族在農業上更取得了很大的成就，種植的農作物達 40 餘種，包括玉米、馬鈴薯、番薯、木薯、南瓜、番茄、花生、菜豆、辣椒等，其中有不少品種是印加特產，當時在美洲，甚至在整個世界上都是獨一無二的。

印加的農業密集地，現今秘魯——玻利維亞地區，生產的作物品種就達 30 種以上。這地區的土生植物主要是多種塊根、塊莖作物。在多種薯類中，馬鈴薯「帕帕」的種植範圍最廣；此外還有塊根落葵屬「烏留科」、塊根酢漿草「奧卡」、塊莖旱金蓮「阿尼尤」，以及其它一些塊根植物。印加人種植的穀物主要有兩種；一種是「基諾亞穀」，或叫「昆諾阿藜」，後來也被稱為「秘魯大米」；另一種是「卡尼亞瓦穀」。安第斯山西坡和沿海河流盆地的農業則與高山地區不同，進行了人工灌溉，發展稍晚於高原。這裡的主要農作物是玉米、豆類、木薯、甘薯、花生、南瓜和棉花。玉米是從印加的北鄰，也就是從中美洲傳入的。在美洲十分普遍的作物：玉米和馬鈴薯，也是印加最重要的農產品。馬鈴薯和基諾亞穀是高原地區的重要作物，玉米則是沿海低濕地區的主食。

此外，安第斯地區是當時美洲唯一發展畜牧業的地帶。印加人把對於種植業來說較為貧瘠的土地用於放養牲畜。狗、駱馬和羊駝，在印加都已馴化為家畜。羊駝的主要用途是提供紡織原料；駱馬儘管步行速度不快，但在當地無疑是最重要的馱獸，它的皮、毛、骨、糞便也都具有一定的經濟價值。印加人

還飼養家兔、本地鴨等小型家禽、家畜，沿海地區則飼養海豚，以供食用。

美洲印第安民族在這片大陸上締造了與地球其他地區完全不同的農業文明，他們培育的植物種類達一百多種，並且無一與東半球相同。直到今天，美國人食用的蔬菜、果物中，有一半是拜古印第安人之賜，其中，印加民族做出了不容小視的重要貢獻。

冷水浴和襁褓性格

印加帝國處在安第斯山脈，大部分地區氣候寒冷，再加上山地的其他自然條件，他們的農作條件並不優越。此外，除了負擔自己的生計，印加人要付出額外的雙倍勞動，耕種屬於國王和祭司的田地。忙完了農耕，還有勞役需要承擔，要參與全國性的道路、建築等大型工程的建設。印加人的生活可以說幾乎與安逸絕緣，普通人的一生就是忙碌辛勞的一生。應對這樣操勞的一生，印加人不得不具備吃苦耐勞的精神、百折不撓的意志、沉穩堅毅的性格。這裡面有少許先天遺傳的作用。印加人性格中的堅強特質可能通過一代代的繁衍，得到積澱和強化。但考慮到人類的悠久歷史，印加人文明史的長度實在算不了什麼。在這麼短的時間內，一種文化因素能不能如此深入地內化，甚至進入體質人類學的領域，恐怕還存有疑問。所以，不妨更注重其中的社會性因素。

印加人堅毅性格的形成，更多的是由後天培養而成。可以這麼認為，在父母撫育子女的過程中，以不自覺的方式，對堅強、耐力、自立、自律等因素特予重視，使這些方面不斷加

強，最後變成了性格的重要特徵。印加的嬰兒剛一出世，就受到「嚴酷」的考驗。一般父母在孩子出生後所做的第一件事是用溫水、軟布將新生兒擦洗乾淨。這是這個炎涼的世界所能給予嬰兒的第一個好印象。印加的孩子收到的「見面禮」則是一盆冷冰冰的洗澡水。不管孩子出生時的天氣多麼寒冷，這個冷水澡是躲不過的。

印加的父母難道不懂得冷暖，不知道好歹？答案卻完全相反：印加父母認為這樣做對嬰兒有利無弊。這個辦法能使孩子從出生開始，就學著習慣印加的寒冷天氣。

以現代科學進化論的觀點，可拿來解釋印加父母這種違背常規的作法。進化論鼓吹環境選擇的作用，認為嬰兒降生時遇到的困難曲折越多，對嬰兒體質的發展和人格的形成越有好處。如果媽媽是通過自己的努力生下孩子，孩子在經過產道時，會遭到擠壓等種種磨難。這個作用力是雙向的，孩子經過挫折的考驗，他自身的條件經過了選擇，順利通過產道出生，相對於別的孩子，他們的先天條件就更好。同時，這一過程又提供了後天的經驗，增強了寶寶對抗外界挫折的能力，培養了他們承受環境挑戰的耐力。

印加的孩子不僅服從自然界的法則，從誕生的第一天起，父母就開始人為地培養他們的身體素質和心理素質。冷水澡是嬰兒每天早晨睡醒之後的第一門「功課」。有的媽媽心疼孩子，先用嘴含冷水，等水稍微有了溫度之後，再噴在孩子身上進行擦洗。他們認為，這樣做就算是很嬌慣孩子了。有趣的是，我們這些生活在地球另一面的今日之人，對古代印加父母的作法也開始有所認識。比如說，印加父母儘量讓嬰兒赤身裸體，睡覺的時候也讓寶寶們光著身子。現在的保健醫生則建議讓孩子穿得比大人更少一些；日本的幼兒園甚至讓心肝寶貝們

在寒冷的冬季裡，個個光著身，在室外鍛鍊長跑。其實，冷水浴、冬泳等「寒冷療法」也不是現代人的新詞，而是古已有之的老調。不同的民族在各自的實踐探索中，總能找到恰到好處的辦法，以應付相似的問題。

印加父母自覺而有意識地給孩子洗冷水浴，希望藉此使孩子體格健康，能夠抵禦嚴寒，同時身體四肢也得到鍛鍊，更加靈活強健。這些都是孩子長大、生存的必要條件。印加父母更為看重的是：冷水澡能培養下一代吃苦耐勞的品質。

但印加的母親們特別注意，在給幼嫩的嬰兒洗澡時，要避開他的頭部。尤其是頭頂腦蓋，千萬不能被冷水觸及。這也是他們由實踐獲得的經驗。中國南方的習俗也有相近的道理，正在「坐月子」的母親要儘量減少洗頭洗澡的次數，以免生病。因為頭部潮濕之後，在沒有吹風機的時代，一時半會是乾不了的；隨著水分的蒸發，會帶走身上大量的熱量，這是「頭疼腦熱」的起因。

用冷水清洗全身之後，就用襁褓（背負幼兒的布條帶子、小被子）將嬰兒捆綁起來。在西方人眼裡十分稀奇古怪的襁褓，在傳統的中國社會中卻相當平常。在這一點上，印加和中國採用了同一種作法。這難道是印加腦筋和中國智慧在下一代的問題上不謀而合，抑或是亞洲人和美洲人從共同的祖先那裡獲得了相同的文化基因，產生了某些文化機能上的必然重合？

中國人認為，只有通過襁褓養育出來的孩子，才能成長得符合中國人的美感，否則就會粗手大腳，舉止儀態不合規矩。印加人覺得，如果不把孩子紮上襁褓，那他的胳膊就會鬆弛無力，長大以後將得不到良好的體格，不能負擔勞作。為了孩子的身體，印加父母保證孩子至少在襁褓裡待上三個月。對使用襁褓育兒，不同的民族做了不同的解釋。但有一點或許值得一

提——

　　印加和古代中國都是以成功的專制統治著稱，在這兩個國度，普通百姓的性格也可以概括出相似的特點——忍讓、耐性、服從等等。這些特點與崇尚個人主義、大寫自我的西方相去甚遠。這似乎與不同民族的嬰兒是否使用襁褓束縛的養育方法有或多或少的聯繫。是否可以據此推斷，捆綁式撫養是在幼兒時期培養約束性格的有效工具呢？

　　科學地說，性格是各種作用力長久影響的結果，並不是在使用襁褓的幾個月裡就能夠定型。「襁褓性格」的提法更是一個有趣的比喻，在出了這個布包之後，會有更多也更複雜的辦法等著那個孩子。在印加和中國的襁褓裡，多多少少是為所謂「理想」的性格埋下了有心的種子。

有節制的母愛

　　有句話說得好：「只有做了母親的人，才能真正體會媽媽對孩子的愛。」母愛是天下最無私的愛，印加的母親也不例外。但是，她們的行為卻又容易讓人產生誤解，彷彿她們並不真正關心子女的感覺和需要。公正地說，印加的母親和天下所有的母親一樣，內心充滿了對子女的愛。但印加母親與其他母親不同的是，她們並不濫用愛。

　　前文說過，印加婦女生下孩子之後，第一件事是給寶寶洗一個冷水澡。出浴之後，母親把孩子包進一個襁褓。這些事情打點好之後，就把他放進一個「搖籃」。

　　說是「搖籃」，其實是印加人的土搖籃。它的外形更接近於一張四條腿的小凳子，製作得比較粗糙。與一般凳子不同的

是，它有一條腿比另外三條短一些。這樣一來，它就能搖動，起到與「搖籃」一樣的功用。「搖籃」的關鍵部分，放置孩子的座位或床體，採用的原理和吊床一致。更確切地說，孩子的座位和小床是一張用粗繩子編織成的網，網的兩邊繫掛在搖籃邊緣。最後把孩子捆紮在網上，這樣就不會任由孩子翻滾亂爬，掉出搖籃，發生危險。之所以用網做床和座位，是印加父母考慮孩子長久坐臥在搖籃之中，木製品對年幼的身體顯得太硬，就改用吊床。從這裡就能覺察出為父母者的體貼。

印加孩子的生活條件遠遠說不上優越，土法製作的「搖籃」就是他們幼兒時期主要的活動空間，此後的絕大多數時間，他們都要單獨待在「搖籃」裡面。

印加母親一天之內只給嬰兒哺乳三次，早、中、晚各一次。在我們看來，這樣做的母親似乎不太盡職。但如果考慮到，印加全國，從皇帝到百姓，都是每天進兩頓餐飯，就可釋然。在他們的頭腦中，每天餵三次奶，孩子就能獲得身體生長的必要營養。除去這三個時間，即使孩子哇哇大哭，母親也不會以餵奶的方法安撫他。

印加婦女非常操勞，即使是剛剛做了母親，嬰兒還在哺乳期間，她們的辛勞也不減以往。現實問題也不允許她們休上一個產假，俾能好好地調養身體，照顧孩子。一生下孩子，她們就到離家較近的小溪或在自己家中，用冷水給自己和孩子洗澡。把孩子安頓好之後，馬上就開始操持家務，就好像沒有生過孩子一樣。總之，家庭生活並不因為有了新的孩子就發生重心轉移的情況，一切都照常進行。一天餵三次奶的作法，是日常勞作和撫養孩子發生時間衝突時，整個印加民族調適出來的「合理」作息。

印加媽媽們當然不願背上「不稱職的母親」這樣的惡名，

現實生活中相應又出現了許多動聽的說法，來粉飾這個權益之計。印加人認為這是取法於自然：動物就是按一定的時辰給幼獸哺乳，而不是沒有節制地整天餵養。他們還說：孩子一旦習慣叼著奶吃，就容易上吐下瀉，骯髒不堪，長大之後更會變成好吃貪嘴的傢伙。

　　為了彌補「量」上的不足，印加母親在「質」的方面做得特別出色：從高貴的領主夫人到平民百姓的妻子，母親們都堅持用自己的乳汁哺育孩子。只有在王族內部，若是條件許可，才允許把孩子托給女僕。但在人們心目中，只有母親的乳汁對子女最適宜、最有益。因此，很多媽媽儘管貴為公主、后妃，也總是盡到母親的責任和義務。

　　印加有一個綽號「阿尤斯卡」，用來戲弄那些戀愛失敗、自己鍾情的女子投入別人懷抱的不幸之人。如果一個男子被叫作「阿尤斯卡」，他會勃然大怒，因為這個字眼帶有侮辱性的色彩。為什麼會這樣，還得從這個詞的來歷說起。

　　「阿尤斯卡」的原意是指被母親棄之不顧的孩子。確切地說，是母親在哺養孩子期間，又懷了下一個孩子，這頭一個孩子就被叫作「阿尤斯卡」，意思是被甩掉、被父母的另一個孩子所取代的可憐的孩子。後來又引伸為那些由於母親沒有盡職，營養不良、瘦弱不堪的孩子。「阿尤斯卡」的恥辱不僅是孩子的，更是母親的。印加民族的一個戲稱，起到了相當大的制約作用，鞭策著不同的母親為自己的每個孩子盡心盡力。

　　印加母親的餵奶方式與我們熟悉的作法有所不同。她們不採取抱的姿勢，不讓孩子依偎在懷裡，或者依靠在膝頭，而是把自己的身子側俯在搖籃之上，就到孩子面前，讓他吮吸。等孩子稍微長大一點會爬了，就讓他跪在地上，自己湊到母親身邊來吃奶。要換吃另一只奶，母親就示意孩子繞過自己的身

體，爬到另一邊去吃。整個過程幾乎不使用抱的動作。我們重視通過擁抱、撫摸，向孩子傳達愛與關懷，這些細節在印加民族那裡，似乎完全被忽視了。印加孩子在嬰兒時期，總是一個人待在「搖籃」裡，母親很少抱他。到了離開「搖籃」的時候，父母在地上挖出一個深及孩子胸部的小坑，用舊布把他包裹起來，放在坑裡。孩子沒有能力自己爬到坑外，父母也就放心了。在坑的四周，孩子能夠觸及的範圍內，再放上一些玩具。孩子就這樣一個人玩耍，父母很少過來關照他。他們特別強調的是，只要不出危險，任由孩子在坑裡蹦跳玩鬧，父母絕不抱他。除了王族子弟，小時候可以在父母懷中撒嬌，受到寵愛，其他人，即使是王國內最大的貴族，他們的童年也不是在父母的「懷抱」裡長大的。

印加男女一生忙碌，不可能在養育下一代上花費太多時間與精力，孩子的獨立成長是為父母的生計勞作做出的忍讓。那麼，印加的養兒習俗都是不經之談嗎？在獨自遊戲裡，印加的孩子更早地學會自立，吃奶的同時也在練習為生存主動「進取」的行動。這是遷就、迎合的父母所不能給予的。印加人童年時代的「不幸」，換來的可能是他往後人生的「大幸」。如現代人般脆弱嬌氣的生命力，根本無法支撐起幾十年如工蟻般勤苦的人生。

從「頭」做起

印加國王在眾多兒女之中，對頭生子最為重視。一方面，由於長子是帝國未來的國君，王位的必然接班人，身分地位比較特殊；另一方面，印加王的兒女成群，數不勝數，也令他無

暇他顧了。所以，印加「太子」的地位遠遠高於其他王子。上行下效，印加百姓也形成了器重長子的風尚，其他孩子相對上就受到冷落。這種厚此薄彼的偏心態度，在孩子一降生時就開始了。

長子出世，印加人滿心歡喜。當他年滿兩周歲，人們認為這是一個關鍵時刻，生日這天，要進行特別的慶祝和紀念。那麼，為什麼偏偏選擇兩歲這個時間？

按照印加人對居民的分類，孩子在 12 歲之前被劃分為七個階段：1～3 個月是「睡著的嬰兒」；4～8 個月為「襁褓中的嬰兒」；8 個月～1 歲是「缺乏保護的孩子」；1～2 歲是「匍匐的孩子」；2～4 歲是「易受驚的孩子」；4～8 歲是「未同父母分離的孩子」；8～12 歲是「孩子」；再大一些就過了孩提階段，開始邁向成人。可見，一旦到了 2 歲，就從無知無覺，只會匍匐爬行的嬰兒，成長為有感知，能表情達意的孩童，向成熟完整的人跨出了第一步，這個跨越非常重要。

印加人把人的童年時代做了如此細緻的劃分，或許是因為這期間，在人的體形、外表上發生的變動特別巨大。原始思維的一個顯著特點是具體性，外形狀態的差異足以使印加人的頭腦感到震驚。奇怪的是，在上述分類中，能夠觀察到「睡覺」、「襁褓」、「匍匐」等各種特徵的印加人，卻對孩子從爬行到直立行走這個極其巨大的變化彷彿視而不見。如果考慮到人類發展過程中直立行走的意義，就會意識到它在個體發展中必定存在著重大的含義。對此印加人奇怪地緘口，或許反而應該在這裡特加注目。

直立行走自然是發生在「匍匐」之後，隱含在往後的階段之中。按照正常的生長規律，從爬行到直立行走的變化，應當出現在 1～2 歲左右。2 歲是個重要的信號。這恐怕就是為什

麼印加人選擇 2 歲作為慶祝的最重要的理由。發生巨變的孩子，無論外形還是情感，都意謂著從蒙昧無知的非人跨入人的行列。難怪印加人要歡天喜地慶祝了。

2 歲之前，孩子由母親的乳汁餵養。按印加人的規矩，母親的乳汁若夠豐富，能夠養活自己的孩子，則嬰兒在食用母親的乳汁之外，不再加餵飯食。他們認為，飯菜和奶水一起食用，會使孩子長得骯髒不堪。這樣看來，一般情況下，母親身體健康的孩子，在 2 歲之前，是個只吃奶的標標準準的嬰兒。但是，從 2 周歲這一天開始，他的生活發生了很大的變化。首先，他的飲食方式改變了。對一個通過行為產生認知的孩子來說，這可能是最深刻的變化之一。從這天起，母親不再給孩子餵奶，沒有以飯食逐漸取代奶水的過渡措施，嬰兒在 2 周歲生日那天就突然斷奶，改為吃飯菜食品。

嬰兒的形體變化、心理發展是成長過程中自身的變化，無可阻擋的自然進程促使人類對此表態，人們遂用專門的儀式標誌和紀念它。孩子被斷奶這個改變則是外在的環境因素，也是一個人為的文化現象，環境，將以一種新的方式關注他。接下來可以看到，這些新的態度包括了哪些內容。

孩子出生之後，從娘胎裡帶出的胎毛，或是說頭髮，一直保留在他的身上，不剪不剃。到 2 周歲生日這天，人們給他剃頭。這一天，所有親屬都來參加慶祝，親戚們濟濟一堂。從男性家屬中選出一個人做孩子的教父，由他動手給孩子剪去第一絡頭髮。之後，其他人以年齡長幼或地位尊卑為順序，依次為嬰兒剪髮。

在中國，也存在與之相類的習俗。人們認為，在孩子過於幼小的時候，剃頭剪髮會對孩子的身體造成不利的影響。剃頭、剪指甲等活動一般也安排在百日紀念或周歲慶祝之時。但

在印加，剪頭髮的活動還有更多的意義。

印加人傳說，剪頭髮的習俗是第一代印加王曼科‧卡帕克的發明創造，原來是國王本人使用的身分標誌，後來他大發慈悲，將這種打扮的權利賜予他的人民。學會了剃頭，原來邋邋骯髒的野蠻民族就得以「改頭換面」，具備了文明人的形象。剃頭是印加祖先對於人民的教化；在現實功用之前，它首先具備了文化內涵。

除了傳說提供的依據，如果分析一下印加人的剃頭活動，也能得出相似的結論。印加人剪頭是一件十分艱難的事，因為直到西班牙人到來之後，才把剪刀帶到秘魯。印加本土始終沒有發明金屬刀具，他們用來剃頭的工具是極其原始的石製刀片，剪起頭髮來也十分痛苦。至少，用石刀一點點地磨、慢慢地割，需要受用者的極大耐心。難怪，一個樂不思蜀的印加子弟，在使用剪刀剪過頭髮之後，居然感嘆：「即使西班牙人除了剪刀，什麼也沒有帶來，我也甘心被他們征服啊！」

印加人雖不懂得開採鐵礦，但早已會鍛造堅硬的銅錫合金，也會用它製造工具。為何他們始終沒有想到將這項便利的技術推廣到剃頭刀上呢？或許，印加人艱難的剃頭活動有著某種不可替代的功用。印加是一個集體精神極強的民族，但社會機體所需的向心力並不能幼稚地幻想依靠人天生的自覺性來達到，而是必然產生於多種文化手段的協同作用之中。集體主義社會是一個互利社會，需要個體的自我克制、容忍和利他。印加人的剃頭活動是一項克制能力的磨礪、鍛鍊，也正是一個文化機制的濃縮之處。印加祖先把剃頭術教會人民，的確是最為機智的文化教化。蠻荒時代的終結也是無拘無束之自由生活的一去不返，懂得衣著清潔、頭髮整齊的人是產生了羞恥心之後的亞當和夏娃，於是他們的伊甸園般的生活也到了終點，開始

學做文明人。

在孩子 2 周歲的儀式上，剃頭的意義被無意識地強調，由此宣告，從此以後，他的生活不再愚昧無知，開始向社會靠攏，向文明邁進。

最後，孩子獲得一個正式的名字。這個圓滿的句號，終於毫不遮掩地提示了儀式的文化內涵。在一些原始民族，剛出生的孩子不被當作人，可以隨意夭折；過了幾天、十幾天不等，父母才覺得他在人世中待了足夠的時間，已經是個人了，就不能隨意處置，才接受嬰兒做自己的孩子。印加人給孩子起名的作法，不啻是父母和由是夠多的親戚為代表的社會給予孩子承認的一個舉措。

接下來，親戚們送上各自帶去的禮物，有人送衣服，有人送牲畜，有人送武器等等。有錢人家還會贈送金銀製作的水罐和其他器皿。看來，人們贈送的禮物幾乎包括了孩子今後的人生將會接觸到的各種必要用品。然後大擺酒宴，人們歌舞歡慶，慶祝的場面可能持續幾天，甚至更久。國王為王儲舉辦的慶祝儀式，大體與此一致；不同之處是舉行王室的典禮儀式，由太陽神廟的最高祭司做教父，慶祝場面也更為隆重。這就是印加人長子 2 周歲的慶祝儀式。可惜印加父母無法做到一碗水端平，以後出生的其他孩子就沒有這份運氣，同樣人生到世，卻不會受到人們表示接納的如此禮遇。

門當戶對與集體婚體

一個民族的婚俗往往是其風俗人情的濃縮。傳統社會的普遍觀念將婚姻視作個人的終身大事，劃分前後人生的分水嶺。

很多民族都在婚禮儀式上演繹出種種特別的章法，在婚禮過程中強化了各自民俗的意義。在對待婚禮這一重大事件上，同一民族中的不同成員在集體無意識中趨於同一，不能不說是文化機制運作得最成功的例子之一。

在不同民族的傳統社會階段，印加帝國的婚姻習俗可以說是很具代表性的。

印加人的婚禮儀式強化了家長制的傳統作風。這裡的「家長」，不僅指單個家庭之中的家長，還指國家、社會這個群體的大「家長」。

印加青年男女發生戀情，首先受到血統的限制。這是一般等級社會都要遵循的。印加社會不同等級之間的「通婚」，一般只對男性優惠──貴族男子可以娶普通百姓的女兒。當然，這不是門當戶對的「婚姻」。男子將非貴族血統的女子納為妾，一個貴族男子擁有眾多妻妾。女子高攀，被人羨慕；但如果下嫁，就自動降低了等級，為人所不恥。尤其是王族血統的女子，只有三種選擇：成為太陽貞女，即嫁給太陽神；成為印加王的妻子；不然就嫁給另一位純粹王族血統的印加王公。這樣才能保證神人兼真的地位。除此之外締結的婚姻通通被視為非法，無論對方是地位多高的貴族。

其次，要受到地域的限制：所有的人必須在自己所屬的社區內選擇配偶，婚姻的對象局限於家族、親屬內部，不允許不同省分、村社間相互通婚。印加帝國的版圖以不斷征服其他印第安部落而得到擴大，在一帝國的疆域裡，民族頗多。印加的婚姻制度造成了不同民族間的各自獨立，而不以通婚的方式將整個帝國的各民族人種融合起來。這樣的作法，應該說必然潛藏著動亂的隱患。在印加歷史上曾發生過昌卡人獨立起義、萬卡維爾卡人殺死當地印加人等暴亂事件。當然，印加社會中的

其他機制彌補了這個缺陷。

那麼，為什麼還要採用這樣的作法呢？這或許與印加最為基本的土地制度有關。一個社區的家庭單元是與當地的土地分配有關的。一個地區的總土地量必然是大致固定，土地分配是以家庭、人口為單位，家庭單元是決定每個家庭獲得土地多少的重要因素。這麼一個利益相關的機制，只有在同一家族、同一群體中才能獲得通容，得到妥善的解決。而且，在實際分配中，每個成員分到的土地幾乎是一生不變的。這些條件都不允許有外來者任意出現，否則人口的隨意流動會徹底動搖帝國的基礎。

從印加社會的歷史形成中也可以找到與之相關的原因。印加國家是在不斷吞併其他部落的基礎上得到壯大的。在社會結構中，印加的國家作用或許並沒有人們想像中那麼重要，地方經濟與地方治理仍然以原來的部落族群為單位而運轉。不同氏族之間的相互獨立是歷史的遺留，也是經濟連作的必然。

再次，婚姻雙方還必須符合年齡上的要求：女方要達到的18～20歲，男子要年過24。印加帝國規定，男子25歲成年，必須承擔勞役和賦稅。男子年過24歲，也就意謂著到了擔負家庭責任的時候。

最後，還要徵得父母同意。印加國家規定，不經父母承認的婚姻是無效的。

滿足了上述諸項條件，才可以考慮婚姻。

印加民族的婚禮可以說是世界上規模最大的集體婚禮。實際上，印加的所有婚禮是在全國範圍內一起舉行的。

每隔一年或兩年，在一個特定的日子，國王在庫斯科城為自己家族中的青年男女主持婚禮。在此期間決定結婚的年輕人，都在這同一天「踏上紅地毯」。印加王主持的儀式相當簡

單。這可能是迫於需要證婚的人數過多。國工走到一對新人之間，眼睛望著男女雙方，拉起他們每人一隻手，將他們的手放入對方的手中。然後把新娘、新郎交給他們的父母。這就是完整的「牽手」儀式。

印加王親自主持婚禮，這是印加人的風俗。但印加人的語言稱新娘為「印加王親手交付的妻子」，這實際上透露出印加人的心理。他們將妻子視作是印加王的恩賜，將婚姻看作是國王的恩寵和自己的榮耀。國家推行的家長制，就是在民族心理因素的修飾和美化之下，更顯得令人喜愛和必不可少。

王族婚禮的第二天，在全國的城鎮中舉行當地的集體婚禮，非王族的婚禮都在這一天內完成。但是，承擔主婚人角色的不再是印加王，而是當地的父母官。他們實質上就是作為印加王的替身，在婚禮上出場。

由於全國的婚禮都同時舉行，每個家庭都會有相關的親戚結婚，結婚的日子就變成全國性的慶典。在印加王或當地官員主持的集體婚禮之後，新人們在新郎家裡，與關係最近的親戚歡聚一堂，再在家庭內部舉行隆重的婚禮慶祝。通常，歡慶的氣氛在全民參與下愈演愈烈，整個慶祝要延續好幾天。

婚禮之後，組建的新家庭就住進由各村統一建造的房屋，新人們生活必需的衣物、器皿由親屬供給。他們還會得到一份為維持生活所規定之數額的土地。一切安排好之後，新的生活就開始了。

印加人的婚禮與其他民族相較，似乎在一家之長之上，進一步強調了國家之長的重要性。如此的秩序安排是印加國家的一貫作法。個人一生最重要的事件，在集體婚禮儀式中，又一次受到了統一規劃，應當屬於個人的歡樂在大眾化的場景中抹去了個性。新婚夫妻在完成由父母管制下的子女到一家之主的

角色轉化中，上了一堂集體主義的強化課。這是邁向社會生活之前的必要手續，好比今天的就職宣言，誓言的重點未必是規定多少條件來制約，重要的是整頓身心，能以良好的心態迎接未來。

婚禮是人生的華彩樂章，但這個樂章往往只不過是由新郎、新娘合奏。樂譜是父母長輩譜好的。老一輩人對婚禮儀式的要求、對習俗細節的計較，無不是出自美好的心願，傾注了對子女的愛。在這個社會中，婚禮似乎表現出更多「承上」的性質，子女則不過是完成了父母提供的範式。

「牛郎」與「織女」？

牛郎和織女的形象組合，在中國廣大以農業為生的百姓眼裡是那麼理想，男耕女織的模型在無數民間故事裡遂得以泛化。著名的地方戲曲目、安徽黃梅戲唱段《天仙配》中「我耕田來你織布，我挑水來你澆園」的唱詞，藉男女主角之口，道出了農業生活中天經地義的夫妻分工。

同為農業國家的印加，又是怎樣的一番風景？印加具有神話色彩的文學作品，對他們心目中的男女分工做了極富詩意的描寫。

正如中國的民間故事，印加神話詩歌中有不少反映了印加人對自然現象的理解和想像。比如下面這一首——

美麗的王室少女
你的那位哥哥
正把你的

水罐打破。
皆因他打破水罐
才有雷鳴電閃
霹靂落長空。
你，王室少女
把你的滴滴甘露
降到我心中；
你還不時
為我們降下冰雹
瑞雪飄飄漫長空。

　　這首詩描寫了雷電、霹靂、冰雪這些自然現象形成的原因：天上住著一位國王的女兒，掌管著一只盛滿水的水罐。她的哥哥打破水罐，發出電閃雷鳴，水罐中的水就降到人間，化作甘露。印加人把閃電、霹靂交由哥哥，而把雨水、冰雹、霜雪讓給妹妹。他們認為男性凶猛強悍，女性溫柔弱小，職業分工不能錯位。

　　如果僅僅把詩歌的內容看作是對兄妹關係的描寫，那就沒有讀出它的隱文。

　　這首詩歌並不是印加文化成熟時期的文人作品，而是流傳已久的一則神話的加工潤色。神話本身可能隱含著更深層次的文化心理動因。按照文化人類學、精神分析的原理，「聖劍與杯」的兩性意象是人類文學在無意識中無數次反歸的原型母題，在這裡改頭換面，成了水罐和閃電。

　　如果我們再考慮到，印加王族內部，兄弟與姐妹的關係又是另一種關係——丈夫與妻子之關係的代言：印加王族血統之內，同胞子女具備締結婚姻的權力，兄弟姐妹之間隱含著成為

夫妻的可能，而且這樣的結合最為名正言順。那麼，詩歌所描寫的兄妹之間的分工就可以做進一步的深化，轉意為更根本的男女兩性的分工關係。

印加兄妹掌雨的浪漫想像與中國雷公電母的傳說故事有著相似，又存在著偏異，正如中國男耕女織的含義在印加找不到絕對的同義反覆。

印加的農耕和紡織活動，首先為集體合作方式的統一性組織。太陽田、印加田的耕種由集體完成，婦女們幫著丈夫一起農耕；國有化的服裝生產和其他「賦稅」活動更多地調動了男子的積極作用，使得縫紉手藝成為男性的驕傲，而不是女性的特長。集體工作的範圍之外，家庭生活中的分工合作更為明顯，男子們參加戶外生產勞動，而把家務勞動和撫育子女交由婦女承擔。

印加的社會組織大致為：年滿鈞歲的男子成家獨立後，成為一家之主，他們是國家稅收、勞役的承擔者。婦女們雖然也擔負大量工作，但她們沒有獲得這個國家的「公民權」，而被歸入孩子、老人、病人、殘疾一類，對她們免除賦稅、勞役的要求。印加男子有著大男人主義的傾向，他們自詡真有強烈的男人性格，喜好男人事務，厭惡女人的工作。看——男女分工又一次顯山露水。

男人的事物和女人的工作到底怎麼劃分？以勞動強度、工作方式作為依據，揣度印加人的分工，顯然並不全面。印加勞役、賦稅的一項，生產供貴族穿戴的衣物「孔皮」，這是勞動強度不高，相對上對工藝要求較高的工作，不是讓心細手巧的女人來做，卻要求粗手大帥的男人來完成。特殊的分工形態，如果不是印加社會的共識作用，為他們的意識形態所標榜，恐怕難以得到施行。

舉一個典型的例子，來看看被印加人認為關係到男子榮譽的一項工作。印加王族男子要自己製作鞋子——印加王公被授予武士稱號的儀式中，考察他是否具備武士資格中的一條是，看他能否親手製作戰爭中所需的鞋子。

　　這種鞋叫「烏蘇塔」，形似簡易的草鞋。用皮革、針茅草或麻繩做出鞋底，再用麻繩或毛繩把鞋底綁在胸上，沒有鞋幫。毛繩的製作工藝有些特別，用畜毛在一根細木棍上捻成，捻出的細繩有小手指般粗細，長度達一米左右。毛繩越是粗，穿鞋的時候就越舒服，不會感到勒腳。

　　製作鞋子是男性的工作，女人不能插手。在我們看來，同一種工作，不同的人做，實質並沒有太大的區別；但在印加，則有著不容僭越的絕對界限。

　　在印加語言中，為了表達同一個意思「紡線」，用了兩個截然不同的詞語。男人捻毛繩的方法叫作「米柳伊」，意思就是指上述工作，也指捻出背重物的粗毛繩。女人的紡線動作則叫「布卡」，指用紡錘紡出織布所用的線，也指紡錘。兩個動詞的不同用法不僅在於區別動作和狀態，最大的分歧是各自針對的主語對象不同。「米柳伊」專明指男子捻線工作，「布卡」的意思則不能跨越到女人的工作以外。不知情者，對印加男子錯用了「布卡」，會被誤解為諷刺他混跡於女人。男人從事女人的工作，為印加人所不恥。

　　這種特殊用法在印加語中極為普遍。原始語言具有具體化、同在性的特點，僅一個詞語，可以同時表達何時、何地、何物、何事等一個狀態中的各種因素。語言在原始階段，更加接近意象，而不是意義。印加語言在動詞中帶有主格的作法，可能是原始語言的遺留。但它何以得到保留，並且在別的因素退化之後變得特別突出？正是社會組織、分工合作的實際需

求，造就了語言向著特殊傾向的發展。

一代代人重複著「米柳伊」和「布卡」的勞動，男女分工的傳統由此得以不斷地傳遞和運用。

「半邊天」的重量

印加國家的法律頗具「文明人」的紳士風度。按印加法的規定，男子年過 25 進入成年，要交納賦稅、承擔勞役，是農業生產和國家建設的主要勞動力。但對於女子，法律把她們與老人、孩子歸為一類，即對於女人，免除其勞役和稅收。那麼，印加女性就依靠著「傾斜」政策，享受起安逸清閑了嗎？實際上，印加婦女繁忙的程度絕對不亞於男性。但在印加男子看來，婦女只是幫工的角色。她們好比是一群熱心的啦啦隊員，出力流汗並不少，但總是不能列入出場名單——帝國的賦稅名冊上找不到她們。

家庭主婦的勞動主要是日常家務。這一點，世界各地的女性都差不多。在農業社會裡幫助丈夫農耕，印加婦女帶領孩子們在這方面做得也很出色。她們甚至與丈夫一起參加勞役，在各種重大工程裡添磚加瓦。印加的賦稅、勞役類似於承包制，只要上繳的農產品、手工製品達到規定的數量，或者在一項工程中幹完了要求承擔的部分，就可以提前收工。其餘的時間則用於耕種自己的土地，為全家製作生活用品，也就是能夠為自己的家庭謀利益了。這就是婦女們熱情和辛勤的動力。

在家務勞動中，有一項工作佔據了主婦們大量的時間，那就是紡線和織布。印加全國上下，從太陽貞女、國王的繽妃，到普通人的妻子，似乎總是在穿針引線，忙個不停。有趣的

是，除了靈慧手巧的太陽貞女能做出漂亮的衣物，全國技藝最高超的織工裁縫全是男性。一般婦女的縫紡工作只是對付日常家用，粗針大線就過得去。

印加國內自然狀況差別很大，安第斯高原山區地帶氣候寒冷，沿海地區潮濕炎熱；一般說來，各地四季溫差變化很小、幾乎是處於衡溫狀態。出於實際需要，以及原材料供給的因地制宜，在高原地區，人們使用畜毛，沿海平原地區則用棉花作紡織原料。

印加人紡織有一個特殊的技巧，他們的服裝是完整的一塊布做成，不需經過裁剪。婦女們每織出一塊布料，只供做一件衣服。所以，事先會估計好所需布匹的大小，憑著常年的經驗，紡出長寬都符合要求的布。還有一點，由於工藝不同，印加婦女編織的布料有四個布邊，織出來以後，看上去是斜的。

儘管她們的紡織技術不出眾，針線手藝更是粗糙，但她們卻有一個拿手「絕活」，能讓別的民族自嘆弗如。

衣服掛破或磨損是司空見慣的事，此時就不得不在破處打上補丁；雖然有礙觀瞻，一件衣服的利用率卻大大提高了。印加主婦的作法更巧妙，不僅實用，而且美觀。她們使用的是最簡陋的工具──骨針。在這方面，印加人似乎進化得並不好，她們的工具與幾千年前相比，也沒什麼創造性的改革。但僅僅用一根骨針，她們也能做得很好。

她們找到與原來的衣料色澤一樣、粗細相同的線，就開始縫補。按照布料紡織的經緯，先以一定的密度在兩個方向各縫上幾十針，打出基本框架，然後在這個「基礎」上，把經線和緯線穿插起來縫。即沿著經線的方向，穿過緯線縫經線：下一針就沿著緯線的方向，穿過經線縫緯線。這樣來來回回，最後把一個破洞縫補得與原來的紋理完全融合在一起，天衣無縫，

彷彿沒有破過一樣。對任何破洞，她們都用這種方法，從不洩氣。有時破洞甚至達到手掌那麼大，她們也照樣用這種辦法縫補，直到完工。當破洞太大時，她們用鍋子或半只切開的葫蘆做撐架，把布繃在口上，使布料繃直，便於工作。她們的技藝，幾乎可以與《紅樓夢》裡補雀金裘的晴雯相比。

與其說印加民族將勤勞視為美德，不如說他們將懶惰視作恥辱。工作是生活上的必需，人人的份內之事，完成應盡的義務並不值得特別誇耀。因而勞動變成了生活中平常又平常的事，無時無刻不在進行，以至於他們的生活場景在外人眼裡顯得有些獨特，而身在其中的人卻渾然不覺。

主婦們平常紡錘不離手，不停地紡紗搓線。她們使用的紡錘和同時代的西方成品相似。但印加人不會生產鐵，所以是用蘆竹製成，安上綻盤。細節上也有些差別，他們還沒有想到為了能讓紗線順利地纏繞，在紡錘上端刻出螺紋槽來。紡織材料紗絲打活扣，控在鍵盤上，紡起線來手放開紡錘，讓鍵盤旋轉。紗線的長度沒有限制，可以一直紡下去，由個人的喜好和原料的多少決定。做工時手拿紡線桿，用兩個小手指固定住，再用兩手把紡出的紗線搓細，同時去掉由於不均勻造成的那些小疙瘩。

婦人們穿街走巷時，也不浪費片刻時間，總是邊走路邊紡線，兩不耽誤。有時她們出遠門，到男一個城市走親訪友，也這麼走一路紡一路，路上既有了消遣又做出了活，可謂一舉兩得。到了別人家裡作客，又拿出紡線桿，邊聊天邊紡線。王室血統的「帕莉姬」，風度高雅一拉了工作時不出家門，遇到趕路，則由女僕們替自己拿著活計。到達目的地，落座以後，又擺開攤子，主客雙方都樂此不疲。

一般貴族的妻子、領主酋長的夫人前往拜訪王室內眷「帕

莉婭」，她們就不再帶自己的活計。寒喧問候完了，她們向主人委婉提出，是否可以給自己安排些活兒做‧普通貴族的妻子，身分低一些，「帕莉婭」們為表示恩寵，會把自己或女兒的份內工作讓一部分給她。之後就開始了女人們特有的談話。在等級森嚴的印加，這種作法被認為是上層貴族夫人對下層表示的友好。不要忘記，在印加，幾乎人人都有自己份內的工作，把自己的家務活讓給了別人，就是親密地把她看成自己的家人。

印加婦女既與丈夫一起外出勞作，又在家中挑起家務重擔，對法定的「啦啦隊員」身分更無怨言。說她們非同一般的身心耐力更勝男子一籌，或者說她們為印加社會承擔的負重足以撐起「半邊天」，恐怕毫不為過。

勞作：樂在其中

以我們的眼光看，普通印加人的生活十分勞累，成天忙於農耕；除了養家糊口，還要擔負幾乎兩倍於他們糧食收入的賦稅。如此繁重的勞動和壓力，足以累垮人的身體和精神。然而，事實似乎並非如此。或許可以說，印加文明中的某種機制，巧妙地舉重若輕，使苦役變成遊戲，令人樂在其中。

印加百姓看待農耕勞作，彷彿它不是苦役，而是一項歡慶。意義的不同，使勞動者的態度由被動轉為主動。

隨著農業、畜牧業的發展，印加民間產生了「大地之母」信仰。大地之母的形象在很多以農業為生的原始民族中普遍存在，僅在美洲就可以找到許多這樣的例子。比如位於今日厄瓜多爾境內的希瓦羅部落，就有他們敬愛的「儂圭」。而印加的

大地之母「帕查媽媽」，直到今天還被後世所信奉，有著長久的生命力。

「帕查媽媽」崇拜並不具有官方性質和政治因素，它在民間廣為流行，得益於農業生產的現實性。人們希冀豐收，而有旺盛繁殖能力的大地之母掌管著農業收成、牲口繁殖，關係著整個經濟的好壞。出於同樣的原因，母親的形象被賦予諸多的農業作物，人們相信各種作物自有神明，比如玉米薩拉媽媽、馬鈴薯阿索媽媽。在地方性的農業節日中，人們抬著「媽媽們」的偶像狂歡遊行，並為她們供奉犧牲，舉行祭紀典禮。

在印加文化影響下，印加地域內普遍信仰太陽神。太陽神也是農業文明共有的神明形象。人們進一步在兩者之間建構了聯繫，認為太陽通過他的光芒，使他的妻子「帕查媽媽」孕育果實。被太陽照耀的大地肥沃、富饒，獲得了豐收的能力。印加人耕種的全過程，處處可以發現宗教的性質。

印加王在每年播種之前，舉行神聖的首耕儀式。他用一把金質木杴開掘土地。這是一年中第一次破土。然後由他親手播下種子。此後一年，印加全國的所有農業活動彷彿都能得到此次儀式的佑護。印加王的特殊身分，使首耕儀式獲得了非同尋常的意義。一方面，印加王是太陽神之子，也是全國人民的主人，由他作為中介，代表民眾向太陽父親祈求豐收是自然而然的。另一方面，每一任印加王又被看作是太陽神在人間的化身，印加王親手開掘土地，代表著太陽神自身完成了這項程序，使太陽神與大地之母的關係得叫現實化的演繹。在原始思維中，沒有其他方式能夠比具體事物更令人放心。

庫斯科城有一塊土地被認為是整個印加帝國奉獻給太陽神的第一塊梯田。這塊梯田處於薩克薩瓦曼堡所在的山坡上，稱為「科爾坎帕塔」，只有具有王室身分的人才能耕種。顯然，

這是一份特別的保留，既符合原始的社會狀況，給印加王室保存了適度的勞作，而這些太陽後代的勞動中又反覆引入了神聖的性質。

　　印加王公在耕種中高唱頌歌，歌詞大多根據「艾利」這個詞彙引申而來，每節詩行以「艾利」結束，在歌唱中多次頌出這個詞語，並根據歌詠者的喜好隨機重覆。在犁地的過程中，插進木椒、掘出泥土、翻轉地皮、打碎土塊，整套動作都伴隨著歌唱的節奏進行。摯地的動作節拍，與每句歌詞的結尾重音「艾利」互相配合，一唱一作，人們工作得不亦樂乎。

　　「艾利」這個詞的意思，翻譯過來就是「勝利」。在耕種時演唱這樣的歌詞，此中意義不言自明。

　　人們慶祝戰勝土地，每重複一個農耕動作，都是對戰勝土地的一次強調。耕種的性質等同於對大地之母這個女性形象的支配。這個意義在首耕儀式中，通過由印加王代表的太陽神與大地之母的關係已經顯現。而在這裡，農耕情愫又一次顯現。人們還在頌歌之間插入一些笑話，這些故事往往描寫守口如瓶的戀人，或是勇敢無畏的戰士。後者顯然是「勝利」意義的延伸，是對男性力量的信念；而前者體現出來的諧謔意味則把種植活動中與私人化的愛情生活等價的部分顯示出來。這一切都反覆表明，在印加，農耕被視作大地之母的生殖活動。這一點也是為印加宗教所包容並被實際利用的。

　　從心理的角度探究印加民族把農作看成歡樂的關鍵所在，或許正是在上述的原因之中。印加人農耕時的歡樂，似乎總是隨同唱詞中不斷出現的「艾利」來到。對大地之母的「愛」。使得整個勞動變得生氣勃勃。

　　印加人的耕種工具是叫「塔克利亞」的木橇，它是印加民族的重要發明。形制大致如下：在一根長約 1.8 米的木棍一

端，安裝一個金屬或硬木質地的彎曲尖頭。離尖頭 30 厘米處，與木棍成直角，裝一橫突。翻地時用腳踩踏橫突，可以用身體的重量加大動作的力度，插入泥土。再將尖頭在地裡旋轉一下，拔出來，用這個工具可以深翻土地。婦女在幫工時，站在男子對面，幫他們把掘起的草皮翻閱，把草根翻轉朝上，讓誰草自然枯死，到播種時使雜草的數量減少。

「塔克利亞」木械的形狀，令人聯想起另一樣東西。在印加的創始神話中，多神版本講述了相同的情節——第一位國王曼科‧卡帕克在進入庫斯科谷地之前，不辭辛勞地用太陽父親賜予附金手杖試探土地，最後金手杖鑽入土中，消失得無影無蹤，這位探尋者也終於找到歸宿。木橛與手杖形狀相似，或許並非偶然，在神話形成的過程中，人們可能不自覺地以後者模仿前者。從中也可以看出印加人對這項工具的依戀，要知道，印加民族還不懂得使用耕畜，農耕活動完全通過人力完成。況且，印加高原也並非萬頃良田，在砂石地中，只有當地特產的「塔克利亞」木橛才能發揮功效。

印加社會對農業耕種規範了一定的秩序：首先是太陽田，然後耕種老、弱、病、殘、孤、寡等無法自己謀生之窮人的田地。土兵家眷的情形與此相似，在村莊中被歸於寡婦之列，也由眾人代為耕種。其後，各家各戶自己耕種份地。但在實際勞動中，採用了相互協助的方法。最後，他們耕種屬於印加王的土地。整個秩序由一村之長統一安排，負責監督。耕種印加田的情形與王室的農作非常相近，全體集合，舉行祭祀儀式，耕作期間歡歌笑語，整個場面是一派歡樂的景象。

值得指出的是，印加國家把鄰里互助當成一項法律，稱為「兄弟互助法」，規定同村村民之間友愛互助，互相幫著完成耕種、收獲，或無法獨立完成的建築等活動。實際上，這種辦

法古已有之，在村社「艾柳」中，這樣的互惠情況早已存在。也可以說，正是互幫互助，普通百姓間的互相支撐，使得每個人能夠愉快地完成繁重的勞作。

狩獵：取之有道

司馬相如的名賦《上陵賦》描述了漢武帝在上陸苑狩獵的盛況，極盡渲染鋪張之能事。西方的君主、貴族也常有喜愛打獵的嗜好。或許印加國王不是很懂得享受打獵的樂趣，但若論獵場範圍之大，參與團獵的人數之眾，卻可以毫不誇張地稱印加王為首屈一指，因為他舉行的是規模最為宏大的狩獵。

按印加法律，國王的獵場範圍相當於國土面積的總和。當然，國王的足跡未必真的遠到窮鄉僻壤。整個王國禁止私自獵殺動物。即使是當地的酋長、一省的省督，平時也只被允許獵殺一些野禽，比如野鴿、石雞、斑鳩之類，以換換口味為度。其他大型動物一律禁止捕殺。誰若是觸犯了法律，就要被處死。野生動物得到的待遇，彷彿是家養的畜群那樣，受到嚴格保護，因為它們是國家財產。在印加境內的安第斯山脈，飛禽走獸自由出沒，大部分時間無人侵犯，過得優哉游哉。

但平靜的氣氛在某段時間會突然中斷，這個時間就是每年一次的大狩獵。

狩獵是印加的王室大典之一。只有在印加王親自指揮下，或者在委派官員的監督之下，捕獵才是合法的。每年到一定的時節，國王從繁忙的政務中脫出身來，藉打獵的機會調養身心。他來到庫斯科以外一個預先確定的省分，選擇良好的打獵場地。當一切準備工作就緒，印加王隆重的狩獵大典——「查

庫」就開始了。

「查庫」的意思是「圍捕」，這是印加特有的狩獵方法。印加人沒有馴化馬匹，也就沒有騎馬打獵的習俗。他們的打獵方法多少有些奇特。到了打獵之際，居住在狩獵地區附近的人都要來參加，充當此次皇家狩獵的獵手。國王每進行一次打獵，出動當地百姓多達二、三萬人。具體安排多少人手，由擇定的狩獵區域的大小而決定。

這些人被分配在整個圍獵區的四周，分成兩個部分，一部分人由左圍追，另一部分人從相反的方向攔截，兩個方向逐漸合攏，形成一個一百至一五〇平方公里的巨大包圍圈，把行獵區全部包圍在內。經過計算，狩獵正式開始的時候，包圍圈的密度達每五、六米左右就有一個獵手的程度。他們個個手持木棍和長矛之類武器，逐漸縮小包圍圈，一面走一面高聲叫喊，幾萬人吼聲震天，足以把附近的獵物從藏身之地驅趕出來。

捕獵之時，人們殺死美洲獅、熊、狐狸、藍貓等食肉動物。他們認為這些猛獸是有害的，仗義地替自然界的弱小族類除去禍害。經過如此一番搜捕，隨著包圍圈越來越小，大量動物被驅趕到一片開闊平地上。最後，兩、三萬頭動物被三、四道密不透風的人牆團團圍住，無路可逃。整個場面之壯觀，可想而知！

獵物們被生擒活捉。人們把捕捉到的母鹿和最健壯的雄鹿放歸大自然，讓它們繼續繁衍。品種低劣的動物和各種動物中不能生育的老獸則被殺死，得到的肉按照家庭人口的數量，平均分配給平民百姓，每人一份。普通人家平時吃不到肉食，打獵得到的肉是老百姓唯一的肉食品。由於數量有限，他們也難得享受。印加用特殊的方法把新鮮的肉製成乾肉，他們稱作「查爾基」。這樣一來，容易腐敗的肉可以長期保存。一次打

· 印加人狩獵

獵中分到的肉，老百姓要吃上整整一年，直到第二次狩獵時期的到來。

　　獵物中以美洲特產的原駝納庫和小羊駝比古那數量為多，打獵的目標也主要是針對著它們。俗話說：「羊毛出在羊身上。」印加人所用的羊毛，主要是從野生羊駝身上得到的。被剪掉羊毛之後，大部分羊駝重新放歸山林，幾年之後，當它們的毛重新生長起來，能夠提供羊毛之時，狩獵再度開始。粗糙的原駝毛是普通百姓的衣料來源。小羊駝比古那的毛質地非常柔軟，是毛料中的上等佳品，用它製作的衣服是皇家的專用品，除了貴族以外，其他人不得穿著。

　　在狩獵中，儘管部分食草動物最終得以留下性命，但「害

獸」則見一隻殺一隻。大規模「地毯式」的圍追捕獵，會不會把一個地區的野獸趕盡殺絕呢？難道不存在人為破壞生態平衡的危險嗎？

這樣的擔心恐怕實在過慮。首先，印加時代的棍棒、長矛等冷兵器和現代化的槍彈比起來，好似小巫見大巫；更何況，印加人「獵亦有道」。

狩獵開始，人們大呼小叫，在恐嚇動物的同時，也心懷「網開一面」的仁慈。人們從左右兩面合攏包圍圈，在此之前，野獸可以從另兩個方向逃離。印加人的想法是，既然萬物之主「帕查卡馬克」神或太陽神創造了野獸，它們自有用處，也應該受到較好的對待，因而平時從不對它們下手。在打獵季節除去野獸，就好比從良田裡拔除莠草，也是替天行道，義不容辭。

打獵過程中，獵人們嚴格地按照劃定的界限捕獵。打獵的山嶺與毗鄰的山地之間並無天塹，自然界是完整一片，彼此並無界線。但在人為指定某條江河溪流、某個峽谷溝壑是某次狩獵的界標之後，人們都自覺地遵守規則，不超越邊界。幸運的野獸如果逃出了界限，也就逃脫了被捕殺的命運。狩獵圈外是獵人可望而不可及之處，在那裡，動物可以自由地逍遙法外。

狩獵之前，人們早有天時之慮。狩獵時間被安排在動物的繁殖、發育季節之後。捕捉到的獵物中，年輕的母獸和雄壯矯健的雄獸都被放回山林，只殺死年老體邁的動物。這些措施使印加人的狩獵與那些毫無節制、隨心所欲的獵殺相去甚遠。

不僅如此，他們的考慮更加細緻。王族狩獵在全國四個大區內輪流進行，同一個大區，每四年才輪到一次。間隔的時間能夠使一次大型狩獵造成的損耗充分恢復。印加人想到，原駝和小羊駝的毛需要時間重新生長，如果提前狩獵，會影響所獲

毛料的質量。其他動物也需要時間繁衍生息，這樣，每一次狩獵才會滿載而歸。

印加狩獵打著王室大典的幌子，完成了每年一度的經濟收成。為了保證來年肉食和毛料的收穫，人們保留了大量動物的性命。為了將來，做出預計與打算，克制現時刻的消費欲望，這些是從狩獵中反映出來的文化心理。印加社會的特性使他們較好地克服了容易發作的濫殺衝動。印加人的取予有時，與生生不息的自然運行，就這樣樸素地達到了和諧之境。

沒有貨幣的黃金國度

眾所周知，印加以盛產黃金而聞名。然而，奇怪的是，在這個黃金國度，居然沒有物品交換的重要媒介——貨幣。

沒有貨幣的現象，並不等同於社會生活中沒有享受用品。貨幣缺乏的實質，在於印加社會的物品並不以商品交換的形式流通。沒有商品交換，卻不能歸因於印加所屬的階段。在同期的阿茲特克和奇布恰人社會，都有著發達的商業交換。不僅如此，商業現象在印加文明之前早已存在。印加文明的基礎之一是蒂亞瓦納科文化。對蒂亞瓦納科遺址的考察中，就有一種觀點認為，此地曾經是重要的商業城市，這個地區的文化也正是緣於貿易之利，得到了長足的發展。

有著酷愛交易的鄰居，也有著早已懂得經商之道的前輩，印加民族卻出人意料地反其道而行之。在印加社會中，既不存在發達的商業，也沒有商人和商店；無論是生活必需品，還是高檔奢侈品，都沒有進入商品交換的領域。之所以商業落後，貨幣缺乏，其中原因大概還是令人大感興趣的印加「計劃經

濟」。

印加的手工業成就非凡，印加貴族的生活用品考究精緻，令人艷羨。在西班人征服印加之後，連西班牙國王也無法抵禦印加國王那種生活享受的誘惑，同樣穿起精美舒適的比古那羊毛織造的衣物。印加的黃金製品也曾迷惑西班牙士兵的眼睛，工藝高超到足以以假亂真。然而，這些成就並非商業刺激的產物。

印加的手工業，除卻以賦稅方式分派到各地的衣物製作之外，可以說，級別最高的手工業全部集中在首都庫斯科。在全國境內，有些地區尤以手工藝聞名。似乎是印加王族對收繳工藝品的方式感到不滿足，還從這些巧匠雲集的地區選拔出最出色的能手，把他們調集到首都庫斯科。都城中有專門的街區安排工匠居住，工匠的生活由宮廷負擔，他們完成每個月的工作份額，宮廷則供給他們維持生活的食品。

手工業集中在首都，並非完全屈從於政治調遣，因為印加社會中只有貴族的生活中有奢侈品和享受品的位置。對百姓而言，維持溫飽的生活這一要求得到國家社會的保障，在普通人的生活中，似乎也無需與基本生存無關的奢侈用品。而全國最繁華的城市庫斯科，自然是貴族雲集，王公聚居之地，能工巧匠也只有在這裡才能為自己的技藝找到用武之地。

如上所述，手工藝品最主要的流通渠道就如此簡單，工匠們生產的高級用品直接上繳國家，宮廷則發放食品，供養工匠。這樣一來一往，便無需貨幣中介。

印加雖然盛產金銀，但相對於普通用品，金銀仍屬於難得之物，因而在消費領域之中，金銀只能供給社會中的最少一部分人——即貴族享用。儘管在印加，金銀並非貨幣，但在上述情況之下，仍然可能導致屯積居奇，或者引發下層人民對金銀

· 黃金面具

的私欲。然而，印加文明又一次巧妙地解決了這個問題。

　　印加社會對金銀的態度顯得與眾不同。全國上下，人們並不把金銀看作是財產或珍寶。人們對金銀的喜好，更多地出於對裝飾品的熱衷。金銀的熠熠光采和出眾的色澤，引起最為單純的情感。然而，所有的情緒似乎也都在此終結。金銀的價值在於裝飾王宮、太陽神廟和貞女宮中得到了全部的實現。印加王自身的舉動似乎也暗示了這一點，因為在這個國家，金銀並不像其它必需品那樣，通過稅收渠道獲得。國家致力於徵收具有實用價值的實物，金銀則作為珍玩之類，由各地首領進京覲見時攜帶進貢。這些作法，使金銀的意義始終保持在可有可無之間，杜絕了在貨幣面前常見的貪婪。

　　此外，印加人賦予金銀以神聖的性質。在「瓦卡」崇拜盛行的印加，人們自然而然地把外表出眾，在延展性、耐熱性、抗氧化等方面獨占鰲頭的金銀看作具有神聖性。在他們的思維中，這種神性是與太陽血統的王族成員相當匹配的。由於宗教

信仰的作用，那些後來令西班牙人如痴如狂的黃金，在印加人眼中卻不過是一種不具實用價值的好看東西而已。

儘管如此，卻無法下結論說，在印加沒有商品交換的現象。儘管整個社會在計劃經濟作用之下運行良好，社會成員中實行按需分配，使商業行為顯得多餘，但是，在印加社會中，物物交換也是獲得多種生活資料的重要方式。

居住於庫斯科的工匠，在完成了每月定量的工作任務之外，可以用自己的富裕產品與他人交換。普通印加百姓，在以自己的勞動產品滿足公社需要，以及交納了實物稅之後，餘留下來的收獲作物和製作產品，也可以物易物，獲得自己需要或喜愛的東西。如果考慮到一名普通印加人的生活範圍主要局限於自己的大家族內，以及印加民間的互助風俗，那麼，這種雖則普遍的交換行為，卻多少帶有禮尚往來的古老遺風，還不能定義為不論情面的真正「交易」。

但是，另外一些場合，卻可以比較肯定地稱之為「集市」。在印加，最像樣的交易在特定地區按期舉行。山地居民和沿海居民之間定期進行物品交換是印加社會最為隆重的「貿易」，它的面貌已經近似於今天在某些農村鄉間還保留著的「趕集」活動。一年之中，收獲季節之後，山區和沿海居民聚集於歷來進行交易的地區。高原地區的特產毛皮、畜肉、金銀，各種用具、器皿，沿海地區出產的菜蔬、果品、棉花、鳥糞，在交易場所一同出現。從這些物品中，就可以看出集市形成的原因——兩地居民的生活中也存在著對對方產品的需求。

順應交易的需求，在交換中自然產生類似於貨幣的中質媒介。人們把比較看重的物品，比如鹽巴、辣椒、毛皮、礦石和金屬製品當作交換的等價物。儘管直到印加滅亡，始終沒有形成成熟的印加貨幣，然而，貨幣的雛形在這裡已經出現。或許

隨著貿易的不斷發展，充當等價物的金屬產品和金銀製品進一步可以發展到金屬貨幣，而商業的時代也會隨即到來。

　　然而，印加的物物交換和貿易委實落後，沒有全國統一的度量衡，各個地區各行其是。計量重量的印加秤，模樣與原理和中國的桿秤非常相似：一柄中間鑽孔的秤桿，孔眼中穿上繩子，作為秤毫，秤桿一端掛著稱裝物品的袋或網。

　　商業活動的真正興起，則是西班牙殖民統治時代的事。

　　如果說印加社會對內的計劃經濟影響了商業的發展，那麼，對外貿應該無所拘束。研究者推測，古印加人與商業發達的阿茲特克人之間可能存在著海路貿易。但是，中肯地說，印加與別國的貿易只是處於開始階段。

　　不過，印加史上曾出現過一位先行者，做出了了不起的探索。史學家薩米恩托・德・甘博亞報導說：第九位印加王圖帕克・尤潘基曾帶領親兵在海上做長途旅行。幾個月之後，他們帶回了黃金，並熱情地講述了遠方島嶼的生活情形。航海貿易，這是一片多麼理想的圖景——儘管一切只是剛剛起步。

Chapter 2
天上人間

神與人：傳說和歷史

　　中國人自豪地稱自己是華夏民族、炎黃子孫、龍的傳人。同樣地，印加民族自稱為太陽的後裔，印加王族更是太陽神的嫡系子孫，與神聖的太陽血脈相承。抬出如此偉大輝煌的「祖先」大名，便足以令自己傲視周邊其他部族。

　　印加王族的傳說，更多地彰顯了祖先的豐功偉績。遠古時候，人們如禽獸般生活，不懂得耕種收穫、穿衣蔽體，在山洞、地穴中藏身，沒有房屋居室。可憐的群氓依靠山林荒野中生長的野果、蔬菜存活，甚至愚昧野蠻到食用人肉的地步。在婚姻生活上也混亂不堪。看到這種情況，太陽神動了惻隱之心。慈悲憐憫的神將自己的血肉至親派往人間，他的一雙兒女：曼科·卡帕克和瑪瑪·沃里奧，前來教化人們。

　　這一男一女降臨在的的喀喀湖上，開始出發。他們向北而行，一路上試探著把太陽父親賜予的黃金手杖插進泥土，總是沒有成功。他們來到庫斯科郊外，在一座茅舍裡歇腳，翌日清

晨出發。這座窩棚被後人稱為「帕卡雷克坦普」，意思就是「天亮時的窩棚或小茅舍」。第二天，他們進入庫斯科谷地。當曼科‧卡帕克剛剛把金手杖豎在地面上，手杖就鑽入地下，消失得無影無蹤了。他們終於來到太陽神父親指定的地點。

曼科‧卡帕克和瑪瑪‧沃里奧，一個向北，一個向南，分頭尋找當地蠻族，兩人把自己的使命告訴當地人。人們相信了他們的話，就匯聚到一起，在他們倆的帶領下，動手建造了房屋和茅舍，庫斯科城遂平地而起。城市分成兩個部分：「阿南庫斯科」和「烏林庫斯科」，也就是上庫斯科和下庫斯科。曼科‧卡帕克和瑪瑪‧沃里奧成了印加的第一任國王和王后。在國王的教導下，男人們學會了耕種技術；在王后的努力下，女人們掌握了紡織技術。印加人的國家就此誕生。

官方說法描繪了王族的自豪，自承了王族對人民不容推辭的責任。後來的歷史似乎是這個傳說的不斷續寫，歷代印加王都自覺地將周圍民族列入亟待開化的計畫範圍。

作為補充，不能不提及普通百姓中傳頌的其他故事。

庫斯科北面科利亞蘇尤、西面昆蒂蘇尤地區的印第安人中間傳說著另一個故事。洪水退去後，庫斯科以南的蒂亞瓦納科出現一個神奇人物，他把世界一分為四，南面分給曼科‧卡帕克，印加國就是由此而來。這個神祕人物可能就是威力無比的太陽神。

庫斯科以東、以北的印第安人提出了另一種說法。創世之時，在庫斯科東南 35 公里處，名叫帕卡里坦普的「起源之地」，即塔普──托科山的卡帕──托科山洞，是鑲滿寶石、金子的「富饒之窗」，從中走出身為「太陽之子」的四男四女。四兄弟的姓名分別叫：阿亞爾‧曼科，意為首領、被授予最高權力的人；阿亞爾‧烏丘，指的是印加人喜愛的調味品胡

椒麵（醬）或辣椒；阿亞爾·奧卡，意為粗暴、叛逆、不講忠義和反抗權威的人；阿亞爾·卡奇，是調味料食鹽的名字。四姐妹的姓名依次是：瑪瑪·沃里奧，她是生殖力旺盛的母親和照料家庭的婦女，家庭爐灶的保護神；瑪瑪·瓦科代表承擔責任並有男子氣概的婦女；瑪瑪·科拉是生長於東部森林的野草名稱；瑪瑪·拉瓦表示玉米。他們八人不僅是兄弟姐妹，同時也是四對夫妻。

八人將前往瓦納考里小山，播種太陽神賜予的玉米。阿亞爾·卡奇力氣最大，用彈石器開山劈嶺。兄弟們懼怕他的威力，就設計陷害他。卡奇被引進一個山洞，巨大的岩石落下來封堵住他的去路。卡奇痛斥兄弟們的謀害，祈求創造大地之神維拉科查援救自己。他化身為一隻山鷹，從岩石封堵的山洞縫隙中飛出，飛到瓦納考里山頂，神又把他變成一塊巨大的岩石。從此，瓦納考里成為印加青年舉行成年儀式的神聖場所。

其餘幾人來到庫斯科附近。烏丘褻瀆了聖物，也變成一塊石頭，矗立在那裡，永遠崇拜太陽神和維拉科查。剩下曼科和奧卡前往庫斯科，途中曼科一次次試圖將太陽神賜予的金杖插入地裡，總是以失敗告終。奧卡對曼科越來越侮慢輕蔑，曼科忍耐著他的嘲弄。當他們來到庫斯科，金杖輕鬆地插入土中，庫斯科谷地也成了適宜於植物生長，有利於人們生活的肥沃濕潤的土地。曼科從泥土中拔出金杖，迅即擊碎奧卡的頭顱。曼科就此成為印加國土的統治者。沃里奧同曼科結婚以後，成為印加王族的女祖先。

比起第一個故事來，這則神話在普通百姓中間流傳更廣，由此它也更多地帶上屬於印加百姓的價值觀。根據神話中八個人物，他們的名字所代表的性格、所指稱的實物，可以大致勾勒出一幅印加的凡俗生活畫面。

印加社會的男子由於懸殊的地位差別，大致分為兩類：貴族與普通百姓。前者是絕對的統治權威，後者是俯首帖耳的順民。勇於反抗統治，抵觸權威的個人，比如神話中「奧卡」這樣的人物，似乎並不存在。順民的脾性是印加文明以種種方式培養起來的。在上述神話中，就不失時機地強調了服從權威的重要：自以為是的奧卡被打破了腦袋，傲慢忤逆終歸咎由自取。印加人把神話視為真實，這樣一個例子就足以起到殺雞儆猴的作用。在神話的口耳相傳、世代相繼中，服從上級、約束自我的觀念，潛移默化地進入尋常百姓的思想理念之中。神話內容的穩定與確立，同時也反映出受眾的意識形態。總之，印加人的馴順性格，在上述情節中顯露無餘。此外，這則神話也反映了印加人心目中理想的女性形象：在家是多產、能幹的賢內助，在外則強悍果敢，是與男子為伍的好勞動力。這樣的形象，不知成了多少代婦女的行為準則。

印加百姓飲食簡單，除了主食玉米、馬鈴薯之外，少有菜餚。在這種條件下，佐味必不可少：食鹽不可或缺，辣椒更受歡迎。味道獨特的蔬菜：辣椒，以及由它做成的調味品：胡椒麵，就是從美洲傳向全世界的。人們後來從這個故事中引申出一定的生活哲理：「鹽」是指印加王教導人民要過一種理性的生活；「胡椒麵」指的是要懂得體會生活中的美味……等等。當然，這些說法也可能是印加後裔在 16 世紀時，由於懷念故國而產生的附會之詞。比如在對「鹽」這個詞語的理解上，就存在望文生義的可能。因為西班牙語中，「鹽」這個詞就同時有生活安逸、性情文雅的意思，當地人可能由此啟發，得出「理性生活」的概念。對神話的重新詮釋，也表達了當時人們對生活價值的理解，以及對美好生活的響往。

各種印加創始神話發生的時間，一般都假定是在十二世

紀，也就是西班牙人到來之前四百多年。但研究者認為，印加帝國建立的時間至多不會超過兩個半世紀。它的傳說與歷史無法吻合。

民間故事與神話既記載了歷史，又異於歷史。一方面，太陽之子的神話反映了印加部族在安第斯高原崛起的過程，它作為「主導話語」，逐漸彌漫散布於整個地區；另一方面，這一神話體系也在征服大業中被不斷豐富和潤飾，為帝國的架構提供了高於武力的「法理依據」。

印加人的腳步毫不遲疑地踏出了庫斯科谷地。帝國的疆土東起安第斯山脈，西瀕太平洋，在寬度上無可延展；南北方向綿延近萬里，從北緯 2 度直到南緯 27 度。拓土開疆的雄心，不能不說是起自太陽之子的自信。

傳播與弘揚太陽信仰，開發與教化周邊蠻荒，這種信念使印加民族獲得不斷進取的動力；太陽之子的自信，也使其內心易於彌合戰爭中的創傷，勇於承擔戰爭的代價。否則，印加一族或許早就淹沒在其他強大民族的汪洋之中。

印加民族的起源傳說，把作為太陽神子孫的驕傲，不僅賦予了神的所謂「傳人」（王族），也留給了帝國版圖內民族大家庭的全體成員。太陽祖先的神話成為民族向心力的源泉，成為民族性格的基石。

太陽神：三位一體？

在對印加文明的諸多敘述中有一個問題，每當談到印加人信仰的神靈姓名時，顯得有些模糊不清。我們含混地得知，印加人崇拜的神是太陽神因蒂，這個神又被稱為帕查卡馬克。有

· 太陽神因蒂

時他還有另一個名字，叫維拉科查。太陽神成了三位一體的印加上帝？

在生活之中，或許事實正如上面所述。人們信仰著至高無上的神明，但神的名字叫因蒂或帕查卡馬克，抑或是維拉科查，似乎都無關緊要，一般人說不清也道不明。反正，無論這個神姓啥名誰，人們對他的信仰始終是最為重要的頭等大事。

但如果對印加文化好奇心重，難免要刨根問柢，對這個問題的解答就勢在必行。從印加的歷史及傳說中，可以發現，上面所說的三個名字不僅不是指一位神明，而且這三個「人物」還有本有源，各有各的來歷。

在印加，最廣泛的信仰是太陽神信仰。可以說，太陽神崇

拜是印加的國教。傳說，當印加進入了文明時期，也就是從第一任國王曼科‧卡帕克時代起，印加人就開始了太陽神信仰。獲得了這樣的認識，是印加遠遠高超於其他愚昧無知之民族的一個偉大的進步。事實上，太陽崇拜是許多原始民族所共有的思維，太陽東升西落、循環往復，光明和黑暗的交替令人無法捉摸。這些是導致神話思維的直接原因。

印加的太陽信仰融入非常多的文化闡釋。印加王族自詡是太陽神的後裔，他們純正的太陽血統來自於第一任國王和王后。他們倆是太陽的子女，既是兄妹，也是夫妻，是所有印加人的共同祖先。太陽每天給予人們恩賜，照耀大地，養育生靈，維持人們的生存。但最為重要的是，他派遣了自己的子女到達人間，把人們從野蠻愚昧的狀態中拯救出來，使他們得到教化，轉變為真正的人。

傳說並不可靠。追溯歷史，可以知道，在帕查庫蒂時期，太陽崇拜才得到大力推廣；在他的統治之下，太陽神廟開始遍布全境，太陽神信仰才深入人心，由簡單的原始崇拜演變成政教合一的統治工具。這恐怕才是印加太陽崇拜的歷史真相，也就是它的真正意義。

人們將人間社會比附自然天象，產生了一整套關於神的社會結構。庫斯科太陽神廟與東方廟宇或西方教堂不同，它不只是人們精神的寄託處。它還有另一個名字——「太陽宮」。這稱呼似乎更加貼切。按印加人的邏輯，太陽神廟也是太陽神生活的宮殿，理應是神家在人間的翻造。如果這位天神真的蒞臨，滿可以過起舒適的人間生活。在那裡，為神的妻子、僕從準備的住所也一應俱全，完全是五星級標準，總統套房級別。

太陽神廟中供奉著太陽神；在其後建造了多座小型宮殿，月亮是第一個住戶。月亮是太陽神的姐妹兼妻子，人們稱之為

「瑪瑪基莉姬」，意思是月亮媽媽。她是作為宇宙之母，受到尊敬。金星、七顆昴星和其他眾星佔據一室。金星名叫「查斯卡」，意思是長著長捲髮的（人）。這個詞語對金星光芒的模寫十分形象。他緊跟著太陽，是太陽的侍童。群星是月亮的僕從，他們的住處毗臨月亮宮殿，以便隨時伺候。閃電、雷鳴和霹靂是太陽的僕人「伊利亞帕」，他與彩虹一起，獲得了居住於太陽左右的資格。印加王以彩虹為標誌和族徽。人們把彩虹稱作「奎丘」，當看到他出現時，要閉緊嘴巴，加手於上——因為彩虹之光會照壞牙齒。

但是，上述這些神靈並不受印加人崇拜。嚴格地說，他們只是服侍太陽神的家眷和僕人，神的身分，他們不能沾光——即便是太陽的妻子月亮媽媽也是如此。對他們不進行祭祀崇拜，也不建立神廟。印加人倒是公私分明，裙帶關係不起作用。印加的神明並非只此一位，但另外兩位神明與太陽神卻是非親非故。

「帕查卡馬克」是另一位偉大的神明。與太陽神不同的是，帕查卡馬克並不是一個具體的某種實物或某一現象的神，他更多地帶有精神化的性質。他的出現反映了人們認識的進步。帕查卡馬克與西方的上帝有些相近。「帕查卡馬克」這個詞由「帕查」和「卡馬克」組成。「帕查」的意思是宇宙、世界；「卡馬克」則由「卡馬」一詞演變而來。「卡馬」這個詞有名詞、動詞兩種用法，動詞的意思是由名詞而來。名詞的意思是靈魂，動詞的意思就是賦予靈魂。

這種語言現象，和古漢語中名詞作為動詞使用的方法有些相似。通過以上的語彙分析，「帕查卡馬克」的意思已經十分明了——這個名字是用來稱呼賦予世界和宇宙以靈魂的人。帕查卡馬克與世界的關係相當於靈魂之於肉體——沒有這位世界

的創造者，宇宙便沒有生命，萬物便無法生息。

　　印第安人對帕查卡馬克極其尊敬，通常不敢直呼其名。在需要稱呼他的時候，人們得行一個表示恭敬的大禮。整套禮節類似一個鞠躬動作：肩膀收縮，低下頭，身子彎曲起來。與此同時，眼睛的視線從天上望到地面。在行禮的過程中，行禮的人雙臂直舉過肩，手指伸直，張開手掌，望空而吻。

　　這是一個極度崇敬的禮節。印加人在交往中行使的吻禮原本就有尊敬崇拜的意思，能夠受到這樣的禮遇，已屬不可多得。但是，在某些特殊場合則另當別論。當人們面對「帕查卡馬克」、太陽神或印加國王的時候，必須做出包括吻禮在內的一整套繁複的禮節，就如上面所描述的，以表示無比敬仰。

　　在印加社會中，對於不同社會等級的人，行使的禮儀有所不同：對王室血統的人表示尊敬，行使上述禮儀中的一部分動作；對酋長等其他貴族行禮，則是另一套完全不同的禮儀，這套禮儀與上面的幾種相比就等而下之。

　　在禮儀上做出層層劃分，是社會等級化的重要作法。印加文明堪稱精彩。與物質、財富的等級分配相比，通過禮節做出等級安排，顯然具備更多的文化色彩。按照研究者的設想，禮儀文明必然出現於較為高級的文化階段，它們是附加於社會結構的精彩文化創造。然而，禮節的由來歷史悠久，它的發端與宗教信仰、神祕崇拜不可分離。禮儀開始於神祕的宗教儀式，人們認為必須準確地完成哪幾個動作，哪幾個步驟，才能對神靈起到作用，否則就告無效。禮節的這門親緣，從印加文化中可見一斑。天人合一，神人不分的時代，正是禮儀由神聖向社會轉型的關鍵一刻。

　　帕查卡馬克比起太陽神因蒂，是一個進步，他擺脫了偶像的桎梏，是無形的。儘管如此，印加百姓的思維仍然是具體化

的。他們說從未見過帕查卡馬克，不認識他，不為他建造神廟，也不敬獻祭物，尊他為不曾見面的神；而歷史真相卻是帕查卡馬克信仰直到帕查庫蒂統治時期才得到推行，這是國王為壟斷宗教權力而進行的改革措施。此後，帕查卡馬克成為貴族間的神明，還沒有為廣大的百姓所熟悉。因而，在印加境內，他的待遇與太陽神相比，似乎有些被冷落相待，既無神廟，也無祭祀。

最後一位神明維拉科查不得不提。如果印加歷史傳說有一定的可信度，那麼，這位神明就完全是個人創造。傳說這位神靈是印加王的先祖，他曾經在第八位國王的夢中顯靈，告誡當時還是王子的他要謹防民族叛亂。這個預言果然應驗，王子英勇地擊退了昌卡人的起義，也成功地篡奪了父親的王位，登上了皇帝的寶座。為了感戴神明，也由於夢中預示，國王自己就延用了維拉科查的名字。

這位神明，看來是一次王族勢力鬥爭的產物。國王與神靈同名，給神人合一的機制引入新的動力，這是統治策略的一次重大勝利。維拉科查之後，他的兒子帕查庫蒂能夠成為印加歷史上的偉大「改革者」，印加盛世的開創者，也是子繼父業，青出於藍而勝於藍的突出例子。

印加文化後期，在原有神話的基礎上，出現了一個重組後的神話系統，並構造了一個完整的神話故事：創世神維拉科查在的的喀喀湖裡創造了世界和人。之後，他隱身湖中，留下了兒子萬物之主帕查卡馬克。在這個最晚的神話系統中，維拉科查成了萬物的創造者，他不僅創造了世間萬物、宇宙大地，也創造了太陽和月亮；太陽神的權威完全為維拉科查所替代。但直至最後，印加民族仍然保留了太陽祖先的傳說，並堅持每位印加王都是太陽神化身的說法。

維拉科查的神聖權威逐漸形成，印加百姓也越來越信服維拉科查的威力。然而，人們不會想到，當年國王所說的預言：維拉科查神終究會回來終結印加的統治，在百年之後，竟然會以那樣一種方式化為現實——西班牙人出現了。

我是誰？從哪來？到哪去？

靈與肉，來世和今生，這是各種宗教不約而同進行探討的問題。基督教的天堂與地獄、佛教的六道輪迴給出了不同的答案，而印加人的解釋也自足圓滿。

印加人也認為人是由肉體和靈魂兩個部分組成：靈魂是不可捉摸的精神，它永遠不死；肉體則由泥土做成，終將衰亡腐敗。印加人把肉體稱為「阿爾帕卡馬斯卡」，意思是「存有靈魂的泥土」。肉體死亡，變成泥土，是眼見的事實。生命現象實在不可思議，而每個人又確乎時時體驗到自己的精神存在，因此，對靈魂的推測就成為對靈魂不衰的確信。「靈」與「肉」的兩分法，幾乎是所有宗教教義的基礎。這種認識是人從自我出發，在觀察世界中得出的解答，是達到一定之認識階段時的產物。

印加人還認為，人類與動物在享有靈魂的權利上並不同等。禽獸固然同樣也會由小長大，也有對外界的各種感覺，但它們的靈魂只有掌管生長和感覺兩種功能；最重要的是，它們沒有理性靈魂。由於擁有了後者，人就遠遠優越於動物。印加稱人為「魯納」，意思就是，有理智和理性的「人」。相對的另一稱呼「利亞馬」，意思就是禽獸類。在原始思維階段，認為生物體擁有多個靈魂，不同的靈魂有不同之權限的想法是比

較普遍的。中國也曾有「三魂七魄」之說，正是此種思維的遺緒。

　　印加人還認為，靈魂會趁著肉體睡覺的時候脫離身體，遊蕩到身體之外。這時候，靈魂的所見所聞就是人在夢境裡的非常經歷。這樣的說法也十分耳熟，古代中國人對夢境的迷信與此正相彷彿。印加人極其看重夢境，他們認為夢中的一切都是真實的，雖然不是肉體的實踐，卻是靈魂切實的經歷。他們對待夢境的認真態度絕不亞於處理任何現實事件。當他們感到某個夢境意義非同尋常，接下來的日子就成了忐忑不安的等待，等待著預兆的實現，為噩運心驚膽顫，為福兆喜出望外。

　　與靈魂學說密切相關的是今生來世的觀念。

　　靈魂不會隨同肉體死亡，必然有個去處。印加人對此做了妥善的安排。他們認為宇宙分為三界：上天是「阿南‧帕查」，意指「上界」；人世是「烏林‧帕查」，意為「下界」；而地球中央，地心之處，稱為「烏庫‧帕查」，意思是「下界的下界」。凡人生活於「烏林‧帕查」——人間。好人死後升天，就到「阿南‧帕查」生活，惡人下降到「烏庫‧帕查」。「烏庫‧帕查」還有另一個名字，叫「蘇派帕‧瓦辛」，意即「魔鬼之家」。

　　看來，對善惡的去向，全世界都用同一個自上而下的「天堂——人間——地獄」的模式來表徵，升華和墮落，人類命運只能在這唯一的電梯裡上上下下，生命對無所羈絆的自由之嚮往在無數次本能的墜落中萬劫不復。

　　被西方人看作魔鬼作祟的印加宗教，顯然更能使我們看來感到親切。印加人並不猜想死後只有精神生活而不再受肉體拖累，在他們樸實的頭腦中，滿以為一切都和現世沒有兩樣，衣食住行不可能有別，日用百貨一樣不少。

死亡彷彿是一次生活秩序的重新調整，有人榮幸升天，也有人不幸入地。但一切自有標準，善良者在上界得到安息，作惡者在地下受苦受難。天上的生活寧靜祥和，不再有現世的勞苦和憂慮，精神安逸，無憂無慮，肉體休息，不事勞作。下界的下界則充滿現世中的各種苦厄：疾病、操勞、煩惱、痛苦，勞作不停，不得休息，毫無歡樂可言。

　　儘管印加人並不強調前世，也沒有精彩完整的因果之說，但並不阻擋他們產生了與東方相近的現世定義。本來，來世的假想是現實世界的延伸，死後的歸宿又反過來給現實生活規定了新的意義。現世生活於是也被分成兩個部分，高貴舒適的生活是善良者得到的享受，作惡者必然經歷苦難和艱辛。在高貴人士中，顯然洋溢著對命運安排的自得和滿足。印加上層人士對談論自己的來世生活樂此不疲，他們的怡然自得造成了這樣的印象：貴族的來世生活是今世生活的必然延續。而普通人就彷彿沒有靈魂，因為他們的來世生活模糊不定。於是，印加人今生來世的觀念已非脫離現實的可有可無之空想，而是對現實中社會分層做出了合理的解釋，它在很大程度上維護了現有的統治，將社會動亂的因素降到最低。印加社會的運行也需要宗教的支持。

　　但是，印加人的善與惡並非完全以符合道德良心為標準。具體地說，人的罪惡只是魔鬼「蘇派」的作品。所以，每當提起他，人們總要先吐口唾沫，表示咀咒和厭棄，彷彿這樣就遠離了罪惡。墨西哥的阿茲特克人則走得更遠，他們有專司惡習的神靈，比如淫蕩之神、醉酒之神、奸詐或凶殺之神，分工細緻，這些神分別為各種罪惡負責。這無疑為理解印加人的生活添加了一個注腳。

　　對來世生活的確信，使印加人注重準備後事。印加的作法

與埃及人不謀而合，他們在製作木乃伊方面也具有相當高超的水平。與埃及人使用香料的方法不同，印加採用了另一種方式：他們把屍體置於寒冷、乾燥、空氣稀薄的山區，利用當地的條件，成功地將木乃伊長久保存。一九九七年十二月，在秘魯山區的冰雪中發現一具印加時代的木乃伊，推測是一名作為犧牲的年輕女子。歷經五百餘年，木乃伊的狀況仍然十分良好，不能不令人讚歎他們在這方面的突出成就。

他們為死者保留了生前的各種條件，以備各種需要。隨同他進入另一個世界的，除了服裝衣飾、生活用具、金銀財寶，還有他心愛的妻妾和信任的僕傭——這些殉葬者也是未來幸福世界的組成部分，與生前一樣，將常伴其左右，殷勤服務。死者的墓地上建造起巨大而不規則的土塚，但橢圓形塚較為常見。其中有一些互為直角的通道一直通往墓中。木乃伊有時採取直立姿勢，更多的是安然端坐——這在印第安部落中比較常見。印加人和他們的印第安同胞一樣，不採取平躺的睡姿埋葬死者，而是固執地保持了他們生前的活動姿態，彷彿生命只要有一口新的呼吸，馬上就會重新啟動。

印加人相信，所有死去的人終會在世界復生，靈魂要帶著肉體上的所有東西從墳墓中升天。於是，在平常生活中，人們小心地收拾起剪下的指甲、剃掉的頭髮、脫落的髮絲，藏置在牆壁的小洞和縫隙裡。不僅如此，印加人看到別人的頭髮掉落時，也會好意地代為收撿，妥善保存。他們生怕面臨復活之機時，為了尋找頭髮和指甲而使靈魂耽擱時間，於是在現世生活中不遺餘力地把這些東西收在一起，有備無患。西班牙人曾為尋求珍寶而發掘墓地，把無用的屍骨四處亂扔。印第安人並不為墳墓中財寶的丟失而過於心疼，但令他們大為恐懼的是屍骨遭遇的劫難。他們為此苦苦央求西班牙人——因為獲准復活的

條件比較苛刻，只有所有的東西樣樣齊全，才能死而復生。

轉世歸來的太陽神

印加的王位繼承制度彷彿是在一道門戶上加上幾道鎖，異常嚴密、穩固。父死子繼的世襲傳承，其內部又加上長子的繼位方式。此外，另一項加固措施令整個建構築造得更牢不可破——那就是印加王的神聖身世。

追溯血緣，印加王是太陽神的嫡親後代。但這一點並非國王的專利，整個王國中，同樣血統的親屬不在少數。不過，國王有一項獨一無二的身分，這一點正是國王一生中最為顯赫之處——國王是太陽神的化身。

每一位印加王，無論他的生身父母是誰，都被看作是太陽神的轉世，太陽神在人間的代表。不管這種說法多麼有違邏輯，但它被印加人廣泛接受——每一位印加王都是太陽神的兒子。從這個意義上說，不同的印加王又都是同一個，他們是太陽神的化身，是永遠復歸的太陽神。印加王去世，即被說成是被他的父親太陽神召回老家。

印加王的喪禮盛大而莊嚴，國王的遺體被製作成木乃伊，得以永遠保留。內臟器官從體腔中取出，專門存放在特定之處。距離首都大約 25 公里的坦普村太陽神廟是安放國王內臟的神聖場所。此處是國王臟器的唯一去處，在印加人看來，非其地不可。隨內臟下葬的是先王的一部分餐具和大量寶石。

國王的遺體塗上防腐劑後，被安放在庫斯科太陽神像面前。他們是太陽之子，像神一樣，受到人們的祭祀，獲得人們奉獻的大量祭物。據說，庫斯科神廟保存先王先后木乃伊的形

制大體如下：先王先后的遺體一對對、面對面安放，國王居右，王后在左，排成縱列。兩隊之間是一個反射著燦爛金光的發光物體，恰好使太陽的光芒照射在神廟的牆壁之上。先人們穿著生前日常穿戴的華服，端坐於金椅之上，雙手交叉，置於胸前，雙目低垂，神情安詳。遺體保存完好，膚色如常，毫髮不損，宛如小睡。

每位國王去世，他的部分隨從和心愛的妃子要伴駕。這些人或自殺，或被活埋。這麼做是為了令一切保持原樣，讓國王的來世生活由原來的故舊陪侍。有時候，在一次國王的葬禮上，就有一千多人被殺，作為陪葬。據說，在著名的國王瓦伊納·卡帕克的葬禮上，總共有四千個殉葬者跟隨他前往來世。一地之領主和酋長的喪葬也如法炮製。

被指定陪葬的人員中，出於求生的欲望，必定有人表示強烈的反對。在西班牙人統治時期，就有人逃往神父和長官家中尋求庇護。但這是發生在原有的信仰已經喪失的年代，最初，這種情況絕少發生；即便有，可能也只是那些與主人關係疏遠的奴僕和地位低下的隨從。更普遍的情況是，當那些愛戴國王的嬪妃被人勸阻，不要參與殉葬，或者當她們被告知沒有資格加入殉葬人員的行列時，她們就以自殺的方式殉主。

因為，根據印加人的信仰，他們認為現世生活之後的來世生活並不是虛無的飄緲之境，而是連接著現世生活的肉體存在。況且，在他們看來，善良的人必然得到好報，升到上界，過上無憂無慮的幸福生活。來世的幸福生活為兩個因素所保障：一是他們在世的優越生活，已經宣告自己被劃入善良之列；二是殉葬行為、自我犧牲自然是一件大善舉，也是可以保證死後升天的必由之路。這兩點，使他們放心地邁向另一個世界。

嬪妃們對國王的感情也不能低估。她們出於對國王的敬慕之情，自願一死或自殺相隨。據說，當地酋長、領主的妻妾常常心甘情願領死，而且往往自願一死的人數太多，不得不加以禁止，安慰她們：侍奉者足夠了，以後如果再有領主死亡，她們再去好了。

　　葬禮儀式之後，舉國上下陷入悲哀之中，喪期的時間長達一年。國王故去的第一個月，首都庫斯科全城哀悼，人們每天痛哭舉喪。居住於不同地區的人民在全城遊行，從住處出發，走向田野，擎著先王的王徽，高舉王旗，攜帶著先王的武器和衣物，痛哭流涕，同時高聲陳述國王生前的光輝業績，稱頌他治理國家的成就、給予人民的恩惠。哭喊的緣由，恐怕不僅是表達哀痛。原始思維認為語詞威力異常，比如咒語、詛咒等等。不能忽視喪葬中的哭嚎，它也有類似的功能。因而哭嚎在使得感情有所抒發的同時，也逐漸蛻變成一種必不可少的喪葬儀式。

　　先王的族徽、旗幟等物品不與其他東西一起掩埋，它們專門留著，以備葬禮之用。第二個月開始，哀悼改為每隔 15 天進行一次，即每逢月朔和月望重複一次，此後保持一年。在一年期間，人們也用集會的方式反覆表達他們的哀思，還指定詩人和歌手創作出歌頌先王功績的詩詞民歌，這些歌謠在新任國王出席的重大場合中反覆頌唱，在全國性的節日大典頻頻出現。這樣一來，死者的光輝榜樣就能夠激勵、鼓舞生者，即現在所說的「化悲痛為力量」之意。一年後的周年大祭是最後一個隆重儀式。

　　國王的遺體被製作成木乃伊之後，據說分量非常輕，任何人都有力量搬動。這就為把它們作成偶像提供了便利。人們相信，國王的木乃伊有不可思議的神聖威力，在戰爭之時，他們

把先王的木乃伊帶上戰場，讓先王們親自觀戰，讓死人保佑戰鬥的勝利。

印加王去世後，原先的多所宮殿被永遠關閉，裡面的物品被原封不動地保留下來，他的家具和衣物都照原樣保存。新國王從不佔用父親的宮殿物品。因為印加人相信，去世者的靈魂會在以後的某個時刻回到他保存良好的軀殼之中，必定會死而復生。因而一切都提前做好了準備，以便主人隨時回歸。

先王諸多宮殿中的一座，由衛隊和隨從駐紮，保持著國王府第的一切財產設施，一切運作照常進行，彷彿主人還繼續在生活。重大節日，先王的遺體在隆重的儀式中被搬送到庫斯科廣場，彷彿親自駕臨。由侍衛隊長向其他貴族發出邀請，以先王的名義舉行宴會，宴會上重新擺出國王的禮儀和排場，金銀餐具和寶石飾品一應俱全。各家臣僕排擺宴席，參加宴會的人一絲不苟地遵守朝廷禮儀，如同真正面君朝聖一樣。

莫測高深的祭祀典儀

印加人的生活，除去日常作息、勞動生計以外，宗教信仰是必不可少也是最為重要的。宗教信仰，首先是一個映襯每個人生活的無處不在的大背景。泛靈思想，使得印加人對於生活中遭遇到的各種事件，只要認為它的意義值得說明，都使之帶上神祕色彩。超凡出奇的自然現象會被考慮放入神祕領域，被看作神的啟示、命運的預兆。甚至連自己身體上的小小變化，也令他們喜怒無常，期望吉兆兌現，生怕惡運降臨。

在印加人心目中最為神聖的，也為外人看來最為神祕的，莫過於宗教儀式。宗教儀式是民族生活的核心，也是民族文化

的精彩所在。

印加祭祝儀式眾多，最為重要的是每年的四大祭祝活動，分別在春分、秋分、夏至、冬至四個特殊的日子舉行。這些隆重的祭祀活動同時也是全國範圍的節日慶典，在這些宗教節日裡，舉國同慶。這四個宗教儀式各具規則，自有章法，後文另有章節介紹，這裡先來了解一下印加祭祝儀式的概貌。

祭祝活動中重要的一環是祭獻的物品。人們獻給太陽神的供品種類繁多，主要有兩類：動物，各種家畜、家禽；植物，穀物、蔬菜、瓜果等等。在多種祭品中，最珍貴的是雄性羊駝羔，稍微次等的是成年的公羊駝；有時也以不生育的母羊駝奉獻神明。雄羊駝羔是他們的重要祭品；據說如果獻上雙生羊羔，最為靈驗。因為當地羊駝生下來時體形較大，一胞一胎，多胎十分少見。祭品中常見家兔，因為家兔的飼養在印加較為普遍。祭品還有抽取出的動物脂肪、上等貴族享用的「庫卡」葉和精緻的衣物。其他如四時鮮花和一種特別的香膠糖也不可或缺。祭祝活動並不燒香，而是將奉獻的供品焚燒一盡，焚燒的煙塵絲絲縷縷升入天宇。印加人認為，這樣就能悉數為太陽神所收到。

當國家發生非常事件，比如新王加冕、王儲誕生、某次重大戰爭需要國王親征，或是戰爭中取得至關重要的勝利，為這些目的舉行的祭祀，要使用一種特別的祭品——人牲。被選作犧牲的人通常是兒童或美麗的少女。由於此事意義重大，往往關係到國家的命運和國王這位太陽之子的吉凶禍福，因而需要使用特別的犧牲；「人」被視為天地之間最高級的生靈，自然就被抬上了祭台。

但印加人比起同時代的其他美洲民族還是較為進步，他們只在極少數的情況下使用人牲。而這種作法在印加的很多鄰居

中非常盛行，比如墨西哥的阿茲特克人就以大肆使用人牲聞名。而且，印加人在供獻犧牲之後，從不舉行人肉宴席；這種「野蠻的風俗」在美洲其他地區則是司空見慣。

　　印加文明從整體上說，是成功的農業文明，其他民族則以遊牧見長，因而在對待人牲這件事上，看法自然不同。在印加，人牲或許是歷史的遺留，印加文明的成熟階段，已經形成了較為穩固的以農產品充當祭品的基本格局，人是作為偶爾使用的最高級別的祭品附加其上。而在阿茲特克，人是祭祀中必不可少的祭物，這與該民族尚武善戰，不斷進行擴張戰爭必然有關。這一點，在印加王出征前夕使用人牲的事件中也能得到證明。面臨這些時刻，動人心魄的活人獻祭，在其神聖的包裝之中，提前帶來了戰爭中真實的血腥氣味。它不啻是一管活血化淤的針劑，把平時被農耕勞作麻木了的精神強行刺激起來，鼓動起嗜血的殺心，讓戰士們勇猛地投入戰鬥。

　　祭祀過程中少不了酒，用的是一種由水和玉米製作而成的燒酒。酒的使用有一套程序。最先上的酒要奉獻給神明。祭司用手指蘸酒，然後仰望天空，同時把手指上的酒彈向空中，表示獻給太陽，其後向空中連吻兩、三次。這是祭祀中的必要禮儀，也是印加最為恭敬的禮節。

　　典禮之後，做完了以上舉動，才能盡興暢飲。酒在印加是難得的享受，平時普通人只在幾個宗教節日有機會暢飲。享有特權的貴族也只是在飯後才能飲用，因為這樣的作法能使酒量大減，飲酒的人也不易酩酊大醉。

　　除了以上各種常識，在祭祀及平常的宗教活動中，也有一些儀式規定。

　　當人置身於神廟之時，也有一套必要的儀式。能夠進入神廟的人，如果不是祭司，身分也自然非同一般。普通老百姓不

能隨便跨進神廟大門。庫斯科太陽神廟只能由國王和他的家屬進出，各地神廟也只對當地貴族開放。

當這些高貴的人進入神廟，其中身分最重要的一位貴族，或地位最高的人物，代表前來的一行人向神明致意。他要完成一個動作，動作中最關鍵的部分是：手伸到臉上，做出拔眉的樣子。但這並不完全是一個實在的動作，有時候只是虛擬。反正，無論手中有無眉毛，接下來就要做另一個動作，把眉毛向神廟中供奉的偶像吹去。

據說，這個崇拜儀式完全為真正的神明所設，對於那些顯靈的偶像、樹木或其他東西也要照此辦理。但凡人無權受此大禮，甚至連被視作太陽之化身的印加王也沒有資格享受它。這個禮節在祭祀活動中必定不可缺少；更重要的是，只要一進入神廟，身在神殿之中，或者在任何神明顯靈之處，都要行此大禮。這個簡單的動作，內涵並不簡單。正是這不厭其煩的重複，貫通於日常的舉止，可以看出這個民族深沉的虔敬。

來往於靈界與凡間

印加文明與歐洲文明在相互接觸之時發生了劇烈的磨擦和碰撞。假如不考慮實質，只看表面的相似，我們倒是可以說，天主教歐洲和印加都有些政教合一的相貌。但是，兩種文化畢竟截然不同，印加的祭司和歐洲中世紀的神父大不可比。

歐洲的神職人員被稱為上帝的使者，但其中似乎更多的是比喻的成分。神父、牧師的職能看上去更類似於奔走各地的「信使」，基督的福音正是由他們不斷的行腳，得以傳播四方。美洲居民對此也有所領教。有人形容道：「神父走在士兵

之後，如同月影緊隨人形。」印加祭司所承當的「使者」卻大不一樣，他們是溝通兩個世界的關鍵樞紐，他們所具備的高貴身分、地位，也儼然是出使神靈世界的尊貴「特使」。

印加祭司最重要的職責是掌管祭祀典禮，同時負責觀測天象，傳達神意，預測吉凶等等。他們是神明意志的代言人，自由往來於人間世界與神靈世界。每當上命下達，或者叩詢上天，必定要由祭司溝通。

在神聖的祭祀典禮上，祭司負責整個進程，一絲不苟地對待每個步驟，掌管人、事、物的每個環節。在他們看來，稍有閃失，就會導致由毫釐而致千里之差謬。所以，祭司掌握的本領是專門技能，絕非兒戲。要成為一名祭司，必須經過多年的實踐磨練，認認真真地度過「學徒生涯」，最後滿師出徒。

一個合格的祭司，必須對本民族的宗教齋期和節日爛熟於胸。這些知識大而言之，包括記憶節日慶典的時間，明白各自所具的意義；小而言之，要對不同的祭祀儀式頭緒繁多的章程、規則成竹在胸，在細枝末節上絕不含糊。

祭司、巫師進行法事之時，即當他們需要與神靈溝通和交流之際，前文介紹過的拔眉毛吹向神靈的「假動作」必不可少。這個動作起到的一個作用，是在與神明會面之前，亮出自己的「特使」身分，表明自己是負有神聖的職責而來，具備與神明世界交往的資格，同時也能夠獲得神明的信任。印加祭司的這個動作也表明了他們的行為與基督教的「祈禱」有著本質上的不同。

基督徒習慣於向上帝祈求。在印加社會，祈禱卻並非百試百靈的靈丹妙藥；碰到一些關鍵場合，祭司們走的完全是另一個門徑。他們的作法是通過一定的儀式影響神明，使得神明能夠聽從他們講的話，並做出回答。如果儀式最後證明是失敗

的，往往歸咎於在整個過程中哪個步驟出了毛病，不符合要求，致使儀式的神祕效用大打折扣。上述禮節就帶有這樣的性質，其中的奧妙在於，祭司掌握了通往神祕世界的鑰匙，懂得左右神明的方法，神明為巫術儀式所迫，必定做出應答。神祕的咒語令神靈召之即來，魔幻的法術叩開了封閉的神明世界，這是希臘神話、阿拉伯傳說中極為常見的情節，印加祭司杜撰的也正是他們的「天方夜譚」。

宗教禮儀的最初面貌就是如此，日久天長，儀式在不斷世俗化的過程中，原先的神祕意義次第丟失，新生的世俗意義逐漸添加，最終在實際效用上遮蓋了原先的意義，這樣就形成了為人所熟悉的社會性禮節。

掌管著神祕之門的印加祭司，在他們內部則有著森嚴的等級之分。最高級別乃是京城庫斯科中的最高大祭司，在他們之下是各地的大祭司，大祭司掌管著各地神廟中的祭司、廟宇管理人和司儀等。等級最低、最為普通的是民間巫醫、村社法術師，他們在老百姓遇到疑難雜症時被請去治療，進行一些小打小鬧的小法術活動。

不同等級的祭司不僅在社會職能上分工不同，各自所具有的神祕能力也不可同日而語。最高大祭司掌管首都庫斯科，即行政中央的祭祀活動，他們承辦的祭祀活動多是直接關係著國家命運、土族成敗的大事。地方祭祀典禮由當地祭司操持，主要為當地領主、酋長服務；民間的各種迷信法術則是本村落巫師熟練的把戲。

印加社會採用了政教合一的政治體制，這是該民族特殊的血統論所決定的。所有神職人員中為首的一人，在印加語中稱作「比利亞克・布穆」，他地位顯赫，一人之下，萬人之上，地位僅次於印加王，權勢遮天。這樣大的特權，一方面得自於

宗教勢力，另一方面，他擁有的是血統出身的先天特權。「比利亞克‧布穆」這個職位必須由印加王的兄弟、叔伯擔任；如果不能滿足以上的要求，最起碼也要在嫡系血統的親屬中挑選。與印加王一樣，他擁有最為純正的太陽血統。這個終身制的職位由國王直接任命，隨職位而來的權利可以無憂無慮地享受終身。

「比利亞克‧布穆」一旦上任，就開始行使職權，任命下屬的祭司職位。這些活動最終達成了穩固的祭司等級系列：首都庫斯科太陽神廟中的所有祭司全部由印加王室血統的成員擔任，神廟中的其他事務性工作由別的擁有特權的印加人掌管。地方各省的神廟中，主管祭司由當地酋長的親屬出任；但主祭司這個相當於主教的角色，必須由庫斯科派去一名印加王族成員承擔。這舉措在人們看來，是出於保持信仰的純潔性，防止儀式過程發生誤差，以便與首都、全國中央的祭祀保持一致。但顯然不能否認其中有著宗教專制的因素。各省還有許多居住於貞女宮的貞女，她們類似於修女，但自有特色。對於這些女性成員的安排，可以與祭司體制形成對應。

印加似乎採用了兩權分立的辦法，祭司們獨立於統治群體之外，自成系統，在經濟上享有「太陽田」的收穫，他們的職責限於照管神廟的內部事務，因而他們的活動不受地方統治管轄。各級祭司直接隸屬於庫斯科最高大祭司，對他們職務的任免、行為的褒貶，是祭司系統的內部事務。在祭司成員中，更換舊人，補充新鮮血液的活動定期進行，原先的職位由同胞接替，整個祭司系統在動態中保持活力。

有意思的是，印加祭司沒有區別於常人的專門服裝，只穿著與同一等級其他人相同的衣物。為什麼他們不需要特殊的標記或突出的服裝來顯示與其他人的區別呢？

在這一點上，印加的作法與同一階段的其他文明有著顯著的不同。同為美洲三大文明的瑪雅和阿茲特克文化，他們的祭司階層等於是整個民族的精英，掌管著所有的文化知識。在同一時期的阿茲特克文化中，祭司階層起了教化人民的作用。而在印加，承擔教育工作的人群是特殊的智者「阿毛塔」，與祭司階層發生了分離。

這或許是一個進步，使宗教職能更為專一。但仍無法解釋印加祭司不使用標誌的疑問。答案可能正是印加文化之本——神聖血統論。印加貴族，尤其是印加王族血統的成員先天具有神性，被視作介於人神之間的特殊種群。對他們進行的普遍教育，也把祭司作為一項準職業，與軍隊統帥、行政官員等同看待。而在貴族階層中，定期更換擔任祭司的人員，也正暴露了其中的職業化成分。但正是祭司職位的非神聖界定，宣告了整個貴族階層自身具足的神聖性質。祭司成員無需使用外在標誌，在他們體內流動的神聖血液已是不證自明的依據。

「拉伊米」與「西圖亞」

印加人根據日月盈虧的規律，安排了眾多宗教節日，分布於每個月。一年中有四個節日最重要，分別在春分、秋分、夏至、冬至四個日子舉行。這四天是印加大神——太陽神的活動中最具標誌性的四個時刻，從中也反映出印加人對太陽運動規律的認知。

這四個節日在印加名君「革新者」帕查庫蒂王統治時得到確立，分別是：

1. 玉米播種完畢後，祈求收成的「庫斯基耶拉伊米」；
2. 夏至日的隆重慶典「拉伊米」；
3. 秋分日進行的「西圖亞」；
4. 王室中封授武士稱號的慶典「瓦拉庫」（一說是在春分、夏至、秋分、冬至舉行的「拉伊米」、「拉伊米·印蒂」、「西圖亞」和「阿莫拉伊」。）夏至時舉行的「拉伊米」是全國最大的宗教節日；秋分時節的「西圖亞」，風俗人情也頗有特點。

在「拉伊米」到來之前，首先要進行為期三天的齋戒，庫斯科全城炊煙不起。節日當天，印加王與全體朝臣、庫斯科的全城居民共同參加。各地的酋長也千里迢迢趕到，或者派遣兒子、兄弟等親屬出席。

這個重大節日由太陽之子印加王親自主持。黎明前夕，全體人員在庫斯科廣場集合，恭迎太陽升起。整個廣場華服燦爛，每個人身著節日盛裝，互相攀比炫耀。各地酋長著民族服裝出場，從他們非同尋常的裝束中，可以看出各地不同的圖騰崇拜。所有人面向東方翹首以盼，當太陽的第一縷光芒初現，眾人面向太陽齊施大禮。行禮之後，國王首先站起，向太陽敬酒，所敬獻的美酒倒進一只金製大缸，缸中有管槽通往庫斯科太陽神庫，象徵已經為太陽所飲用。印加王把自己飲用過的酒分賜其他王公，每個王室成員都從他的杯中分得一點，倒出的部分立即添滿，一巡下來，所有人都得到了一份。

飲酒之後，人們前往太陽神廟。眾人到一定的界線時必須脫鞋。只有印加王與其家屬有資格進入神廟，且走到宮殿時才脫鞋步行。向神像朝拜行禮之後，開始依次向太陽神奉獻禮品。這個程序之後，人們回到廣場，宰殺犧牲的儀式緊接而至。宰殺的犧

牲是最有神性的純黑公羊駝羔，讓它的頭朝東方，四蹄由幾名助手抓住，然後開膛剖肚。祭司從左肋開膛，把它的內部器官完全掏出，然後根據它的內臟，占卜慶典的吉凶。他們觀察內臟的各種情況，其中肺葉仍然在跳動者被視作最為吉利的兆頭。如果徵兆不吉利，就換用公羊駝。如若又一次失敗，就在母羊駝身上再度進行。如此這般，一般總能取得所希望的結果。但若總不吉利，從此時起，人們都為即將來臨的災難憂心忡忡，認為是人世間的過錯得罪了太陽神，神明必將降罪於人。

占卜過後，屠宰大批牲畜，供奉集體犧牲：收集所有的動物鮮血和心臟焚燒，奉獻給太陽神。供奉犧牲所需的火都由當場取得的火種引來，即必須由太陽神親自賜予，是儀式中理所當然的一個步驟。最高祭司的手鐲上有一個類似凹鏡的裝置，大小如半個橘子，把手鐲放在太陽之下，利用聚焦作用，點燃特別準備的棉花。得到的火種用來焚燒所有犧牲，也用來燒烤動物肉，作為食品。從火種中取出部分，保留在太陽神廟和貞女宮中。如果不巧太陽沒有露面，就改用鑽木取火的方法引火。但由於不是得自天上，人們認為這是太陽神拒絕賜火，因而也是惡運之兆。

被用作犧牲的牲畜，它們的肉當眾燒烤，參加慶典的男女老少、貴族百姓都分得一份。分配的另一種食品是太陽貞女親手製作的麵食，克丘亞語稱作「桑庫」。接下來大擺宴席，飯後開懷暢飲。席間，上下級別、遠近關係的人互相敬酒，增進和溝通了彼此的感情。歌舞繞席，歡聲入雲，「拉伊米」慶祝往後延續九天。

秋分舉行的「西圖亞」別具特色。印加人從十二月冬至日開始新的一年，因此「西圖亞」就成了一年中最後一個節日。與強調舉國歡慶的「拉伊米」不同的是，這個節日更具民間

性，對個人來說，意義更大。

　　節日之前，所有人經過一天的嚴格戒食，翌日夜晚，各家各戶認真地準備「桑庫」，把麵在鍋裡乾烤，形成一種半生不熟的麵團。麵團中的一部分要加入五到十歲之間的少年鮮血，鮮血必須從少年們的眉心間取得。

　　天亮之前，人們洗澡淨身，然後捧過「人血饅頭」，開始使用。人們用它擦洗頭部、臉面、胸部和脊背，用力搓擦手臂、腿部。由於麵團上帶有少年郎的鮮血，它就具備了不起的神奇效用，可以驅災避禍。人們用麵團仔細搓洗身體的各個部位，一絲不苟地進行整個過程，生怕遺漏了什麼地方，使疾病和禍害得以藏身。印加人的思維簡單樸實，在這項工作中，恐怕沒有比麵團更好的工具，可以令人如此放心。富有黏性的麵團從身體上滾過，與皮膚緊密接觸，可以把任何平時難以去除的骯髒從身體上帶下，並隨之除去肉眼看不見、深藏在身體上的疾病和其他災難。

　　從以上的儀式也可以看出，印加人把疾病、災難這些無形的東西、抽象的概念，趨向於當作有形的實體看待。驅災除禍，就像實實在在地去掉髒東西一樣，通過洗澡和麵團擦洗全身就可以達到目的。

　　一家之長把用完了的麵團黏貼在當街的大門門檻上，疾病和災難就被趕出了家門，不再回來。這個步驟必不可少。麵團被塗在沿街之處、人來人往的繁華地帶，人人踐踏的大門門檻更是理想的安全地帶，由此上上大吉。病因、禍根彷彿在人氣旺盛的地方得以消滅，這裡面的關鍵原因如上所述。有形、實在的災禍在人多之處發生了稀釋，每個人身上分擔的部分變得微不足道，無足掛齒，也可忽略不計。

　　翌日日出，「西圖亞」的高潮來到。一位印加王公身著太

陽使者的華麗服裝，手持長矛，從薩克薩瓦曼堡出發，自山坡上跑到主廣場中央。另四位王公早已等候在此，也以長矛裝備。太陽使者用自己的長矛觸碰了他們的武器，同時也把驅除邪惡的使命交給了他們。四人在通向四個方向的王室大道上奔跑，跑完一公里多，來到城外，把長矛傳遞給另外四人。以這樣的方式跑到離城三十多公里處，最後把長矛插在地上，彷彿是給災難劃定了界線，令它不得返回。

在傳遞長矛的「接力」過程中，全城居民來到門口，一邊歡呼，一邊拍打全身，用手搓洗臉面、身體，把身體上的病災抖落下來，好讓太陽使者驅除出城。

次日，驅災除惡的儀式在晚間持續，人們高舉著稻草做的火把，沿著全城各條街道跑出城外。鐵與火的洗禮，將白晝至黑夜的所有災難滌蕩乾淨。燃燒過的火把被投入小河，人們希望火把連同災害一去不返。此後，如果有人在河裡遭遇一支火把，會趕緊逃之夭夭，生怕沾染了好不容易趕走的災難。

當然，在實際統治中，宗教節日、儀式慶典對國家政治功不可沒。由印加王主持，王室成員作為太陽神使者的方法，強化了王族的宗教特權。「拉伊米」的節日氣氛有如中國的「鄉飲酒」，年復一年，周而復始的太陽慶典，使得君、臣、民之情適時地得以鞏固和融洽。「拉伊米」上，國泰民安，「西圖亞」中，除害消災，得天時、地利、人和，印加人相信又一個好年景就由此到來。

無所不在的「瓦卡」

魯迅先生曾經這麼說：「與其說中國社會是佛教化的，不

如說是道教化的。中國民間信仰豐富多彩，在老百姓心目中並未將釋道兩家區分開來，反而把與二者有關的偶像都吸收進來，構造了一個大雜燴式的神譜。《封神榜》是對此的反映，《西遊記》也是折射。直到今天，中國百姓的家裡可以既供著財神，又供著觀音。若是以佛家『不能以三十二相見如來』的主張來計較，當然是大離其宗。但這就是中國傳統社會的寫實，也是中國民間信仰的特點。」

印加社會有著與此類似的現象。印加文化已經具備了條理清晰、系統完整的神系圖譜，但印加的民間信仰認為神和靈無處不在，隨時會出現在生活中的方方面面。

先來談談印加的「宗教」。印加「國教」是太陽神崇拜。論正統，印加王族認為自己是太陽的後裔，來自神的血脈。太陽神是至高無上、威力無邊的大神，天地間唯「他」獨尊。印加民族從彈丸之地，一直擴展到整個安第斯山脈地區，征服的過程不僅是土地合併、人口加入，隨之也帶來了新的神。

征服一地之後，印加統治者在宗教上採取了寬容舉措，在把太陽神信仰引入當地的同時，也允許原有的神繼續存在。他們把當地主神的偶像，不遠千里，運到首都庫斯科，成為太陽神之下的附屬神明。統一之後，儘管在不同民族間不實行通婚，各民族仍保持相對獨立，但印加歷史上為鞏固統治，曾進行過民族遷移，各民族也為印加文明所「教化」，文化融合不斷發生和深化著，宗教信仰隨之相互影響和滲透，最後形成了以太陽神信仰為主的多神崇拜狀況。這個系統以太陽神為首（在印加上層，後來又出現了維拉科查和帕查卡馬克兩個神），其下攀附著許多次要神靈。

文化交融形成了信仰融合，這是造成印加太陽神為首，多個神靈並在的一個原因。但最主要的原因要從認識論上找，印

加信仰的狀況與當時人們處於原始泛靈論的認識階段是緊密相關的。在泛靈思想中，太陽崇拜也是其中一支，是很多原始民族原來就具足的信仰。發光發熱的天體，給人們帶來光明、熱量的太陽，為原始思維所熱衷和敬畏，這是相同之認識階段的必然產物。因而很多民族在被征服之後，比較容易接受太陽神為最高神是自然而然之事。但在印加民間，泛靈思想卻始終存在，並且極其普遍。

印加民間的泛靈思想以「瓦卡」崇拜為其典型代表。從泛靈思想上，人們還得出了一定的智性歸納。比如印加人認為世界由多種元素組成，這些元素包括土、水、風、火等等；他們還認為每件東西都有原型，或者說是「母體」，各種東西的「母體」都是神聖的。在這些智性理論的推波助瀾下，印加民間的「瓦卡」崇拜更是得以遍地開花。

「瓦卡」這個詞在十六世紀的印加通用語言裡有多種不同的含義，最主要的含義是指代表神的「偶像」。在實際使用中，「瓦卡」通常用來稱謂「聖地」，包括與神話傳說有關，歷史上發生過重大事件的地方、墓地等等。

史學家克里斯托瓦爾·德·莫利納報導說，庫斯科及其附近地區有三百三十四個被稱為「瓦卡」的神聖地點，在這些「瓦卡」所在之處，用石塊堆成粗略地表現人體形狀的小丘，或者用石塊雕琢成大致人形的「瓦卡」雕像。「瓦卡」也可以用來指稱聖物：岩石、樹木、洞穴等等在印第安人看來神奇的東西。獻給太陽神的祭品，已經與神發生了密切的聯繫，也被稱作「瓦卡」。

「瓦卡」也可以表示神聖領域以外的事。同類物品中好得出眾的東西是「瓦卡」，形像凶惡、令人恐懼的東西也是「瓦卡」。比如說，個頭很大的蘋果、蔬菜是瓦卡，畸形醜陋的六

指也是瓦卡。如果一個婦女生了雙胞胎，人們把母親與孩子都稱作「瓦卡」：有的地方對此進行慶祝，興高采烈地把產婦抬到大街上，給她戴上花環，讚賞她旺盛的生育能力；有的地方則對此感到恐懼，認為是不正常的凶兆，人們會大哭一番。可見，凡是非同一般的東西，都被冠以「瓦卡」。那麼，「瓦卡」是類同於抒發情緒的強烈感嘆嗎？

在印加文化的成熟期，「瓦卡」一詞的主要意思被確定為「偶像」，同時又具備了異常豐富的意義。追溯這個語言的來歷，流失在文化邊緣上的意象反而可能是當初發端的本意。「瓦卡」一詞的形成，到底是從個別到一般的延伸，還是從一般到個別的凝聚？從印加民間信仰的形成過程來看，合理的推測可能是後者。

從「瓦卡」一詞意義的轉變中，可以體察到印加民間信仰發生的心理軌跡：人們把經驗之外、超出常規的事件看作是神靈，這些具體、普通人看得到的神靈，是人們理解更高級、更抽象之神靈的必要輔助和補充。不能忽視文化人類學的觀點：在原始階段，人們把物直接看作神，偶像與神是同在的一體；也要考慮到，成熟的文化機制中，引伸和歸納這兩個心理過程也是雙向互動的。

再舉個例子，以說明上述的特點：印加特產羊駝，是一種類似於綿羊的動物，但體形較大，一般是一胎只生一隻羊羔，一次生出兩隻小羊駝十分稀奇。雙生的羊羔被稱為「瓦卡」。舉行宗教祭祀，奉獻祭品時，雙生羊羔總是被首先敬獻。人們認為雙生羊羔具有神性。一件事物突出於同類，就是神的顯示。人們驚呼「瓦卡」的同時，也深信它具有尋常事物不具的神性。「瓦卡」好比是中國人在相信天人合一之時呼喊出的「天」。

在印加，影響最廣泛的「瓦卡」是貫穿全境的安第斯山

脈。山脈與大多數印加人的生活息息相關，是人們依食住行的「靠山」，是印加人的「命脈」。對山脈的「瓦卡」崇拜，值得特別書寫。

印加人稱安第斯群山為「瓦卡」；每逢山巒中奇峰突起，雄居其他山峰之上，稱之為「瓦卡」；山道兩旁岩石壁立，險峻陡峭之處，也叫作「瓦卡」。可見人們對山的敬意。當人們爬上山頂，感謝太陽神和「帕查卡馬克」的幫助，口誦「阿帕切克塔」，用手拔眉毛，然後吹向空中。最後把嘴裡咀嚼的珍貴古柯葉吐出，作為供品。如果沒有貴重物品，就在身邊找一根小木或小茅草代替。連這些東西也找不到，就獻上一塊石頭。至少要酒上一把泥土。長此以往，山頂上堆積的巨大石堆就形成了沿途的一道人工風景。

天 · 徵應 · 禳災

中國民間曾經有過五花八門的「迷信」思想。把目光投向印加，會不禁詫異道：中國和印加，分別處於遠隔萬里的兩個大洲，彼此相互隔絕地獨立發展了幾千年，兩國的文化中居然會出現如此相似的巧合。

直到今天，許多中國人還相信眼皮跳動會傳達好運或惡兆。在印加人心裡，類似的想法有過之而無不及。

印加人相信神會通過人的身體傳達預兆。比如說，眼皮跳動就是一個重要的信號。如果跳動的是上眼皮，無論左眼還是右眼，都預示著好事來臨，哪一個印加人得到了這個啟示，一整天就會輕鬆自在，樂不可支。如果細分，左右上眼皮的跳動還是有一些區別。左上眼皮跳動很吉利，必將使此人看到令人

高興的喜事。右上眼皮跳動那就更好，預示會看到大吉大利、大喜過望之事。這個吉兆可能使人出其不意地實現自己許久以前的願望——說不定他早就因為無望而將此夢想拋到九霄雲外了。總之，右上眼皮的跳動實在是太大的吉兆，預示的好處怎麼說也不為過。

相對地，如果一個人的下眼皮輕輕一跳，他立即會緊張不安起來。因為下眼皮跳動是凶兆，跳動的是哪隻眼睛可就要深究了。如果不幸，左下眼皮跳動起來，那可是大禍臨頭，預示著大災大難將要發生，自己要為發生的不幸事件痛哭流涕，將要遭遇的是出乎意料的悲慘災難、不幸禍事。

如果碰上最後一種預兆，人們便立刻放聲大哭，彷彿已經置身於所擔心的各種災禍之中。但萬分僥倖的是，他們有另一種迷信可以解脫自己：找一根尖草葉，用唾液蘸濕，黏在跳動的下眼皮上，這樣就算是破了眼皮跳動預示的凶兆，可以消災解難。

關於日食和月食，印加的作法和中國人也相差無幾。

在中國，作為星象的一種，日食被視作上天降罪於人的標誌、災難發生的先兆，地上人間要齋戒淨心，滌蕩罪行，以求消災減難。日食在印加人中的威力自然非同尋常——他們至高無上的大神是太陽神帕查卡馬克，當頭的太陽突然消失，在印加人看來，這是太陽神的直接旨意。它宣告有人忤逆、冒犯了太陽神，從不輕易動怒的太陽神動怒了，陰沉起了臉。人們為此進行祭祀，供獻牲畜祭品（甚至可能使用人牲），懲罰罪犯，告慰神靈。日食預兆著災難，人們惶惑不安；占星師們預言，在今後的某一天，人所犯下的罪惡必定會導致太陽神的嚴厲懲罰。

當月食發生，印加人與中國人的作法更是如出一轍。印加

人認為，月亮開始昏暗時，表示月亮生病了；完全黑暗之時，月亮就快要死了；月亮一旦死去，就會從天上落下，把所有的人砸死，世界也就隨即毀滅。為防止災難發生，在月食開始之際，人們會吹響大小號角，敲起大鼓小鼓，把能夠找到的可以發出響聲的東西敲得叮噹作響，還把村裡所有的狗全部集中到一起，用繩子捆綁起來，拿棒子狠狠打，打得狗狂吠亂叫。印加神話說，狗曾經對月亮忠心耿耿，得到月亮的信任和好感，月亮聽到狗叫，就會產生憐憫之心，就會從疾病的昏睡中甦醒過來。

孩子們都哭叫著「瑪瑪‧基利亞」，也就是「月亮媽媽」，苦苦哀求月亮媽媽不要死，以免塵世間的人也同時喪失生命。幼嫩的哭喊聲可能也會打動月亮的心腸，不忍心拋棄她的子民，傷害她的孩子。與此同時，成年的男子和女人也一起大哭小叫，痛苦恐懼，大驚失色。一時間鼓聲號角，犬吠雞鳴，哭聲震天。

如果遇到月偏食或月半食，印加人就依據月亮缺損的情況，揣測月亮病情的嚴重程度。要是碰上了月全食，他們就認為月亮已經死了，地面上的人處境危險，萬一月亮從天上墜落，會把人壓死。他們痛哭流涕，惶恐不安，好像末日臨頭。月食過去之後，月虧逐漸變成月圓，人們便互相祝賀：「多虧帕查卡馬克神保佑，月亮身體康復了。」為大家的努力沒有白花而感到欣慰萬分。人們衷心感謝月亮沒有墜落凡間，祝福她身體康健。

對於雷鳴和電擊，中國人和印加人也有相似的情感。碰到雷電擊斃了路人的不幸事件，中國人會探問，是不是上天懲治了有罪之人。印加人認為，被雷電擊中的地方是不吉利的倒楣之地，太陽神的僕人閃電、霹靂把這些地方標誌了出來。他們

看到霹靂擊中房屋、土地或其他什麼東西，都表現得既厭惡又恐懼。如果雷電打中房子，他們會把這棟房屋用石塊和泥土封死，任何人再也不進入；如果霹靂擊打了田野的某塊地方，他們就用石頭設立標記，人們看到了就會自覺避開。

當閃電降落到王宮之上，人們也採取同樣的方法處置。印加王瓦伊納・卡帕克的宮殿中有一個房間不幸被雷電擊中。人們認為這是國王的不祥之兆，因為他的父親太陽神已經用閃電告誡他了。毋庸置疑，這房間很快就被石頭和泥巴埋沒。後來，在西班牙人殖民時期，房間被重新翻修。當地人對此議論紛紛。果不其然，不到三年，房間又被閃電擊中。這次整個房間燃燒起來，不一會就化為灰燼。

不同文化中出現了相似的現象，不能輕易地把它看作是兩個文化在各自獨立發展的過程中出現了無獨有偶的巧合。不同的文化中，相似的習俗之演變軌跡可能不盡相同，但從文化機制的作用出發而論，它們在各自的文化環境中或許應對了相近的困境，解決了相似的難題。

在中國民間與印加人的生活中，發生的種種偶然現象都被解釋成是神意的傳遞。具有這種功能的事物是來自上天的自然現象，比如日食、月食、雷電霹靂。日食、月食是罕見的惡兆，雷霆萬鈞是上天的怒火。這固然與原始頭腦無法科學地解釋世界有關，但同時，天地萬物的自然景象被看作嚴厲的天罰，也有效地規範了人的行為。有道是：「天網恢恢，疏而不漏。」上天存在律條，人間被神靈監控，電閃雷鳴可能隨時宣判，人們時刻警醒，鞭策自己。更為嚴厲的審判通過日食、月食等非常現象顯示，恰到好處地重申戒律，牢固地控制人間社會。無所不在的神，無處可逃的人，法律道德不受物事人情的阻擋，直接抵達人的頭腦、精神。文明與社會假借上天之手，

把他律的機制貫徹到每個人的內心。

　　神意也離不開人的日常活動，眼皮跳動等尋常現象被看成吉凶禍福的載體。人的行動被規劃得如此精到細密，無怪乎中國人以謹慎仔細見長，印加人也必然小處不隨便。

　　到最後，事到臨頭，眼看推不開了，中國百姓和印加人民也總會有對策應付。上天大發雷霆，人們可以用祭品賄賂，也可以用苦肉計似的齋戒、象徵性的受苦來大事化小。更有意思的是，只要把一根小小的稻草放在眼皮上，就可以矇混過關，轉危為安。這一葉障的是自己的眼，還是神的目呢？看來，世俗迷信在這些最後關頭的撒手鐧裡原形畢露，災難總有辦法化解，不會真正到來，但人們卻在對上天的畏懼當中安分守己、奉公守法地度過一生。

Chapter 3
太陽之子

名號裡的故事

　　哥倫比亞作家加西亞・馬奎斯的名作《百年孤獨》描寫了一個南美洲家族的百年盛衰。奇特的是，這個家族中所有的男人只叫兩個名字，不是霍塞・阿卡迪奧，就是奧雷良諾。這兩個名字彷彿將家族中的男性劃分為兩類，強悍尚武或酷愛專研。歷史似乎總是在反覆上演，子子孫孫代代相傳，重複相同的人生。

　　這部作品是魔幻現實主義的代表作。既是「魔幻」，就不能否認其中的強烈誇張和浪漫想像的成分；同時又是「現實主義」的作品，意謂著它又說出了生活中某種非常真實的東西。我們且不深究它的內涵，但考慮到今天的哥倫比亞有相當一部分地區歷史上曾屬於印加帝國，這個現象就變得十分有趣。

　　羅列一下歷代印加王的大名，就會發現，在他們的名字中間也經常出現一些重複。13 位皇帝依次是——

①曼科・卡帕克→②辛契・羅卡→③略克・尤潘基→④邁塔・卡帕克→⑤卡克・尤潘基→⑥印加・羅卡→⑦雅瓦爾・卡帕克→⑧維拉科查→⑨帕查庫蒂・印加・尤潘基→⑩圖帕克・印加・尤潘基→⑪瓦伊納・卡帕克→⑫瓦斯卡爾→⑬阿塔瓦爾帕

其中，「卡帕克」出現了四次，「尤潘基」重複了四次，「印加」使用了三次。況且，對於任何國王來說，「印加」這個詞都是不言而喻的，因而其中還有許多隱藏不露的「印加」。另外，據說在第三代國王略克・尤潘基之後，「尤潘基」也變成了類似於「姓」的成分，併用為「印加・尤潘基」，其後所有國王的名字中都可加上此詞。

印加的歷史只有從第九任國王帕查庫蒂的統治開始才比較確鑿，此前的諸王歷史其實是流傳的神話傳說，大肆渲染了戰爭、征服、教化等一些獨立事件，不能在時間年代上連貫成章。民間傳說往往在真實性上打了折扣，帕查庫蒂之前的歷史也免不了有後人偽托的可能。雖然無法開啟歷史真相這扇關上的門，但亦假亦真的傳說內容卻又是不失文化魅力的一扇扇窗戶。

那麼，在歷代國王的名稱中，怎麼會頻繁地出現「印加」、「卡帕克」和「尤潘基」這些詞呢？它們分別又是代表什麼意思？

把「印加」用在國王的名字中，意思就是「國王、皇帝、君主某某某」，是一個表示崇高尊貴的稱謂。這個詞彙顯然是印加王的專利，無需額外申請，意思簡單明了。但其餘三個詞彙並非如此簡單。

國王名稱中的「卡帕克」，意思是「富有」。但此「富

有」不僅是指財產的富有，還指精神富有。中國漢語言簡意賅，印加克丘亞語的特點是以一當十——同一個詞只消音調稍稍變化，就可以表示風馬牛不相及的多種事物；一個詞彙的含義往往數不勝數。

「卡帕克」內涵廣博，指胸懷博大高尚，氣質溫和體貼，性情仁愛寬厚，性格慷慨豪爽，治理國家時主持公道，為天下百姓謀利造福。「卡帕克」還意味著國王在軍事上的強大威嚴，兵多將廣，軍聲大振。總之，是讚美國王體貼下情，對百姓富有寬宏仁愛之心，又不失高高在上的帝王尊嚴，具有賢明君王的一切美德。

「卡帕克」一詞雖含義極其廣泛，但它的適用範圍很小。它專用於王室人物或用於某些神聖場合。比如「卡帕克·艾柳」指的是王室的宗族、宗親；「卡帕克·拉伊米」是印加一個最重要的祭祝太陽神的典禮節慶；還有「卡帕克·魯納」，意思是富人的百姓們，但此處的富人指的是印加王，也就是印加王的百姓，與「普天之下，莫非王臣」意義相當。「卡帕克」用來表示讚美，總是多多益善，唯恐不及。

「尤潘基」這個詞語更加深不可測。這個詞彙本身絲毫沒有誇讚的意思，甚至不像「卡帕克」這樣以簡約的「富有」一詞把所有的美德一網打盡。「尤潘基」是一個動詞，語法上是陳述式，時態上是將來未完成式單數第二人稱，字面意思是「你將講述」。這個「你將講述」將一切凝結在起點，它發動了任何可能，開啟了所有的事端，儘管講述的行動還沒有真正開場。

「尤潘基」蘊含了可以用來誇耀國王的全部優點，比如：你將講述他的治國功績、他的美好品德、他的胸懷雅量等等。這就是克丘亞語的獨特之處，難怪學習過西方文字——拉丁語

的印加後裔，還是認為祖國的語言含蓄典雅，意猶未盡。以不變應萬變的「尤潘基」，的確是語言中的經典傑作。

據說，印加國王的大號並不是爹娘起的。儘管和普通人一樣，他們也曾經有過一個父母賜予的名字，但這個名字並不跟隨他們一生；他們的大名，得以在歷史傳說中傳頌的顯赫稱號，卻是老百姓的發明創造。

人們對印加王的大恩大德感激涕零、對國王的美德仁政頌揚讚美，感激之情溢於言表，於是就想出很多美好的名號和別稱，奉獻給國王。這些名稱在百姓中間廣為流傳，國王也樂意接受，久而久之，這些別稱和綽號就取代了國王原來的名字，變成了運揚四鄰的威名、如雷貫耳的大號了。

對於國王的名號還另有說法。據說，印加人給國王起名字時十分鄭重其事。他們在王子年輕時，注意觀察他的行為表現，從王子的言行舉止、細枝末節上，估量他將會具備的王者美德，揣測他可能成就的事業功績；當王子長大後，還時時注重考察他的功業和事蹟。根據這些，才能定下一個威震四方的名號。要確定一個量體裁身的名字，遠觀力不能逮，近瞻才能完成。在等級森嚴的印加，「王公堂前燕，不入百姓家」，國王的名號若非出自家人或近臣，恐怕沒有其他可能。

無論出自民意，還是來自官方，國王名字中的重複總是一個值得注意的現象。或許它是由歌功頌德帶來的雷同，或許它表達著不同時代人們的相同願望。

難道真如《百年孤獨》所述，名字的相同預示著人生的重複？從某種意義上說，穩固的生活方式決定了印加人的繁衍似乎是一條歷時態的流水線，代代相繼的不同生命個體，在相同生活模具的鍛造下變得非常相似。豈止普通人，國王的人生又有何不同?!不然，著名的帕查庫蒂為何以「改革者」為名？鮮

．帕查庫蒂

見的特例，正脫影於因循的背景。

「帕查庫蒂」的意思是「翻轉世界的人」、「擾亂世界的人」或「改變世界的人」。他身處於與昌卡人交戰的亂世，國家形勢動盪不安。歷史故事中把挽救國家命運的榮譽給了帕查庫蒂的父親維拉科查，實際上是他的鐵腕予昌卡人以重創。傳說中，起於數百年前的印加帝國也是在他的手中真正開創。他大刀闊斧地進行政治改革，對內確立起政教合一的統治局面，對外以強者的姿態開疆闢土，掃除昌卡部落的障礙，使印加軍隊邁出了突破庫斯科谷地的關鍵步伐，充當後來者馳騁千里的開路先鋒。由此，帝國基業才得以奠定。這就是「帕查庫蒂」的名稱內涵。

國王姓名中的重複或許是在禮讚背後寄托的代復一代的相同心願。人們把對國泰民安的嚮往寄望於明君賢主，這是傳統社會的普遍思維模式。但在未脫原始的印加，此中可能還含混著另一個因素。在名實不分的思維中，人們呼叫國王的姓名，不啻於呼喊出一聲禱告，抑或更類似於一個咒語；在「卡帕克」和「尤潘基」的歡呼聲中，賢明君主彷彿真的由此誕生，國家運命也在聲聲祈禱中向著指定的方向進發。

非凡的帝王相

來到印加的第一批西方人都交口稱讚印加貴族生得相貌堂堂。中國人對於相貌歷來特別講究，清奇的骨格、偉岸的身軀、福壽的面相之類，是人生發達順利的「特別通行證」。由此看來，印加的江山也非這樣的貴人莫屬。今天的科學認為，骨相的來歷與人的氣質、風度、心理、習慣不無關係。更何

況，印加人對自己的面貌不僅十分關愛，並且還著手進行人工改造。因而，印加的「吉人天相」實屬三分天賜、七分人為。

若論先天，印加父母當屬功不可沒。有趣的是，很多印加貴族是近親結婚的產物。按理說，近親婚姻對遺傳頗為不利；他們給人的印象之所以比較優秀出眾，可能有一個原因幫了他們的忙：「窈窕淑女，君子好逑。」在印加全國，秀外慧中的優秀女子是貴族談論婚姻特權之所及，新的優秀基因被引入了，因此貴族階層在整體上保持了較為良好的遺傳。

「雙耳過肩」是中國人讚美的福相，但這樣的形象至多出現於傳說，現實生活中的人只是藉此誇張地表達了他們的欣羨之情。但在印加，這個詞語絲毫不是文學的想像，而是十足的名實相符。

印加人視大耳朵為美麗、高貴，印加貴族的醒目標誌是他們幾乎人人有一副令人觸目驚心的大耳。這對耳朵令初次見面的西班人驚呼為「阿雷洪人」，意思就是「大耳朵人」。但這副美麗的耳朵可不是得自天然，完全是人工雕飾、意志努力的成果。

對他們耳朵的形容，陌生人聽來有些匪夷所思。印加貴族男子在成年儀式上，要用金針在耳上穿出一個碩大的孔洞，佩帶巨大的金耳環。這種耳環大如橘子，形如輪狀。印加王的耳朵大得無以復加，他的金耳環尤其沉重，耳朵被它拖曳得幾乎垂到肩膀之上。常人的耳垂面積狹小，印加人卻使它變得如此巨大，竟然能夠容納橘子大小的圓環狀耳環。據說，耳垂最後變得類似套索，偶爾斷了，測量下來，居然長到 20 厘米以上，寬度超過手指的一半。

在印加，人們認為剪髮是文明人的標誌，只有野蠻人才鬢髮蓬亂。印加人把剃頭的發明創造歸功於萬人敬仰的第一代印

加王。據說，此後印加王就以蓄短髮為標誌，他的頭髮長度近似一根手指。當時的印加人還不懂得用金屬製造刀子、剪刀之類的工具，對他們而言，剪頭髮實在是一件困難的事——用一把石製刀片，一點一點地把頭髮割去、磨斷，既費時又費力，皮肉的痛苦總是難免。

上述打扮既是國王的裝飾，也在貴族中普遍流行。普通人的打扮近似於此，只是不能佩戴耳飾，耳孔的大小也有限制，必須小於國王的一半。不同的地區和族屬必須戴上各自當地出產的植物，以示區別。對他們的頭髮剃剪以後留下的長度，朝哪個方向梳理也各有規定。

以身體畸形為美的事件，屢屢發生在現代文明還沒有產生、沒有到達的民族和國度中。比如原始民族刺刻文身、中國古代女子裹小腳等等。恐怕這是人類文明進程中自然而然的一環。人類的文明是在放棄肉體的安樂，甚或有意識地造成肉體的痛苦，以得到所謂的精神價值這種過程中不斷向前。為美麗而犧牲身體，可以被看作是此類現象的一個簡單明了的剪影。

更何況，除了在人類歷史中承擔文明進化的使命，這類行動在個人的人生中也擔當了文化施教的職責。可以說，每個印加青年在成年儀式上通過了穿耳的考驗，對他們往後的人生有利無弊，可以鍛造堅毅的性格，磨礪承受痛苦的能力，為印加貴族青年日後可能面對的戰爭準備了心理條件。

除了不遺餘力地進行「脫胎換骨」之外，貴族階層還使用了大量表現地位、身分的裝飾品。印加王頭上戴著一根形似髮辮的裝飾物，叫作「廖圖」。國王的「廖圖」色彩繽紛，又寬又厚，截面幾成正方形，在頭頂盤上四、五圈，彷彿花團簇擁。「廖圖」也在全民中推廣，但平民百姓佩帶的「廖圖」只是黑色的。

國王的衣著是出自太陽貞女之手的精工細作，全部是用最好的比古那羊毛織成，色彩絢麗，上面裝點著大量金製飾品和寶石，美輪美奐。國王的裝束大致包括以下幾個部分：身著一襲緊身長衫，長及雙膝，叫「溫庫」；身上披一塊有兩條長斜條的方披巾作為斗篷，叫「亞科利亞」；身背一種方形布袋，布袋縫在一根編織帶子上，拷在臂下，帶子編得很精緻，寬約兩指，像背帶一樣，從左肩套到右肋——這叫「丘斯帕」，用來盛裝只有印加諸王及其親屬才可以享用的「庫卡」。

「庫卡」是一種植物。印加人嗜好「庫卡」，就像某些現代人對菸草和毒品那樣欲罷不能。「庫卡」有麻醉、迷幻作用，傳入西方之後，學名叫「古柯」，含有古柯鹼，服用後能使人精神倍增，甚至無需飯食，也能勞作不息。原先只有印加貴族可享用「庫卡」，有些幸運的地方酋長有時也能得到國王的賞賜。印加帝國滅亡後，「庫卡」流入民間，印第安人普遍咀嚼這種草藥。再後來，西班牙殖民者也開始上癮，這個嗜好傳回歐洲。臭名昭著的可卡因與古柯就有著親緣關係。

國王裝束中最重要的一項是一掛顏色排紅的流蘇，它的功用同王冠一樣。流蘇穗長四指，從一個太陽穴到另一個太陽穴，垂掛在兩鬢之間的前額上。流蘇的形狀與「劉海」相似，扁長形，用當地最好的比古那羊毛織成。王儲在通過成年儀式以後，也獲得佩戴頭帶的權利。與父王不同的是，王儲的飾帶是黃色的。王室血統的宗親、其他王子頭戴黃、紅兩色的小流蘇「派查」，垂於右鬢。

印加王還佩戴一種他獨有的標誌：兩根「科雷肯克」翅羽。印加人認為，所有的印加人都源自一對夫妻，即第一代印加王和王后。印加人傳說，「科雷肯克」鳥也只有一雌一雄兩隻，出現在距庫斯科一五〇公里處的維爾卡努塔荒原，生活於

雪山腳下的一口池塘中，居住於冰雪之間，人跡罕至。能遇到這對鳥已非常不易，更何況要從它們身上摘取羽毛。難上加難的是對羽毛也有特殊的要求。「科雷肯克」羽色黑白相間，大若鷹集，所取的羽毛必須是「姐妹」，分別從兩翼摘取。兩根羽毛一併插在印加王的紅色流蘇上，顯得英姿勃發。一位印加王的一生，佩戴一對羽毛。新王繼位時，再前去捕鳥取毛。如果沒有命令就擅自捕捉大鳥，或傷害了它們，要被處以極刑。捕捉大鳥的動作必須十分謹慎，取下羽毛以後就把鳥放歸山林，態度極其虔誠恭敬。

對於「科雷肯克」的傳說，當然來自於印加民族的想像；印加滅亡後，很多普通人競相佩帶羽毛的事實也證明了這種鳥並非稀罕之物。文化規定了等級，等級共生了禁忌，禁忌進一步作用於意識形態，到了民間傳說和大眾文化裡，已淡化甚至完全沒有了強制規定的痕跡。恐怕這也是印加文化中值得玩味的巧妙之處。

太陽貞女

在天主教中，有些修女住在遠離塵世喧囂的修道院，一心侍奉上帝。印加帝國裡也有一些少女過著類似的生活，與世隔絕，住在特定的神聖居處——太陽貞女宮裡。與修女不同的是，太陽貞女不是想當就當，而是經過百裡挑一，層層選拔才產生的。

印加首都庫斯科有個區的名稱叫「阿克利亞瓦西」，源自庫斯科太陽貞女的名稱，意為「入選少女的宮院」。印加境內除了庫斯科，各個主要省分都建有貞女宮，宮殿都是以庫斯科

・太陽貞女

太陽貞女宮為藍本。太陽貞女們過的是一種奇異的生活。對她們而言,最重要的品質與其說是虔誠,不如說是神聖。她們必須守衛自己的聖潔性,就像她們必須小心翼翼地保護好交由她們照管的「聖火」,千萬不能讓火種熄滅。

　　要進入庫斯科太陽貞女宮,必須具備高貴的血統、出眾的美貌及心靈手巧,因為庫斯科的太陽貞女全部是獻給太陽神作妻子的。按照印加王族保持血統純潔的一貫作法,有資格作太

陽神之妻的女子必須來自太陽的同一血統。在印加，印加王被視為太陽神的子孫，所以庫斯科的太陽貞女全都有著印加王室血統，並且必須是國王和自己的姐妹婚配所生的女兒，不能帶上外來血統的「污染」。在印加人看來，太陽也要生兒育女。只有這樣做，才能保證太陽的兒女們都是神明的血統，而不會生出神明血統和凡人血統混雜的雜種人。印加王室奉行的這種奇特的婚姻制度，後文專節再具體介紹。

選擇太陽貞女，最重要的是嚴格要求這些女孩子必須是處女。一般作法是，挑選在女孩子們年方妙齡時進行，一旦被選中，就要離家到貞女宮中學習、生活。庫斯科的挑選更為嚴格，據說八歲以下就須入住宮中，開始了全封閉的幽居生活，與外界完全隔絕，直到滿頭華髮、人老珠黃才可出宮，一生中幾十年的歲月就這樣度過。她們之中相當一部分人可能平生通過貞女宮大門的次數只有一次，一旦走進了這扇門，就再沒有跨出過。她們對「人世」生活的印象，只有八歲之前的點滴記憶而已。庫斯科通常有太陽貞女一千五百名，但也沒有固定的名額限制；全國各地的貞女，合計總數更多。一座座貞女宮年復一年，不知禁閉了多少年輕鮮活的生命。

新入宮的年幼貞女的「學業」由宮中一些成女子負責，她們被尊稱為「瑪瑪庫納」。這個名稱的一般意思是「主婦」，在此即為貞女宮中「應盡母親職責的婦女」。「瑪瑪庫納」是太陽貞女一生的歸宿之一，她們有的擔任貞女宮主管，有的成為新入宮者的老師，指導各種敬神儀式、手工技藝，有的負責守衛貞女宮的安全，有的掌管宮內「財政收支」。她們之中的一部分老死宮中，大多數則在晚年離宮，她們會受到鄉里人的極度尊敬。

貞女入宮後，就開始了專門的學習，學的主要是紡織技術

和如何製作精美的服飾。由於挑選的是特別心靈手巧的女孩子，織造的質量也就格外高，花紋色彩細膩精緻，其用途也非同一般。

印加人特別強調太陽貞女是太陽神的妻子這一事實，並不像今天人們那樣抽象理解宗教中的形式把戲。這些衣物被認為是為她們自己的丈夫（太陽）所做，故而她們是「實實在在」地扮演賢妻的角色。妻子們全心全意為這位天神丈夫的穿戴打扮著想，做起女工來非但不會虛應故事，而且精益求精。

到了每年的宗教節日，一部分衣物確實在祭祀太陽時，被一把火奉獻給了太陽，就好像太陽真的穿上了妻子千針萬線縫製的華服。祭祀後餘下的衣物則送進王宮，由印加王和他的髮妻受用。既然印加王是太陽神在人間的代表，衣物的轉讓實在也是順理成章。印加王頭上戴的髮辮狀飾物「廖圖」、王權的標誌紅色流蘇、長衫「溫庫」、所披的方形斗篷「亞科利亞」、盛放王族專用草藥「庫卡」的布袋「丘斯帕」……全部出自聖潔的太陽貞女之手。貞女們還負責為王室宗親製作「帕查」——繫在細繩上的黃紅色小流蘇。這種流蘇與國王所用的紅色流蘇一樣，用來表明非同尋常的身分——王族血統。

印加王在接受奉獻時，神色必恭必敬，態度虔誠謙虛。和他的臣民一樣，印加王對出自太陽神的妻子之手、代表太陽神的聖物也是誠心敬畏。這些本來可由人隨意「享受」的物，卻成了受頂禮膜拜的非物。不過，據記載，印加國王的服裝從來都是只穿一次。也就是說，貞女們精工細作，勞心勞力，好不容易完成的衣物，得到垂幸的機會只有一次。這也成了貞女宮中許多人命運的真實寫照。首都庫斯科王族血統的太陽貞女當然與印加王不可有染；那些地方性貞女宮的女子雖然合法地可成為印加王的嬪妃，但大多是終身只見過國王丈夫一面的「永

遠新娘」。

　　每逢印加人的重大宗教節日「拉伊米」和「西圖阿」，貞女們還要親手捏製一種稱為「桑庫」的麵食。這種美味的麵包或糕餅要在典禮上奉獻給太陽神。節日期間，她們所釀製的「阿卡」酒專供印加王及其親屬飲用。

　　在夏至日那天舉行的盛大的「拉伊米」節上，有一個神聖的取火儀式，祭司們採集到「聖火」之後，就交給太陽貞女們看護。這是她們的一項神聖職責，在接下來的一年之中，必須格外小心地呵護這個火種。如果由於疏忽，致使火種熄滅，那就闖了天大的禍。這不僅是個人的禍事，而且關係到帝國的命運，將會給帝國帶來巨大的災難。

　　庫斯科太陽貞女製作的服飾嚴格地控制在太陽一族之內，不能為非太陽血統的人所有。國王用它獎賞王族內部的成員。至於非王室血統的臣民，無論他們的功勞、業績多麼傑出，都不能越級得到賞賜，哪怕是其中最微薄的一份。

　　對王室外的功臣來說，他們還有機會得到一種看上去非常相似的獎品。獎品的來源是庫斯科以外的貞女們的勞動。她們縫製的衣飾，從外表看，與庫斯科太陽貞女的作品一模一樣。但是，這裡面有「質」的差異。對這些服飾的處置，尺度就放寬許多。印加王轉手做個人情，既可以分給王室血統的親屬，也可以賜給非王親的其他人，如低級貴族、領主、酋長、軍隊中的統領等等，全由他的喜好而定。

　　這項獎勵又與別的賞賜有所不同。除去官方性質之外，還隱藏著私人話語。試想，印加王把自己的新娘、妻子們所作的衣服饒贈他人，豈不是表示了對某人超乎尋常的友誼或恩寵？所以，有幸得到這項恩賜的人也視之為莫大的榮幸。這些特殊衣物的實用功能更多地被象徵意義所取代。

在印加征服史中，經常提到印加王把衣物賞賜給剛剛臣服的部落首領。真可謂「禮輕情誼重」，比起貴重的黃金白銀，一件單薄的衣衫無疑是更為合適的禮物。它無言地表達了這樣的信息——對歸降的首領來說尤為重要：自此以後，你我之間不再敵對成仇，而是親如一家了。

通過前面的介紹，貞女生活的全貌大致已顯露出來。我們得知：印加人對貞女的節操極度重視。她們被藏在深宅大院，與世隔絕。如果有人違犯禁令，發生私情，要受到嚴酷的懲處。對於貞女個人，全社會給予很大的尊重，無論在貞女宮中還是鄉間，都享受到很好的待遇。她們的勞動成果，製作的衣物服飾和其他用品，在為數很少的神聖場合使用；奉獻給國王的部分，在「人間」使用時又受到嚴格的規定。

以首都內外為界，城內的太陽貞女為最高等級，她們為神所有，製造的產品只供國王、王后和王族內部使用。為數最少的產品滿足了王國的最高消費。也只有這樣，在產品的分配上才杜絕了爭議。庫斯科以外的貞女，地位就降低，她們的所有權也從神下降為人，成為印加王的嬪妃，製造的產品同樣也下降為一般貴族所用。

在經濟機制中，也同樣巧妙地符合了供求相當的規律。對普通人而言，美貌的少女有如王國中的其他珍奇，永遠發生在普通老百姓的生活以外，是他們無從知道，也不渴望的奢侈品。以太陽貞女的方式安排女性國民中的佼佼者，是整個帝國秩序中的緊密一環。儘管貞女們對自己的「軟禁生涯」或「終身寡居」感到幸福和榮耀，在我們看來卻實在是不人道。

太陽神的妻子與印加王的新娘

印加女孩一但被選為貞女，作了太陽神的妻子，她個人的貞潔就不僅僅是她自己的事。一方面，出於對神性的敬畏，太陽貞女和其他人都能自律；另一方面，為了防止當中萬一出現「人性惡」，國家更是制訂了嚴格的法律。

以庫斯科太陽貞女宮為例，雖與帝國中最宏偉龐大的庫斯科太陽神廟同在一城，但彼此相距兩個街區，被眾多的房屋、寬大的廣場隔開。這樣安排的意圖就是使男子不能輕易進入貞女宮，貞女們也不能進入太陽神廟。貞女宮的建制更是處處防微杜漸。貞女宮的主要部分形似「鑰匙」：整座宮院由一條狹長的巷道通達，巷道兩側各有許多小房間。這是女僕們的工作間，有五百名年輕女子在這些房間裡做活。她們是為貞女宮服務的僕傭雜役。對她們的血緣也作一定的要求：雖然不是來自王族，但也必須是印加人的後裔，而不能出生於其他民族；而且，她們也必須是處女。每個工作間外，有好幾個把門的婦女嚴格看守。這些「瑪瑪庫納」們既是監工，防止僕人偷懶，又是護衛，禁止女僕們和外人隨便來往。此外，恐怕也是最要緊的，這一組組「瑪瑪庫納」在通往貞女住所長長的巷道裡重重設防，起到了監護太陽貞女的作用。

巷道盡頭連接著一個大房間。這是太陽貞女們共同居住的房間。我們可以設想，一條如此長的巷道，寬度卻只能允許兩個人並排通過，還有眾多老年婦女在巷道兩側守衛，這樣的架勢多麼嚴陣以待。假使有外人進入，勢必是關門打狗，插翅難飛。可是，連這樣的假設也是不成立的。巷道開端是一道便門，便門外有 20 個男守衛，他們是接近貞女宮的全部男性。他們當然也決不能走進貞女宮院半步。每當需要把宮中生活必

需品運送入宮，就由他們負責送到便門前。宮裡的女子也不可走到門外，只從門處接受。守門的男子即使接到命令，讓他們進入，也不能執行，因為禁止接觸太陽貞女是高於一切人間法令的「天條」，違反此天條者必死，冒然下此命令的人也要被處以極刑。

太陽妻子的生活與世隔絕，普通凡人沒有資格目睹她們的尊容。只有印加王本人、他的王后「科婭」，以及他們倆的親生女兒才有權接近她們。只有這些擁有最純正之太陽血統的人才有這樣的特權。而且國王本人也自覺地遵守貞女宮謝絕男賓的慣例，從不進入貞女宮。貞女宮實際上只歡迎純正王族血統的女眷前來造訪。宮殿的大門除卻接納新貞女入宮之外，只有在王后蒞臨的一刻才開啟。

太陽貞女的節操受到嚴格法令的保障，假使有貞女與凡人男子發生私情，必受到最為嚴酷的懲罰。偷情的女子被活埋，她的情人則被處以絞刑；而且，男方被處以「滅門九族」的極刑——偷吃禁果的男子，他的家屬、宗族、僕人、全村村民及家中飼養的牲畜，凡是實有生命的，都要被處以死刑。

不僅如此，印加人的懲罰更為決絕。我們習慣將祖國、大地擬人化地稱為「母親」，印加人則真心相信他們所居住的土地也實有生命。哪個村莊中出了上述罪犯，他所在的村子和土地就被看作生養了十惡不赦之逆子的母親，必須一同受到處罰——村莊被夷為平地，土地被撒滿石頭，變為荒蕪之地，世代遭受詛咒、唾棄。如此懲辦之後，人畜不能再踏入這塊土地，以免接觸、沾染到罪惡。

古代中國也曾實行「連坐」的酷刑。「連坐」刑律的作用與其說是用以嚴懲罪行，不如說是用來恫嚇杜絕罪行。只消聯想到犯罪的後果，就會令人喪失行動的勇氣——即使一己生命

並不足惜，還有全家老小、親戚朋友的性命之虞；骨肉親情的影響，自然會瓦解犯罪的意志。「連坐」的刑法也使人與人之間的生存利益發生關聯，促使親友之間互相監督、相互制約。「連坐」能很有效地「防患於未然」，因此，據說在印加帝國統治期間，從未發生上述僭越之事。

除以太陽妻子的身分終老一生之外，貞女的人生軌跡也可能發生突然的轉變。這種情況發生在庫斯科以外的其他地區。地方性貞女宮中的少女出身於當地貴族、普通百姓等不同等級的家庭，均以美貌見長。她們也過著與庫斯科太陽貞女相同的生活。但在庫斯科以外，貞女同時具有另一重身分——她們是印加王的新娘。當她們長大成人，到了可以婚嫁的年齡，就選出最美的佳麗奉獻給印加王，成為他的新娘。這些姑娘的住處也就由貞女宮遷往印加王的後宮。印加王一生之中，從各地貞女宮不斷挑選年輕的新娘。王室大道附近的多座行宮，印加王巡視期間的小住之處，就安置著眾多這樣的新娘。因此，一位印加王一生所擁有的嬪妃，總計有幾百，甚至上千，這些「妻子們」為他生育的子女可達數百之多。

在我們看來，與修女、女尼類似的太陽貞女，其人生經歷與印加王新娘的生活不啻天差地別，但印加人心中並無此念。太陽貞女作為太陽的妻子，她們的榮貴身分理應高於國王的嬪妃。她們生活的太陽貞女宮到處鋪金蓋銀，與王宮一樣富麗堂皇。從太陽貞女變為印加王的嬪妃，從貞女宮搬到了王宮，只是從侍奉太陽神變成了侍奉太陽神的人間代表，在實質上，並無很大的差異。

如果印加王覺得她的家庭過於龐大，不太「經濟」，就將姬妾遣散。嬪妃們因曾受幸，不能再返回貞女宮。她們可以留下來充當宮廷中的侍女僕傭，也可以返回闊別已久的家鄉。與

太陽貞女一樣，回鄉的嬪妃可說是榮歸故里，受到極大的尊敬和愛戴。哪個村莊出了這樣一個女子，不僅可給她的家庭帶來榮耀，也給整個村莊增色不少。

王室內婚與六宮粉黛

印加王權力無邊，但如果說他能夠毫無拘束地隨心所欲，恐怕還是有些言過其實。尊貴的國王也有遭受約束的時刻。

在婚姻大事上，國王必須遵守的規矩就比常人苛刻，他的配偶只能是特定的對象。印加帝國與古埃及的辦法如出一轍。在古埃及，只有法老本人的姐妹才有尊為王后的可能；坐在印加后座上的女性也只有一個姓氏——印加。

印加國王的法定婚姻被控制在家族內部，王后的人選被嚴格地限制在印加王的親姐妹之中。這個辦法只在王族內部實行，普通人決不可貿然仿效，違者被視為觸法犯罪。據說，古時印加王族成員的婚姻大都如此，後來才演變為只對國王做此嚴格要求。王族中的其他男子儘管也被要求與同一血統的女子通婚，但已不再苛求與親姐妹成婚了。

現代科學告訴人們，近親結婚在遺傳上潛伏著巨大的危險。族內婚、親屬通婚的行為出現在人類社會的初始階段，但印加王與埃及法老的婚姻規矩並不能簡單地看作是人類婚姻制度演進過程中的原始現象。

禁止族內婚的辦法在整個印加社會中通行，並以法律形式強制約束，在教化被征服的原始民族時，也以激烈的辦法制止近親通婚等各種原始遺風。可見，印加社會對近親婚姻的杜絕早已非常自覺。不僅如此，印加社會還特意標榜兄妹通婚的辦

法，任何凡人無權效仿。印加王在婚姻上與大眾之間形成如此鮮明，乃至刻意的反差，顯然是一種精心的設計。可以說，印加王或埃及法老無意識中以可能的遺傳衰退這一不菲的代價，用來保證某種對他們而言更為重要的東西。

在這種辦法的具體實施中，印加社會提供了經典的「知識」作為依據。根據印加人的宗教信仰，人們認為太陽和月亮的關係既是兄妹，又是夫妻。每一位印加王都被認為是太陽神在人間的轉世，即使到了人間，也不能破壞天上的規矩。印加創始神話告訴人們，第一代國王、王后，所有印加後裔的共同祖先——太陽和月亮之子曼科‧卡帕克及他的妹妹兼妻子瑪瑪‧奧克略‧瓦科就是如此結合為夫妻的。既然太陽與自己的姐妹結婚，並且讓他們的長子、長女通婚，就無可辯駁地為後世提供了範本，後人無權破例。歷代印加王和王后必須恪守這一條古已有之的舊制、神的法律，不能任由自己的意志擅自決定。這些說法，印加全國上下異常信服。

國王身為王儲之時，就完成了婚姻大事。如果碰巧他沒有親姐妹（當然，這種情況極為罕見），也只能找王室血統中最近支的堂姐妹結婚；同理可知，假如沒有堂姐妹，那麼，國王的新娘甚至可能是他的侄女或他的姑母。如果王儲結婚後，過了很久，他的第一個妻子沒有生育兒子，就必須再娶第二個、第三個妻子，直到生育出兒子為止。

至此，問題變得很清楚：國王婚姻的實質和關鍵是王位繼承人的誕生。印加王室也不諱言這一點。他們說，讓國王和與自己血統一致的女子結婚，是為了保持太陽血統的純潔，王族外的血統會玷污國王後代的神聖。國王與姐妹通婚，可使下一代王位繼承人從父母雙方繼承純正的血統，才能名正言順地具備繼位的身分。否則，王族的神聖性質就會通過母系渠道，發

生了蛻化。其實質是，嚴格的族內婚，甚或以親兄妹通婚的極端辦法，保障了權力的集中——至少印加從未有「國舅爺」、「外戚干政」之類說法。

在像埃及和印加這樣的灌溉農業社會中，權力集中尤為重要。灌溉式農業社會，整個農業必須受到嚴格的規劃管理、協調控制，才會得到好收成。以此為基礎，整個社會才能正常運行。超越於庶民之上的集權者——印加王，與俯首聽命的庶民，兩者的關係越是涇渭分明，政治格局也就越為穩定，農業經濟中「管理與被管理」之關係的實行也越便利。總之，印加王的婚姻制度，對於宣揚他的先天特權的種種神話無疑是個證據，有助於確立和維護王權的唯一性與絕對性，從而強化與鞏固帝國的統治秩序。

但是，誰也不能保證印加王不對王室以外的美麗女子動心起念。這就得另作安排，找一個既不破壞王權秩序，又不妨礙國王花心的解決辦法。

中國皇帝有「三千寵愛」之說，印加王除王后以外，都城的皇宮和各地行宮別館裡也有眾多嬪妃。成為妃子並無血統上的要求，國色天香是首要條件。妃子中固然有不少是國王的親屬，但很多是從各地的貞女宮中挑選出來的民間佳麗，屬外族血統。血親嬪妃所生的子女當然是純正合法的太陽血統，母親是外族的子女則是「混血兒」。印加王族對血統的純潔性看得至關重要，儘管混血子女與合法子女一樣獲得尊敬，但畢竟等而下之。人們認為國王的合法子女從父母處繼承了神的血統，因而把他們當作神一樣崇拜；對於混血的皇子、皇女，則還是對人的尊敬。

印加國王的三類子女：王后（即國王的姐妹）所生的子女、相同血親的妃子生的合法子女、外族女子生的混血子女，只有第一類中的王子能夠成為王位的繼承人。

在印加全國，領主和酋長的繼承方式大致分成三種：長子繼承制，即父親死，由正妻所生的長子繼承；推舉制度，在兒子中間進行挑選，最受百姓愛戴的一個成為繼承人；長幼繼承制，即由長子繼位，長子死後，次子繼承，然後是三子，以此類推，所有兄弟都去世後，再輪到長子的兒子繼承。印加國王的繼承制度遵循的是長子繼承制，由王后所生的長子繼位。如果王后沒有生養男性繼承人，國王再娶生子，生育的長子有權繼位。如果長子夭亡，他的兄弟按年紀的長幼遞補。

上文講到的第二種作法看來十分民主，後來的西班牙人也讚賞它的開明。那麼，在印加王位的繼承制度上，為什麼反而採取不及地方的措施呢？在西方文明和印加文化交錯的年代，對文化現象缺乏統一的標準是造成莫衷一是的原因。推舉制度在實行當中，可能存在一定的自覺的民主成分；但更為合理的解釋，應該把這種現象看作原始民主制的遺留。它類同於中國堯、舜、禹時代的作法。而針對易起紛爭的王位繼承問題，已經形成了比較完備的長子繼承制度，它的功用相當於始自周代的宗法制度。從「民主」繼承制到長子繼位制，也是集權體制下防止紛爭內亂的必然選擇。

由於姬妾眾多，國王的子女可能多達幾百個，宮廷裡人丁興旺，有初來乍到，也有親上加親，關係委實複雜。但宮廷中卻也自有秩序，從各人的名號上就可窺見一斑。

「印加」這個詞語最為常見，它含義廣泛，在宮廷王室中使用的時候，限制為兩種用法：既可以稱呼國王，也可以冠於王室血統的其他男子的名稱之前。不過，國王的稱號是「薩帕・印加」，字面意思是「唯一的印加」，也就是獨一無二的君主。「因蒂普・丘林」，意思是太陽的後代，可以稱呼包括國王在內的所有王室血統的男子，但國王的長子一定用專稱，

他是未來的國王。除他以外，印加王的其他兒子和他們同族的堂兄弟都稱為「奧基」，結婚之後則改稱「印加」。

國王的法定妻子稱為「科婭」，意思是「王后」；也稱「瑪曼奇克」，意為「我們的母親」——這個稱呼方法和中國母儀天下的「國母」稱呼非常近似。國王可以寵愛別的妃子，卻無權更改王后的名號，更不能改動長子的繼承權。如果把王后的尊嚴稱號給予正妻以外的女子，既不會得到承認，也是大逆不道的惡劣行徑。

來自王族血統內部的妃子和所有王室血統的女子共同稱為「帕莉婭」，意思是「王族血統的女子」。來自外族的嬪妃被稱為「瑪瑪庫納」，直接的解釋是「主婦」，從中引申出「應盡母親之責的女子」之意。

印加王的女兒們統稱為「紐斯塔」；其中，王后所生者可分享母親的稱號「科婭」。此外還有一個細微的差別——如果公主們屬於王室純正的血統，當然稱為「紐斯塔」；她們的母親若非王室血統，則此前還要加上母親出生的省分名稱，比如「萬卡・紐斯塔」、「科利亞・紐斯塔」等等。「紐斯塔」們結婚後也得改稱，升為「帕莉婭」。

這些名號上的花樣都是對印加王濫情的一種補救措施，根本目的還是在於維護王權的神聖性。

「出生」三次王太子

印加王的長子命中注定要成為王儲，王位的必然繼承人。他的人生之展開將是獨一無二的，連他的親兄弟也望塵莫及。他的成長過程被「設計」得精彩紛呈；尤其特別的是，他的人

生要經歷三次「出生」。

在自然法則面前，總是人人平等。王太子呱呱墜地，他的第一次「出生」與別人來到這個世界的過程並無不同。但他其後的兩次「出生」，卻是其他人無緣領受的。

王太子長到兩周歲，第二次「出生」的日子也隨即到來。在兩周歲生日這天，王族中要舉行隆重的儀式，舉國同慶。這個儀式主要包括斷奶、理髮和起名字三道程序。王子剃去兩年來毫髮未損的胎毛，理了一個印加男子的標準髮型，並且獲得了正式名字。這是王太子為社會所接納的一個典禮，宣告了他的社會人生就此開始。這個典禮是王太子特有的權利，他的弟弟們絕不像他那樣與生俱來就帶上了極其重要的王儲資格，並須由特別儀式來確定、強化這一性質。

再長大一些，王太子和為數眾多的同族兄弟進入「阿毛塔」管教的學校，學習文化知識，訓練軍事本領。他和大家一起，默默地為第三個重要時刻做準備。

當他長成了一個十六歲英武挺拔的小伙子，人生中第三個關鍵時刻就到來了，這就是「瓦拉庫」。「瓦拉庫」是印加王族的武士考核；更確切地說，是王族青年的成年儀式。這是一個跨入成年的門檻，所有年滿十六歲的年輕王公都要參加考試。對任何參加者而言，這是一個面向成人世界的跨越，是由兒童向成人社會的一次「誕生」。但在王太子，卻也是不辭辛苦的第三次「出生」。

在「瓦拉庫」的整個過程中，王太子和同齡人一樣，毫不特殊。一個月的考試期，他與兄弟們角逐較量，一同食宿，條件、待遇絕不優越。根據考試規則，考期內，王子和其他人一樣，衣著襤褸。在公眾場合，他也絕不避諱，大大方方地拋頭露面。王室認為，王子有過這樣的經歷，更易於體會到百姓生

活的艱難，才能體察下情，同甘共苦。事實上，當普通百姓在公開場合看到王子的寒酸打扮，也會因王子曾經有過貧窮生活的體驗，給予信任和愛戴。不能不說，這也是印加王室贏得民心的策略。

體力鍛鍊對王子也有利而無害，因為新一代國王須具備軍事作戰的能力。據說，在歷代國王中，第二代印加王辛奇・羅卡是同時代人中的佼佼者。他力大無比，在投擲、搏鬥、奔跑、角力等比賽中遙遙領先。勇猛善戰，勇冠三軍，理當是國王的一項美德；如果能領先於同齡人，就更加無愧於國王的身分。但在這個國度中，王子的特殊身分，時刻都不會被忽視。他固然與眾人一起全力以赴，拼搏爭勝，但等級秩序在一定的時候，必須被提及。賽跑中，無論誰最後奪得第一，榮獲隊長之稱，他所爭的旗幟，必須讓給王太子。這面領頭的旗幟與王位的權力一樣，是王太子的特權。

在此細節上，國家秩序也再一次得到重申。無論誰領兵帶將，充當實際的軍事首領，都絕對不能僭越，他的所得所獲無不歸帝國和國王所有。其宗旨無非就是——「普天之下，莫非王土；率土之濱，莫非王臣。」與王儲的破衣爛衫一樣，這一儀式的安排也隱含著不為人知的「治國奧祕」。

三十天考試期結束時，舉行「畢業典禮」，儀式經過穿耳、換鞋、戴圍腰布三道程序——年輕的勇士被授予成年的標誌。

除此之外，他們還獲得了一樣非常美好的裝飾——鮮花。但這並不是贈給英雄們的禮物，他們頭上戴的美麗鮮花有著特殊的意義。就像桂冠在希臘有勝利者的含義，香草美人的意象在中國歷來超出題外，用來喻指美德與品性，印加人也以鮮花寄託感情。成功通過「瓦拉庫」考驗的戰士們頭戴兩種鮮花：

一是黃、紫、紅三色相間的「坎圖特」，一是類似麝香、石竹的黃色「奇瓦伊瓦」。好花還需綠葉扶，「萬年青」草葉是必備的襯托。鮮花象徵淳厚善良、忠誠正直等各種美德，常青樹葉代表這些美德將永存不衰。外表上的美麗裝飾予內心世界以看得見的啟示，心靈的升華也需要外界美景的陶冶。

最後到了整個儀式的高潮部分——太子殿下的「加冕」典禮。如果咬文嚼字，印加人的這項典禮並不能稱為「加冕」。「加冕」，顧名思義，就是加戴冠冕。但印加王儲獲得的並非一頂王冠，而是一掛黃色流蘇，懸在額頭之上，兩鬢之間。這個打扮代表的身分距國王只一步之遙——國王本人頭戴一掛紅色流蘇。王子的黃色流蘇同樣是普天之下，獨一無二，獲得了它，王儲的身分就正式得到了政治確認。

隨後，王儲鄭重地從一位長者手中接過一件器具。此物之意義非同小可。這是一把「鉞」，在印加語言中稱為「昌皮」。印加的「鉞」其實和兵器中的「戟」非常相似，用「鉞」與「戟」稱呼，只是漢語詞彙的巧妙對應，在印加必定找不到與中國古代完全相同的兵器。印加「鉞」柄長約一·八米，一端安裝雙向利刃——一面是鋒利的刀刃，另一面是鑽鑿的尖錐。如果在頂端再安裝一個槍尖，就變成了一把印加的「戟」。

王儲為何要手持一把「鉞」呢？與「戟」相比，「鉞」的兵器功能並不完善，由此也為「鉞」的特殊意義增加了佐證。在這裡，「鉞」的意義可能介於兵器與禮器之間。傳遞者把它交付到王儲手中，響亮地說出：「奧卡庫納帕克。」這句話的意思是：讓那些十惡不赦的不義之徒飽嘗它的厲害。王儲得到這把「鉞」，就意味著他理所當然地擁有了懲罰罪人惡徒的權柄了。

在很多民族中，都有將武器當成禮器的作法，「斧」不約而同地被視作王權的象徵。石器時代，生產工具的改進很大程度地影響到人的生存能力，斧的產生是新的決定性力量的誕生。隨著歷史的演進，對於「斧」所代表的強大力量的敬畏和尊崇，造成了它逐漸向權力象徵的演變，直到最後，徹底變成了一個文化符號。

「斧」與「鉞」在形制上有相似之處，從更廣闊的視野看，「鉞」可以被認為是「斧」的一種變形。這樣就能理解「鉞」在王儲加冕儀式上的不可替代的意義。禮器由武器變形而來的過程，在此也可見一斑。當文化意義全部取代了實際的使用價值，久經沙場的武器也就蛻變為別具意味的禮器了。

至此，一個仁慈又威嚴的未來國王誕生了。王儲從接受賞賜的地方走到國王跟前，第一次站到領受萬人敬仰的位置。這時，全體臣民向王儲跪拜行禮，就在這禮拜之中，王儲的政治生命開始了。

從此，王儲將出席父王的各個會議，也被委派擔任各種職務。他親自出征他鄉，以期在老一輩將領輔導下，獲得軍事指揮的經驗。當他足以擔綱之時，就獨立指揮作戰。征戰的使命將一直延續到他繼位國王之後，直到把版圖中由他納入的部分完全收服。

王儲的降生與其後兩次社會文化意義上的「出生」，是他人生中的三個重大關頭。他的人生軌道在二歲和十六歲時，兩次打上深深的印記，彷彿兩個適時加入的重音符號，使他的人生旋律不斷躍動，直至演奏出高亢亮麗的華彩樂章。

尚武的日神子孫

在印加王族中，每隔一、兩年就要舉行一項重大的「考試」，其結果關係著應試者個人的尊嚴，也聯繫著其親人家屬的榮辱。這項「考試」是他們人生路上一道必經的關卡，時間一到，年輕的奧基（王族血統的男子）就整裝待發，準備為「瓦拉庫」而戰。

「瓦拉庫」並非實物，也無「價值」，但它贏得印加人的珍視。在通過「瓦拉庫」的考驗，贏得「瓦拉庫」稱號之前，印加男性還是沒有地位的男孩子；一旦獲得了這項稱號，就標誌著他們已經變成了能夠肩負艱巨使命的成熟男子。舉辦「瓦拉庫」期間，印加舉國歡慶。「瓦拉庫」也是印加的一個重大節日。

奧基們一旦年滿十六歲，就面臨著這項嚴峻的考驗。

整個考試由年邁的尊長主持，他們獨得應試者的敬畏，也在必要時傳授經驗，提供幫助。小伙子們必須具備足夠的耐力、勇氣和智慧，經受長達一個月的磨練和鍛造，通過重重考驗，最終成為名副其實的武士。

一開始，小伙子們被禁閉一室，開始漫長的六天齋戒。全部食物只是一罐清水和一把生「薩拉」（一種印第安糧食）。這項考試是模擬戰場上缺食少糧的情況，考驗他們是否能夠忍受非常時期的飢渴。忍飢挨餓的滋味並不好受，更何況要求如此嚴格。有些人體力不支，也有人忍受不住，要求增加食物。他們很快就被淘汰。為此，參試者的父母兄弟也自願實行齋戒，希望能夠同甘共苦，也藉此祈求太陽神幫助自己的親人。

通過齋戒並不算什麼，緊接其後的是長跑比賽。小伙子們一出齋戒房，稍微吃了些東西之後，下一個項目就開始了。他

們從瓦納考里小山出發，到達庫斯科城裡的堡壘，路程大約八公里。第一名贏得人們的歡呼喝彩，他被指定為所有人的隊長。前十名都是佼佼者，順利通過這項考試。那些氣喘吁吁的弱者，還有那些沒有從飢餓的虛弱狀態中恢復過來，無法支撐到跑完全程的人，都不幸地進入淘汰者的行列。父母親屬們都站在跑道旁邊，鼓勵他們的孩子堅持跑下去，告訴他們以榮耀為重，要咬緊牙關克服難關，即使累死，也比半途而廢光榮。

翌日，真刀真槍的演習開始。小伙子們分成兩組，模擬一場真正的戰鬥。與實戰不同的只是，出於安全考量，他們的武器並不鋒利，尖刃被特意弄鈍，以免發生不幸。一方模擬攻打堡壘，一方守衛，雙方激烈交戰。攻守格鬥，白刃交接，是任何冷兵器時代的戰爭中決定生死勝敗的最後關頭，比行軍列陣的考驗更嚴酷。這一特定情境的安排既鍛鍊了如何攻取其他部落的地盤，又演練了如何保衛自己的家園，可說是一舉兩得。為使所有的人都得到全面鍛鍊，也為使考試更加公平，第二天，攻守雙方相互交換場地和角色。武士們越戰越勇，模擬的戰況往往失控而弄假成真，有人被襲受傷，甚至被殺身死。激烈交戰中的真假莫辨，體現了原始戰爭的酷烈遺風。

在以後的日子裡，他們還要經受多種考驗，進行投擲比賽，參加射箭考試，還有拳擊、摔角及其他與戰爭有關的武術格鬥，從耐力到各種作戰技能的較量，無所不包。

他們要像哨兵一樣站崗放哨，連續十夜或十二夜不睡覺。考驗期間時不時進行突然的抽查，如果發現誰支持不住，正在打盹，就嚴加斥責，並且加以體罰。考官用柳條鞭狠狠抽打他們裸露的雙臂、雙腿。鞭打並不是目的，而是又一種考試手段。如果有人挨打時表情稍顯變化，露出難以忍受的樣子，或者縮手縮腳，就被責罵為膽怯、軟弱，不配武士資格。因為要

求過於嚴苛，這些龍子鳳孫當然大吃苦頭。

他們對勇氣的要求也到了無以復加的地步。中國《列子》中「不射之射」的境界或許可以解釋為：只有當人了無恐懼，心無掛礙，生死兩忘，才能大徹大悟，大智大勇。印加武士考試中就有這麼一項考驗。當鼻尖前面舞動著令人膽戰心驚的長矛棍棒時，應試者必須面不改色心不跳，甚至眼皮也不能眨一眨。有這樣的心理素質才算是達到要求，才能博得考官的讚賞。

其它的輔助內容是：要求他們自己動手製作打仗的武器和行軍用鞋。他們要親手製造弓箭、長矛、投石器，製作防身用的盾牌等等。掌握了這些工藝，在戰爭的非常時期就可以獨立生存和戰鬥，以應付一切不測。

軍事訓練之外，導師們還不忘「思想教育」工作的重要。應試者每天得聆聽一位長者的諄諄教導。這些德高望重的前輩告誡小輩，要銘記王族家史，不忘祖先的光榮業績，爭取做出一番文治武功的新事業，既告慰先靈，也贏得百姓敬仰；還要求這些年輕人具備良好的道德，有德敬業，無愧於太陽神子孫之名。整個考核過程中，青年們服裝簡樸，赤裸兩腳，席地坐臥，忍飢挨餓，學會適應戰爭中的一切艱難困厄。

一個月之後，圓滿完成考核的男子漢們將被授予「武士」的標誌。印加王前來主持這項儀式，首先發表一通演說，祝賀他們獲得殊榮，激勵他們再接再厲，銘記太陽神父親委派的職責，為百姓謀利造福，為國家建業立功。此後，頒賜嘉獎的典儀開始。國王賜予武士們第一個標誌。他依次給每個人穿耳孔，用粗大的金質別針在他們耳上紮出一個孔，紮完後，金針留在耳朵上。金製品可以醫治傷口，防止化膿，加速痊癒。此後，青年們獲得了和成年王公一樣的標記——大耳孔，用來裝戴表示尊貴身分的金質耳環。

其次，由地位僅次於國王的一位王公主持穿鞋儀式，幫他們換上國王和王公們平時穿著的那種精美毛鞋。最後，在他們腰間繫上圍腰布——這也是成年男子的裝束。這三種標誌是「瓦拉庫」儀式後獲得榮耀的憑證。

　　事實上，「瓦拉庫」脫胎於原始的成人儀式。儘管到了印加帝國後期，「瓦拉庫」最重要的標誌是穿耳孔，用來佩戴王族標誌的金耳環——這已經是有更多文明之內涵的作法——但「瓦拉庫」這個名字中留下了它原來的痕跡。「瓦卡庫」一詞源於「圍腰布」的名詞「瓦拉」。這多少令人想起現代拳擊比賽中以擊倒對手換取的「拳王金腰帶」。「瓦拉庫」中時常出現傷害對手生命的情況，也是原始成人儀式嚴酷面貌的遺留。

　　看來，在早先的儀式中，穿戴「瓦拉」是其中最為重要的環節，也可能是唯一的標誌物。當男孩子們獲得穿戴圍腰布的權利，他們就被承認進入成年。用圍腰布遮羞，是用以劃分幼年和成年的區別。相比之下，這是一個早於其他兩種標誌（穿耳和換鞋）出現的文化現象。這是成人儀式的本來面目。

　　但「瓦拉庫」之爭遠已不是血腥的原始成人儀式，它帶入了更進步的文化內涵。比如上文所說的穿耳和換鞋。穿耳是為了佩戴代表榮譽和身分的貴族標誌，換鞋在他們看來，是向受苦受累的人們表示慰問。僅這些解釋就可作答。

　　印加後裔曾經浪漫地把「瓦拉庫」與西方的騎士制度相比。成人儀式以「瓦拉庫」的形式得以很好地保留，甚而得到了發展，這一點，不能不說與騎士制度異曲同工。印加這個建立在不斷擴張之基礎上的國家，如果不以某種方式提倡尚武精神，不以某種儀式考察、鍛鍊未來的領袖，不把這項內容作為每個王族男子的必備功課，那印加帝國銳不可擋的征服勢頭恐怕就難以長久保持。

・印加勇士「瓦拉庫」

Chapter 4
太陽帝國

霸業・帝系

　　長期以來，歷史研究者試圖從撲朔迷離的神話傳說中，探索印加文明的由來，尋找印加帝國形成的歷史依據。比如，有一個傳說提及，印加最初的祖先是從的的喀喀島而來。在的的喀喀湖畔，遺留著蒂亞瓦那科文化的遺跡。這個更為古老的文明是給予印加文化滋養的文化源頭之一，庫斯科城的建設顯然承續了蒂亞瓦那科建築的風格模式。

　　專家們將印加的歷史傳說與考古發現的材料結合起來進行研究，現在對印加文化的來歷得出了比較一致的看法：印加文化是庫斯科谷地當地文化長期發展的結果，而非傳說中外來文化使者的功績。

　　「印加」最初是居住於庫斯科谷地的一個小部落的名稱，於公元十三世紀在安第斯山脈崛起，逐步征服這個地區的其他部落，形成強大的部落聯盟。十五世紀中葉，又進一步發展成以庫斯科為中心的強大奴隸制國家。有一百多個部落先後與之

結合或歸順，它們彼此之間也有或近或遠的親屬關係，主要從屬於四個語種：克丘亞、艾馬拉（又稱科利亞）、莫奇卡和普基納（又稱烏魯）。

原來的印加部落只是屬於克丘亞語族的一小支。印加創始神話中曾經說到，曼科・卡帕克馴化了第一批民族之後，慷慨地賜予他們尊貴的姓氏「印加」，使他們和血統純正的王族一樣，不受賦稅和勞役之苦。事實上，同屬克丘亞語族的其他部落也享有這種特權。從這裡也可以發現，印加部落與這些民族之間有著近親關係。

根據歷史傳說，印加總共有過十三位統治者，國家的歷史大事紀大致如下——

1. 開國的第一位國王是神話人物曼科・卡帕克。他建立了帝國首都庫斯科城，對百姓進行啟蒙開化。

2. 辛契・羅卡。繼承了遺業，征服了庫斯科谷地附近的各個部落。他把帝國劃為四個部分來進行管理。在他手中，「政府」的機制才開始完備起來，法律秩序也得以確定。

3. 略克・尤潘基。帶領初建的正規軍穿過科利奧高原，征服了科利亞人，著名的丘奎圖省和平地歸順帝國。

4. 邁塔・卡帕克。最早在阿普里馬克河上架起了索橋，還率軍到達了現在秘魯境內的莫克瓜和阿雷基帕。

5. 卡克・尤潘基。是個勇猛善戰的武士，他鞏固了先輩的征服地，並將國土拓展到現今的玻利維亞，控制了沿海的納斯卡人。

6. 印加・羅卡。征服了更多的部落，包括安科瓦柳人和好戰的昌卡人。他在國家的文化設施和組織建設上建

樹頗多。

7. 雅瓦爾‧瓦卡克。由於童年時代的啼血事件，被預言對戰事不利。不幸而言中，在他統治期間，昌卡部落發生叛亂。

8. 維拉科查。成功地鎮壓了昌卡人的叛亂之後，取其父而代之，成為新王。

實際上，這前八位統治者並不能算是真正的印加國王，應該說是部落聯盟時期的大酋長。第二位國王辛契‧羅卡，這個名字的意思是「選出來指揮戰爭的領袖」——這可能是部落聯盟形成的一個證據。部落聯盟階段大約從公元一二○○年開始，到第九位國王繼位的一四三八年；並且也不像傳說中所誇耀的那樣所向披靡，他們的活動範圍主要還是集中在庫斯科谷地與周圍地區。十五世紀以後，印加才真正強盛起來，發展成為強大、統一的印加帝國。十五世紀之前，雖然有民間傳頌的國王事蹟，但大多支離破碎、模糊不清，並不能由此繪出一條明白的歷史軌跡。從第九位統治者開始，才逐漸面目清晰，連貫可信，從此印加開始了它的真正歷史。

從十五世紀開始，印加的統治者依次是——

9. 帕查庫蒂‧印加‧尤潘基（一四三八～一四六三或一四七一年）。

10.圖帕克‧印加‧尤潘基（一四七一～一四九三年）。

11.瓦伊納‧卡帕克（一四九三～一五二五）。

12.瓦斯卡爾（一五二五～一五三二）。

13.阿塔瓦爾帕（一五二三～一五三三）。

必須說明的是，印加人心目中的最後一位國王另有其人，他是抵抗西班牙人的起義領袖——圖帕克‧阿馬魯一世。

　　十五世紀初，克丘亞部落已經成為安第斯中部地區最為強大的部落之一。這時候，它可能早已不是個部落，而是幾個部落組成的部落聯盟了。起初，昌卡部落從西面進攻克丘亞人，強占了部分土地，佔領了安杜艾利亞省。該省因此得名為昌卡省。此後，可能由於克丘亞人與印加人結成了部落聯盟，使得一四三八年印加人對昌卡人的戰役取得了決定性的勝利。這一年，正是第九個印加王帕查庫蒂統治的開始。

　　帕查庫蒂是印加歷史上真正的強國之君。在克丘亞語中，「帕查」的意思是土地和時間，「庫蒂」的意思是轉變，因而他的名字就是「改革者」。根據印加的習慣，印加王的稱號是臣民根據當政者的才幹美德、治國成就，奉獻給國王的美稱。帕查庫蒂也是印加人稱頌他的尊號，從中可見這位國王的政治風格和建國功勛。

　　帕查庫蒂的變革，使得印加人的部落聯盟轉變為健全的國家體制。他在政治和宗教方面進行重大的改革，鞏固集權統治，同時對外實行軍事征服。此時，印加開始顯露出咄咄逼人的強國姿態。

　　軍事上，帕查庫蒂屢建功勛。一四三八年，他成功地反擊了以阿班凱為基地的昌卡部落的入侵。這次戰役獲得了決定性的勝利，為帝國對外擴張清除了障礙。此後，印加軍隊踏出了庫斯科谷地，一舉征服了卡哈馬卡、納斯卡、利馬和奇穆等地。

　　政治上，帕查庫蒂加強了集權統治，把政治和宗教兩樣大權牢牢掌握，鞏固了政教合一的統治方式。例如，當他得知掌管祭祀太陽神的大祭司和印加貴族企圖限制皇帝的權威時，隨即在太陽神之外增設了庫斯科神、萬物之主帕查卡馬克，挫敗

了祭司集團。帕查卡馬克神雖然沒有迅速流向民間，但在印加貴族中發展得根深柢固。帕查庫蒂也使得太陽神廟變成全印加無處不在的聖殿，宗教勢力滲透到全國各地。歷史最終證明，他的宗教改革有效地匡正了政治格局，起到不可替代的作用。

帕查庫蒂執掌政權的時期，印加帝業已露鋒芒，在他之後，圖帕克·尤潘基繼續奪取了北部的基多，向南到達了今天智利中部的毛萊河。在印加歷史的最後百年之中，它的疆域迅速擴大，直到囊括了整個安第斯山脈的中部地區，成為一個強大繁盛的國家。

十六世紀初的印加，北起哥倫比亞的安卡斯馬約河，南至智利中部的毛萊河，南北綿延四千公里；東達亞馬孫河森林，東南抵阿根廷的圖庫曼，西瀕太平洋，面積總共二百多萬平方公里。它的國土包括今日的秘魯、厄瓜多爾和玻利維亞三國，哥倫比亞、阿根廷和智利的一部分也在它的版圖之中，人口達六百多萬。自此，印加的黃金時代真正到來了。

印加版的天朝輿圖

印加帝國在其存在之時，叫一塔萬廷蘇尤」，意思是「連接在一起的四個部分」，或是「組成世界的四個部分」。印加人賦予國家的這個名稱，不僅體現了他們的地理觀，也反映了他們的世界觀。

「塔萬廷蘇尤」國土劃分為「四個部分」，依據的是東、西、南、北四個地理方位。確定這四個方向的參照物是全國的中心、國土的中點──首都庫斯科。據說，這四個部分的名稱有一個逐漸演變的過程。早先整個國家劃分為四個省分，而後

隨著征服的區域越來越大，在省分之外的地域也以此冠名。庫斯科以東的區域內有一個大省安蒂，東面地區叫安蒂蘇尤。縱橫於印加國土東部的著名山脈安第斯，名稱的由來也與此有關。同樣，西面部分就得名孔蒂蘇尤，這個區域相當於現今的秘魯南部。南面部分稱為科利亞蘇尤，包括今天的智利、玻利維亞、阿根廷北部的狹長地帶。北面稱為欽查蘇尤的部分則包括了哥倫比亞南部、厄瓜多爾全境和秘魯北部地區。

印加首都的名稱「庫斯科」，在通用語言克丘亞語中，意思是「世界的中心」，更加直接具體的翻譯則是「大地的肚臍」。印加後人德拉維加推測說，印加國家地形狹長，形狀頗似人體，庫斯科城正好居於中間，和肚臍非常相像，因而把城市命名為「肚臍」，實在匠心獨具。德拉維加受過很好的西式教育，這種說法打上了西方模式的印記，已經不能反映印加文化的真實狀況。

印加人「世界的中心」的設想如果與中國的九州觀相提並論，就比較容易理解。印加的大地之臍「庫斯科」，與中國四維蠻荒之中的「中原」多麼相像。

另一個印加後裔，傑出的秘魯作家瓜曼・波馬・德・何亞拉在他的《新編年史》中描繪了一張印加地圖。由於作者的信念，這張圖表現了印加時代的原有觀念，維持了原先的結構。請各位參考一下（次頁的）這張地圖，對了解印加人的世界觀大有幫助——

可以看到，首都庫斯科位於正中，它的周圍延伸出四個地區。地圖中的兩條對角線標明了印加帝國四個地區的界線。這張地圖還提供了更多的新信息——印加帝國的地理安排遵照著一種嚴格的秩序。印加帝國的劃分有兩個層次：第一個層次是平面化的，整個國家一分為二，分成阿南蘇尤和烏林蘇尤兩個

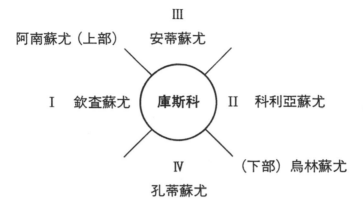

瓜曼·波馬·德·阿亞拉的西印度群島地圖

部分。「阿南」和「烏林」這兩個詞語的意思就是「上」和「下」，即上部和下部。每個半部又分成兩個部分。在上半部中，分為欽查和安蒂蘇尤，下半部則包括科利亞和孔蒂蘇尤。第二個層次是等級化的，阿南蘇尤的等級地位高於烏林蘇尤。在上下兩個部分中，也分別有上下等級之分。上半部中，欽查高於安蒂；下半部中，科利亞高於孔蒂。在分成的四個部分中，兩兩對角形成的十字形狀中也有高下之分。因而，依照南、北、東、西四個方向，出現了 I、II、III、IV 的序號。

　　不容否認，這個圖式是建立在以庫斯科為大地中心的基點之上，否則整個秩序就難以成立。這張地圖顯然不符合最為基本的地理常識，說明了印加人並不遵照事實行事。當然，在印加時代，還未有測繪地圖的科學本領。但如果考慮到，多年以後，在用西班牙語寫作的瓜曼·波馬·德·阿亞拉心目中，世界的合理圖景理當如是，就不得不探討其內在的深層原因。

　　這張地圖反映出印加人心物一體的世界觀和宇宙觀。瓜

曼・波馬・德・阿亞拉在寫給西班牙國王長達千頁的「信」中，指出歐洲人入侵西印度群島之後，「世界的弊病」在於：「既沒有神，也沒有國王，世界顛倒了。」大地四方劃分中體現的神靈凡塵、君臣上下不容顛覆的等級秩序，意味著天人合一的文化信仰；而主觀臆測太陽神所選定的神聖城市庫斯科為不可置疑的宇宙中心，便是泰然自若的文化信念。不得不承認，延續了印加文人血脈的後代自覺地重拾起它，並對此有所體悟，正顯示了印加文明含蓄而久遠的文化魅力。從中也可以看出，印加的秩序觀念內化到了包括知識階層在內的所有國民的世界觀──這是印加統治得以推行的重要保障。

　　值得注意的另一點是，印加人的國土觀念是開放式的。四個地區的實際狀況與它們的命名大有出入，有些地方早已越出四個省分的邊界。當時，智利王國在科利亞省以南三千多公里，但仍被劃分在這個地區。而基多王國也遠離欽查省，處於再往北二千公里的地方，它同樣屬於欽查地區。這種向四方延伸的勢頭遠遠沒有結束。實際上，地圖上的疆域並沒有邊界。與其說是全國分為安蒂、科利亞、孔蒂、欽查四個省分和區域，不如說只是藉省分為名，指定了四個可以無限延伸的方向。印加地圖是對整個世界的定義；同時可以假定，印加人也把整個世界當作他們的土地。世界包括：從宇宙中心庫斯科向四個方向進發，已經教化和歸順的土地，以及將來終歸會被開化的土地。

　　從庫斯科出發，有東、西、南、北四條大道通往四方。人們認為，這四條道路連接國土四方，與四大區域直接相連。四條大道的起點是庫斯科神廟之前的主廣場。在印加人心目中，庫斯科神廟，這個通往太陽的神聖地恰恰是世界的中心，大地的肚臍。整個庫斯科城依據方位，劃分為四個部分。從帝國四

方前來，居住於首都的各個部族佔據的城市一隅相當於他們在國土上所據的位置。首都庫斯科彷彿就是整個帝國的縮影。

宇宙四方、上下等級的秩序，使整個城市，乃至整個國家的統治井然有序。原始方位信仰的遺留，給出了國土規劃的理想圖景和合理格局，為國家的統治治理提供了出乎當時人們意想的實際便利。

在印加的現實統治中，四方的劃分方法絕非只是為了提供地理上的抽象概念，這四個部分確實就是國家實行管理的行政區域。這就能理解，為什麼印加人把由征服所吞併而來的越來越多的地區繼續歸併到原先的模式當中，而不適時地提出一個更為有效的精確化圖式。

顯然，印加的地圖在當時的條件下大有利益。對這一點的解釋，值得參考黃仁宇在《中國大歷史》中的說法。黃仁宇指出，中國大九州的劃分是一個充滿智慧的政治藍圖。「九州」的規劃實際上是一種間架性的設計，在使人口統計和土地測量的技術尚未準備妥當之際，即在一個區域廣大的國家內，造成一種人為的政治區分。這種理想的方式使得上層領導人只憑一種抽象觀念，即可將全部人眾組織起來。

印加和中國所顯示出的相似智慧，千百年後，仍不禁令人拍案叫絕！

印加大軍

印加國家崛起的歷史是一部不斷征服吞併其他部族的歷史。「印加」民族早先只是安第斯山脈的一支印第安小部落，十三世紀之時，部落聯盟建立起來，印加帝國初具雛形。一四

三八年，第九位印加王帕查庫蒂上任之時，一舉擊退昌卡部落的入侵。藉著這一軍事勝利，也掃除了印加人擴張推進的障礙。此後經過百年征戰，印加人逐一征服安第斯中部地區的各個部落，建立起統一的帝國。

印加人在諸多征服戰役中屢屢得勝，幾乎可以用「戰無不勝」一詞來形容他們的戰績。這其中最明顯的原因，同時也是最重要的一點是，印加帝國擁有一支強大的軍隊。與印加交戰而戰敗的部族，其軍事力量，其社會生活的軍事化程度，是無法與印加帝國同日而語的。

西班牙人在征服印加之後的三個世紀內，對於難以收服的奇里瓜諾、阿勞坎、奇奇梅卡等遊牧民族深感棘手。這是文明進程中始終存在的悖論——較農業文明落後的遊牧民族，卻有著更強的戰鬥力。然而，奇怪的是，此前的兩個世紀之內，印加人以其特有的有序和韌性，成功地挫敗了看似不可抵禦的原始戰鬥力，征服教化了眾多蠻荒之族。比如，西班牙人到來之前，生活於現今智利北部的阿勞坎人已經為印加的農業文化所同化，在風俗和習性上發生了很大的改變。

印加的軍事戰鬥力早已脫離僅僅依賴個人原始生命力的階段。與帝國的政治、經濟一樣，印加在軍事上也顯示出一種集體主義的優勢，其在秩序和組織上體現出的成熟，頗令人驚異。這種成熟是當時其他美洲民族無法企及的。

印加軍隊編制如下：各級軍銜按等級排列，從高到低，依次為統帥、將軍、統領、副統領、隊長、分隊長、小隊長。印加帝國在軍隊中實行的等級制度，其實就是它在土地耕種、賦稅管理中所用的「權力金字塔」的直接移植。更合理地說，是這種制度在軍隊系統中的擴充。

隊長級別的低級軍官中，有的管理十名普通士兵，有的掌

管五十名。他們在和平時期的職責，與社會基層官員「十戶長」所承擔的工作基本一致，包括照看土地田產，護衛王室宮院，以及管理士兵的衣食等等。隊長以上的軍官，即統領級的軍官，其率領的軍士五百或一千名。將軍則掌管三千、四千或五千名士卒。最高級別的軍官「統帥」，印加人稱之為「阿通‧阿普」，意即「大統領」，統率一支軍隊，人數可達萬名以上。

　　由「金字塔」結構的等級制度來管理軍隊，使印加軍隊獲得了一種類似於近代組織的形式。整支大軍的最高指揮權由個別富有作戰經驗的王室成員掌握，印加王也多次親自統率。軍隊中，由最高級別的軍官——統帥和將軍制訂軍紀、軍法，籌劃作戰方案。統領和副統領儘管沒有全軍指揮權，但他們的職位也十分重要。因而，這些官職由貴族擔任，並以子繼父業的方式代代相傳。為補償這些普通貴族在戰爭中可能承受的損失，同時也為了激勵他們盡忠盡職，帝國賦予他們在和平時期免除賦稅的特權。統領以下的官員，即隊長級的低級長官，則由普通百姓擔任。他們與普通士兵相比，仍享有一定的特權。其職務是終身制的，一經選定，不得剝奪。此外，他們與所有的士兵一樣，享有在戰爭期間免除賦稅的權利。印加軍隊中的高級軍官由印加王親自任命，再由統領和將軍選拔出隊長等低級軍官。

　　印加士兵並非專職軍人。根據「米塔」勞役制度，符合年齡要求的男子必須輪流參軍，服役期滿後就解甲歸田。兵源來自全國各省，但從強悍好戰的部族中徵兵的人數比例要高於其他地區。在兵役制度下，為確保士兵的戰鬥力，即使在和平時期，各地也勤於軍事訓練，每月二至三次。因而，平時以農耕為生的印加男子對於作戰技能並不生疏。兵役制度能夠確保獲

得數量充足、年輕力壯的兵源。在帝國繁盛的時期，印加大軍的人數甚至多達二十萬人之眾。

印加大軍中，各級軍官對手下士兵的責任，等同於印加「權力金字塔」中的各級長官，即須嚴格做到對下級人員的監督和保護。以如此嚴密的等級制度組織軍隊，能夠使一個龐大的隊伍環環相扣，宛若一體；由和平時代延續而來的紀律習慣，也能保障所有兵士在戰場上令行進止，行動劃一。

除了上述辦法構建的穩定秩序之外，印加軍隊也預設了一種機制來激勵整個軍隊的活力。我們知道，在印加的平民百姓中，出色的女性可以通過「婚姻」這塊跳板改變人生，而普通男子卻很難改變與生俱來的社會等級。然而，帝國也為他們安排了改變個人命運的可能，儘管這種機會並不多得。軍隊就是這樣一個有出人頭地之機的地方。一名出色的軍人，完全可以憑藉自己的能力平步青雲，從位列下曹的軍士起步，晉升為參預全軍指揮的印加貴族。這種帝國對於罕見之人才的獎勵辦法，可以極大地激發人的主觀能動性，也使印加軍隊嚴謹的建制中，得以保持其內部的活力。

印加軍隊紀律嚴明，其美名遠播四方。以士兵「開小差」為例，一旦發生，他的監護人、上級軍官——分隊長、隊長、統領須立即告發他。臨陣脫逃，罪不可赦，對此拋棄戰友，欺騙上級，背叛印加王的行為，必以死刑嚴懲不殆。在嚴肅軍紀，制止掠奪上，印加軍隊也有一套有效的辦法。

西班牙人佩德羅‧德謝薩‧德雷昂如此描述印加的軍法：「如果士兵在某個地區侮辱人或盜竊，立刻會受到嚴厲的懲罰。印加君主在這方面執法極其嚴明，即使對自己的親生兒子也嚴懲不貸，絕不姑息。」「因此，在隨他到各處巡幸的人之中，如果有誰膽敢闖入印第安人的禾田或家裡，儘管沒有造成

多大的損害，他也會下令將其處死。」在如此嚴格的法令之下，據說印加士兵在每征服一地之後，都能自覺地做到秋毫無犯。

印加帝國歷來以替天行道、教化蠻荒之名進行對外擴張，嚴肅的軍紀也有「粉飾」的作用，使它的征服行為顯得理所應當。此外，以嚴明的綱紀組織的軍隊，便能夠有效地發揮集體作戰的優勢。在個人戰鬥力上，印加戰士和他們的對手——以獵殺為生的遊牧民族成員相比，顯然處於劣勢；若非人多勢眾，單獨較量，失利的可能性更大。但印加軍隊在戰術上棋高一招。印加人慣以長期包圍，斷絕對方糧食、飲水的方法，消磨對手的鬥志，達到「不戰而屈人之兵」的結果。這正是揚長避短的明智作法。

在這種戰術的運用中，要求印加軍士克制、忍耐，採取靜觀其變的態度，等待對手主動投降。這一戰術，不自覺中諳合了「知己知彼，百戰不殆」的主旨。以己之長——利用全軍的遵紀守法、絕對服從，攻彼之短——使對方個人主義式的英雄無用武之地，勝利必定指日可待。此外，印加軍隊素以溫和平靜著稱，不任意侵犯對手的人命、財產。實際上，這也是符合自身利益的經濟作法。印加人認為「普天之下，莫非王土」，燒殺搶掠會給日後「接管」造成不便，也白白造成損失。

印加帝國之所以能夠「完勝」，還有另一個重要原因。當時，在其毗鄰的部落中，還沒有一個族群具備了與其相當的軍備意識。

「坦博」遍布印加全境。印加的王室大道上，每隔大約十五公里的間距，就有一座「坦博」。「坦博」是由軍用倉庫、駐軍房舍組成的一組龐大建築。可能出於戰爭的實際需要，「坦博」在山區中的密度更高於平原地區，以軍隊行進的一日

路程為間隔。

「坦博」中的倉庫專作為儲備軍需物資之用，其中的儲備物由鄰近村莊提供。人們把本村中，原先儲備在王室糧倉裡的各種收穫物，按一定的數量比例運送過來。軍用倉庫裡面，軍需糧草、武器、衣服、鞋子等一應俱全，能滿足軍中不同等級人員的各種要求。如：其中有普通士兵使用的矛、戟、錘、斧，也有供貴族軍官使用的銅銀合金或黃金製作的各式武器。

「坦博」中備有充足的口糧、武器、衣服及其他一切必需物品。其中的寬闊宮室和房舍，足以容納印加王本人、他的家眷及一支龐大的軍隊。一支兩萬或三萬人的大軍，如果在戰爭中需要更新武器或更換軍服，無需勞師動眾，因為不出一個「坦博」就可以完全辦到。

沒有經濟支持的國防是虛弱的，有如此豐裕的軍事儲備，才能支持一支無堅不摧的印加大軍。但印加人絕不會想到的是，西班牙人入侵後，在窮乏困頓之時，也正是利用了印加軍備倉庫中的儲藏恢復力量，最終置印加帝國於其控制之下。

懷柔與鐵腕

印加帝國以武力征服的方式迅速擴大版圖。它能戰無不勝、所向披靡，幾乎每次都能成功地達到預期的目的，不能不令人感到神奇。

對外擴張的成功，自然體現了印加帝國的強盛國力；印加王的赫赫戰功，當然離不開一支強大的軍隊。然而，國力與軍隊這兩個因素還只是戰爭致勝的有利基礎，並不是全部。歷史上以少勝多，以弱勝強的戰事也不在少數。具體的戰役、戰鬥

中以什麼樣的作戰方案指揮戰鬥，如何利用己方的優勢條件，調動積極有利的因素，採用什麼樣的辦法，使既有的裝備發揮最大的效用等等，這些都與勝負之結果密切相關。

百年征戰中，印加人之所以能夠克敵制勝，屢建戰功，就在於他們既有完備之「體」（實力），又有高明之「用」（策略）。

擁有強大的軍隊，並在社會生活中時時注重戰備的印加，以一種不言自明的強者姿態出現在對手面前，宣揚先禮後兵的戰爭道義，並以懷柔和鐵腕並施的策略，瓦解了敵對勢力的反抗，始終使王者的至尊地位立於不敗。

根據印加的歷史傳說，印加對外擴張的理由和目的始終如一，那就是推行太陽神信仰，用高尚正派的宗教教化那些落後民族，以正勝邪，滌蕩那些被愚昧信仰所蒙蔽的心靈。在今人看來，征服的事實和標榜的道義之間存在的反差，足以令人懷疑其中的真實性。但這樣的理解方法並不是歷史的，因為不能脫離具體的文明階段來臆斷。印加人實心實意地以他們的神話思維認識世界，因而無論是社會成員個體，還是民族整體，都必然真誠地相信他們所發動的征服戰爭，動機既十分純潔高尚，又理所當然。

印加人的每一次征戰都由替天行道的崇高目的發動，它的宗教性質同時隱含了以下的內容：出於信仰，戰士們必定具有高昂的鬥志，軍隊也必定具備頑強的戰鬥力。這或許也是歷史上一些宗教戰爭的共同特點。

倚恃太陽神的軍隊，必然以救世者的高尚心態出戰。這就能解釋印加軍隊的溫和作風。西方的史學家指出，印加軍隊善於運用懷柔政策，以親切溫良的態度與敵方交涉，提出避免交戰，化敵為友的辦法。他們總是試圖以自己的行動證明，使敵

方信服，太陽神的後裔印加王的帝國是能夠給所有人帶來福祉的統治秩序。如果初次交涉並不奏效，印加軍隊仍然堅持以禮服人，談判和解，並給對方的首領奉送禮物，以求和平解決，手法幾近文明世界的政治外交。並且，印加軍士奉紀守法，對征服地秋毫無犯，旨在以王道的作風，勸化那些落後民族。

印加軍隊隱忍謙退的姿態，似乎與他們作為外來入侵者的身分顯得很不相符，攻佔敵方時杜絕急功近利的作法，也令人開始信服他們的超然目的。但這一切並非是無條件的。任何「不戰而屈人之兵」的結果，都必須依托強大實力的後盾。如果了解到以下的情況，自然就知道印加軍隊的雍容大度由何而來。

首先，印加王有著從全國範圍動員兵力的高效體制，在很短的時間內就可以集合起一支龐大的軍隊。在印加帝國的全盛時期，印加軍隊可達二十萬人之眾。二十萬人，僅此一項就佔盡優勢。這個人數可能遠遠超出作為征服目標的某個部族的人口總和。即使後者全民皆兵、婦孺上陣，也無法抗拒印加大軍；更何況印加戰士個個訓練有素，戰鬥力極強，那些部族哪是對手。

其次，印加軍隊行動迅猛，先發制人的「閃電戰」，往往令對手猝不及防，倉皇應戰，連尋找和聯絡盟友共同抵抗的時機也沒有。

最後，印加軍隊擅長請君入甕的戰術。大軍將對手團團圍住，雖然引而不發、圍而不打，但事先必搶奪敵方的莊稼，使之陷於飢餓，不能久戰。據說，在戰爭中，印加軍隊憐憫對方婦幼，常常施以飯食，以致感動對方全族歸順。此舉可謂高明，兵不血刃，就使對方內部動搖，最終對方迫於勢，動於情，只有歸降一條路可走。當然，在國土觀念、民族觀念並不

很嚴格的印第安人中，低等的遊牧採集文化或遊耕農業文化必然會被高級農業文明所影響，並最終被征服和接受改造。這也是印加人無堅不摧的根本原因。所以說，印加人臨陣時的自信與從容，並非沒有根據。

有強大的信心和同樣強大的武力作為後盾，大多數印加王在戰爭中自然並不急於交戰，因為任何正面的交鋒最終會被證明是多餘的消耗。一旦開戰，他也隨時等待對方的和平表示。當然，也有個別的印加統治者嗜血好殺，喜歡以武力的方式速戰速決。無論是以和平的方式或以武力的手段，或遲或早，國王必然會等到他希望的回答，最終的結局總是一致的。經歷了一個世紀的征戰之後，印加帝國的彊域迅速擴展，到了十六世紀初，已擁有兩百多萬平方公里的國土，比英國、法國、德國、義大利、西班牙等國面積的總和還要大。

印加統治者對於被征服地區仍然可能存在的戰爭隱患，往往以強制性的措施防患於未然。如果被印加征服的是一個勇猛好戰，未脫原始習性的部族，那他們的命運將是背井離鄉。這個部族中的一部分人，更經常的是整個部族的成員都被迫遷移到其他地區，成為移民「米特馬克」。他們前往的地方肯定是那些以忠誠馴順著稱的省分。印加統治者的用意不言自明——當地人的生活就是新來者的榜樣，而彼此之間的交往，自然也會產生同化的作用。這樣就給野性未泯的部族安排了最佳的歸化環境。在遷移的過程中，印加王還特地派遣一些有幸被賜姓印加的恭順部族成員來管教桀驁不馴的新來者。以移民的辦法安置好戰民族，使之與他族雜居，並在其中安插忠於王室的人員，這其中的統治權術確實相當高明。

印加王雖然以仁慈著稱，但對那些膽敢僭越，甚而揭竿而起的反叛者，必施以絕對強硬的手段，絕不姑息。懷柔措施一

且無效，印加王對敵對者的一貫作法是格殺勿論。懷柔與鐵腕，這就是印加統治的雙刃刀。

從印加的一個傳說中，也可以看到印加統治者的鐵腕手法。印加社會中有一批特殊成員，稱為「雅納庫納」，他們沒有人身自由，地位相當於附屬於主人的奴隸。對於雅納庫納的來歷，說法是：某個被征服地區的居民起義反抗印加王的統治，起義者最終被剿滅，數千名參與者被趕往雅納庫城，按律行將處死。由於印加王后憐惜這幾千人的生命，為他們說情，使他們免除死刑，改服勞役。這批人即以城市得名，稱為雅納庫納。他們雖然免於一死，但終身陷於奴隸的地位，無論男女，都要承擔沉重的勞動。並且，雅納庫納的地位是世襲的，子子孫孫代代相傳，他們的後人永遠背負著和他們祖先一樣的命運。雅納庫納的數目很大。印加滅亡三十五年之後，即一五七〇年之際，據調查，在秘魯還有四萬七千名雅納庫納。

這些人的存在，無疑是印加王給暗懷不臣之心者樹立了一個榜樣，時刻起著警示作用。其中既不加掩飾地保留著騰騰殺氣，也故意展演著法外施恩的仁慈戲劇，更以世代為奴的卑賤痛苦作為一種持久的威脅。這可謂是印加統治者的政治智慧。

「聖戰」：經濟動力

印加人始終相信，帝國的使命是傳播太陽神信仰、開化蠻荒之地。帝國誕生之初，第一任國王和王后即遵照太陽神父親的旨意教化天下。其後人必須再接再厲，推進這項替天行道的大業。

宗教上的爭端歷來是易燃的戰爭導火線。縱然在今日，這

樣的情形還在世界的某些角落一再重現。或許印加人真的是以簡單的神話思維發動了每一場擴張戰爭；至少從表面上看，印加人從事的戰爭具有顯著的聖戰性質。

然而，歷史的真相，或者說歷史事件的真正動因，卻往往與其表象相距甚遠。在印加戰爭起因的問題上，如果追問其集體無意識的社會學基礎，那麼，答案又絕非像印加神話所虛飾的那樣簡單。

印加，這個以擴張為生的民族，其實對征服戰爭有著巨大的渴求。戰爭之於印加民族，並不是一個或然因素。或者說，並不是印加遭遇戰爭，相反，印加是以一種異乎尋常的熱情在追逐戰爭。儘管歷代各個印加王也存在性格差異，但無論是喜好文治還是偏愛武功，卻總免不了在他的任上發動戰爭。戰爭之於印加，是一個本質性的元素，是一個與印加帝國自身特性吻合的重要因素。儘管在戰爭的發起者和當事人看來，每次戰爭均事出有因，但如果以一種更為整體、更為寬闊的眼光看待印加戰爭，可以發現──所有戰爭之間隱約存在著某種必然的聯繫，這種關聯使得一次次戰爭像多米諾骨牌般連續展開。在這種力的作用下，戰爭的發生就顯得似乎不可避免。

考察印加戰爭的深層原因，研究者提出了一個頗具說服力的觀點──經濟是導致戰爭的真正原因。戰爭的根源在於印加帝國採用的王位繼承制度──這種特殊的繼承制中隱含不可調解的經濟矛盾。

眾所周知，印加盛產黃金白銀，印加王的富有，在當時的美洲各民族中聞名遐邇。印加首都庫斯科的王宮幾乎全由金銀鋪蓋，印加王的生活極其奢侈。但是，如果我們得知，每位印加王的富有生活都是「白手起家」，自己建造的，這一切就更令人驚異。

每位新王繼位，他所得到的只是印加王的頭銜，並沒有繼承任何物質實利，因為老王過世之後，他的一切將原封不動地保留下來。他的宮殿不再留給下任繼續利用，實際上等於棄置不用；他的眾多宮院中只有一所向外開放，其餘的則永遠關閉。他的財物除去葬禮所費，其餘都按原樣保留。故去的印加王，其原先的住所並非無人居住，而是由長子以外的其他兒子繼承，由他們負責維持先王（木乃伊）的「死人生活」。因為印加人持「靈魂不死」的觀念，確信到了一定的時候，先王的靈魂將會回歸他的肉體，他的軀體那時就會復生。出於這種觀念，人們對待已故之印加王的木乃伊就如同對待活人，把他的用具原樣保留，並定期送他的遺體出席國宴。總之，一切都與生前一致，人們等待著印加王在某一天突然醒來，繼續他的人間生活。

　　先王的遺產，他的長子是唯一無權分享的人，因此，這位新國王必須為自己的帝王生活準備一切。並且，由於歷代先王的「生活」都在正常運轉，他們的後代在繼續消費，繁衍的自然法則又使這批人的數量逐日增加。面對這種情況，新任的印加王支付龐大的生活開支之法只有一個：尋找新的資源；也就是說，在一個農業社會裡，就是尋找新的耕地。既有的經濟與消費的平衡不容打破，取得新資源的辦法只有通過戰爭，佔領新的、更廣闊的土地。

　　分化繼承促使軍事征服不斷發生。這個原因不僅無法避免，而且也造成了帝國經濟的逐漸惡化。隨著故世的國王人數增多，王族集團人數的迅猛增長，國家負擔的額外消費越來越大，需要新國王投入更大的物力和精力，遂使一位印加王的一生不得不奔忙於征服戰爭，以此將與帝國相鄰的他族領土變成自己的耕地。

印加王每征服一地，帝國每增加一個新的省分，土地開墾和耕地劃分就是隨後要進行的一項重要施政措施。在印加人指導下，新征服地區的當地土著開始建造梯田，拓展可耕地的面積。各個村落分別進行縝密細緻的丈量，所得的數據統一合計，得出全省耕地面積的總和。其後，根據測量的總面積，把所有的土地按照帝國通行的一定比例，分為太陽田、印加田、公社田三部分。這樣，印加帝國新的賦稅來源就在新疆域中形成了。

　　印加王增加財稅收入的另一個辦法是在征服地區實行移民。如果某一地人口繁衍過多，人力資源相對於耕地資源過剩，就把一半左右的人口遷往帝國的其它省分。這些移民與原地區、部族間以收穫物彼此互助，資助地方經濟——如科利亞地區就是如此。不過，相反的情況更為常見——印加王在征服中發現有些地區地廣人稀，土地肥沃，可以充分利用，就從別處遷徙人口，前來開發土地資源，增加帝國的歲入。

　　帝國後期，為滿足越來越龐大的國庫需求，統治者開始採用一種新的經濟方法，這種辦法顯然能夠及時緩解都城中入不敷出的財政危機。科恰班巴谷地的例子尤為突出。

　　科恰班巴谷地是印加全境最為富饒的玉米產地之一，也是面積最大的一片宜農地。帝國政府將當地居民全部遷走之後，採取了一項提高土地生產率的重大措施。這項改革在瓦伊納·卡帕克統治時期開始。這些被騰出的可耕地先被劃分成扇形，然後將扇形劃分成許多細長條。這項工作遍及科恰班巴谷地各個山頭的每片梯田。劃分出的每條地塊指定給專門的耕種者耕種。這些人不是定居下來的移民，而是輪流前來服役的「米塔尤克」。每片扇形田地中，只需幾行玉米的支出供應服徭役之人的口糧，收穫的糧食被送往帕利亞行政中心進行中轉，最後

運往首都庫斯科。

新的「米塔」徭役制度顯然比原來的移民措施更為經濟。然而，這種對統治者而言更容易獲得直接利益的作法卻也隱含了更為深層的矛盾。遠離原住地的服役者不能同時為自己部族的經濟政治單位負擔責任和義務，如此一來，便造成了印加中央政權與地方利益的衝突。要緩解這一衝突，也只能透過開闢新國土。

總之，印加統治者面臨的是一個越來越複雜的帝國。繼承制上的特點迫使當權者必須尋求新的收入來源，促成了開拓疆土的業績。然而，上述原因造成的是一個無法克服的惡性循環，因為新的征戰勢必加重經濟壓力，這筆開銷又不得不通過更多的攫取才能補償。於是，太陽神的子孫們就不得不始終高唱「開化四夷」的神話高調，馬不停蹄地從事征服新疆域的「聖戰」了。

「皇恩浩蕩」的背後

「打江山容易，守江山難。」社會治理是擺在任何統治者面前的一本難念的經。印加文明能夠憑藉高於鄰族的戰術智慧，不太費力地踏上別人的領土；但是，如何在新土地上站穩腳跟，卻並非戰爭般直截和簡單。偌大一個多民族雜居的國家，各種問題層出不窮，就是有經驗的政府有時也難免陷入危機。然而，當最先來到這個國家的西班牙人看到印加社會呈現出那麼一種和平安定的景象，也不禁大為驚訝。他們不無誇張地讚美道：「世上沒有別的人民能夠像印加人民這樣滿足於自己的命運，忠誠於他們的國家。」看來，印加政權的確恰到好

處地將各種隱患限制於一定的範圍，使它治下的帝國成為安居樂業的典範。

要在社會政治的算式中，求解到和平安定的答數，當政者必須經過巧妙而繁複的計較、演算，調度一切既有的條件，合理地完成各種複雜的步驟。這其中，經濟是一項主要的參數。

印加文明也必須有相應的社會經濟支撐。這個經濟有一基本現象：獲得越來越多的土地，同時也必須安排越來越多的人口。在相當長的時期內，印加的經濟帳似乎算得比較合理，它慷慨地預支，同時也如期地收獲。印加人自己對此的敘述顯然有些冠冕堂皇，自以為是。然而，透過印加的歷史，今人的眼光卻可以察覺出更多的真相。

印加統治者相信，其他民族對印加帝國的統治感激涕零。從某種意義上說，這多少也反映了實際，畢竟當時的部落民想法簡單、心地純樸，或許他們確實並不把印加帝國的征服簡單地認同於掠奪，相反，甚或當作某種恩賜。

印加王對新征服地區的「胡蘿蔔」政策，成功地爭取到被征服民族的信任。印加王宣稱他的使命就是完成太陽父親的托付，開化四方，造福人民，給落後地區輸送各種技藝，帶去規章法令，幫助他們脫離與禽獸為伍的原始生活，學習踏上人類的文明的步調。

印加的文化成就，有時也成了帝國擴張的開路先鋒。比如第四代印加王邁塔‧卡帕克曾在湍急的阿普里馬克河上建造索橋。這固然可為附近的居民帶來便利，但他的本意主要是為方便出兵，把統治勢力伸向大河對岸。正當他打算發兵，對岸的部族卻主動前來歸順。原來，他們對橋樑工程無比驚奇，認為這是人力不可為的一大奇蹟，只有借助於神力才能完成。印加王的威名由此更增加了傳奇色彩，當地各族紛紛自動投誠，以

順應天意。這真可謂是「遠人不服，修文德以來之」了！只不過，印加王的「文德」還只是技術文明（索橋）而已，本質是「文化不服，然後加誅」，有武力作後盾。

印加王對已經被征服的新臣民，確是合乎夫子之道的。中國的孔夫子說，對化外四夷要用文德教化、感化，他們歸順後（「既來之」），要用王道的恩德使他們安居樂業（「則安之」）。印加王以優勢的經濟形態和生產技術，既改善了被征服民族的生活，也改造了當地的文化與習俗。後者對於社會的和平安定同樣功不可沒。以智利地區的印第安人為例，比奧——比奧河以北的的部落受到印加帝國的影響，就擁有較好的農業技巧，懂得飼養牲畜，使用金屬。他們安於印加人的統治，滿足於生產剩餘產品的生活方式，參加帝國的勞役和上繳貢賦。河流以南，同一部落的成員拒絕接受印加文明的影響，仍處於遊牧與半遊牧的生活方式中，文化便仍舊較為落後。

印加的傳說總是不遺餘力地鼓吹他們君主的恩德與慷慨，訴說印加王的顯赫政績令人肅然起敬——

一代名主帕查庫蒂在新征服地開鑿水渠；改造沙地，建造良田；營建村莊，安置移民；效仿首都，在各地修造太陽神廟和貞女宮。

在圖帕克・印加・尤潘基治下，各地大興土木，行宮、堡壘、倉庫、水渠、神廟、

道路系統一一修建起來。

相似的敘述不勝枚舉，有些造福於民的業績尤其值得表彰。例如——維拉科查進軍到波克拉省及其附近省分，完成征服之後，下令遣散軍隊，著手辦理為民造福的事業。其中之一是修建水渠。一條深度超過三米，長度約七百公里的水渠，解決了這一地區乾旱少雨的難題。水渠引自帕爾科與皮奎之間的

山泉，向魯卡納地區蜿蜒，在縱貫整個印加的低地沙漠中灌溉出一片綠色草場。

另一事例是：帕查庫蒂征服了伊卡山谷之後，了解到該地區因降雨稀少，河流每逢夏季，近乎乾涸，當地居民飽嘗缺水之苦，莊稼受旱，土地荒蕪。他當即命人建造水渠。這條水渠一反當地河流的自然走向，其寬度甚至超過原先的河流，使原本肥沃的土地得到充分灌溉。如此一來，耕地擴充了一倍以上，糧食產量大幅增長。

印加王如此下大力氣為被征服地區辦實事，當地百姓在獲得實際的利益之後，自然就會感恩戴德，甘心臣服。

其實，印加王的這種「皇恩浩蕩」並非純粹出自助人為樂的慷慨大度。印加帝國在征服一地之後，通常會急切地開展各項造福興利的建設工程，比如開墾梯田、修造水渠等等，急切地向當地人傳授高級農業技術，讓落後地區獲得顯著的經濟利益。但中央政權的付出並不是無償、單向的。正如在發動征服戰之前，印加統治者早已明了，新土地上的一切終將屬於自己，因而他的軍隊不崇尚燒殺搶掠，以避免到頭來自己遭受不必要的損失。所以，經濟上的建設也並非不求回報的慈善行為，而是謀求長期利益「回報」的前期「投資」。

在增加耕地面積，改善種植條件之後，接下來要做的事就是重新分配土地。按照印加慣例，新征服地區的各村各社必須對每塊土地進行重新丈量，得出數據，彙總相加，最終將全部土地分成三個部分：印加田、太陽田和公社田。新土地的大部分收益將歸印加王族與祭司人員所有。祭司階層與貴族階層實際上是一回事，而且在非常時期，印加王也可以動用太陽田的糧食儲存。也就是說，大部分收穫物最終屬於印加王與他的帝國。這就是印加政權對於被征服地區樂於伸出援手的實質。

印加統治者的經濟頭腦不僅懂得簡單相加的利益，還領悟到如何得到最大限度增值的奧祕，儘管這種增值的前期因需要大量投入而看似毫無利益。他們以一種持之以恆的縝密計畫，經營著不斷擴大的帝國，善始者有善終，終究獲得坐享其利的後報。

　　同時期，美洲的另一大文明阿茲特克對於被征服地區只限於要求納貢，因此，它的權力中心對臣附地區的統治是粗疏的，朝貢關係只是在各地獨立的權力體系之上再增一級而已，中央權力並不能打破原有的結構，深入新臣民的社會基層。相比之下，印加社會不僅更像一個整體，它也確實是一個整體。

有效的宗教齊心術

　　在印加的勢力到達周邊其他民族之前，不同的印第安民族有著各自不同的神話和信仰。這形形色色的神話也是來自原始先民看待世界的純真眼光。在今人看來，這些神話故事生動有趣，有著各自的特色和創造性。然而，印加文明到來之後，各個部族逐漸認同於印加人的宗教思想，自己的傳統反而漸次退向民間。從這個角度來講，高級文明對低級文明施加影響，既在社會經濟上產生了重要的推動作用，也在文化上削弱了原有的多元和各自的創造性。

　　當然，文學化的感嘆並不能左右歷史，對於既定的歷史，文學化的幻想更顯得無足輕重。因為，印加國家在當時採取統一宗教信仰的作法並不是一個選擇，而是一個必然。事實證明，印加的這項措施對於管理一個多民族國家，並使它們團結在中央政權之下，產生了重大的積極作用。

只需稍加瀏覽，就可以注意到各民族的原有神話是多麼豐富多采。比如，科利亞人一致供奉的主神是一種白色的公「綿羊」。產生此種信仰的原因是，這個民族飼養的「羊」群特別豐產，他們認為是上天的第一隻公「綿羊」對自己的惠顧。好戰的昌卡人保留著活剝人皮的原始風俗，他們崇拜狗，大擺狗肉宴席，並在節日和舞會上吹奏狗頭號角。在戰爭中，他們吹奏同一件樂器，目的卻是嚇退敵人。欽查人給予印加軍隊的回覆顯得十分有趣：他們不需要太陽作神明，因為他們崇拜大海。何況，誰都看得見，大海比太陽大得多，並賜給了他們大量的魚。相反，太陽非但沒有帶來任何好處，反而使天氣炎熱難熬。欽查人的回答或許給出了一個最簡單的答案：原始人的信仰無不是各自生活面貌的自然顯現。然而，欽查人提出的太陽神屬於寒冷的山地，大海母親佑護海邊民族的「合理」要求，自然無法得到印加帝國統治者的贊同。

印加帝國在征服一族之後，除了嚴禁原始迷信和殘酷行為之外，倒也允許部分地保留當地的傳統習俗。但前提是，對方必須先行全盤接受印加的太陽神信仰，並且也要度量那些原有的習俗是否過於離譜。總之，一切都必須在印加人的價值標準中過濾一遍，而印加帝國政府這些小恩小惠的作法，也能博得寬容的美名。

實際執行中，印加的宗教統一政策總能屢屢達成。印加人總能使對手接受太陽神。甚至像認為太陽給他們帶來危害的欽查人那樣的民族，也沒有提出異議。這可能直接得益於印加人的軍事勝利。在原始民族看來，能在戰爭中取勝，必然是得自神力的作用？自己一方與印加軍隊交戰時打了敗仗，也證明自己的神在太陽神面前失去了力量。印加人的戰鬥力，首先給他們上了一堂關於信仰的課程，使改宗的要求得以順利完成。

印加王在作戰前，也常以義正辭嚴的態度，警告與之交戰的對手：「不要企圖負隅頑抗，因為以往那些愚民膽敢拿起武器，反對太陽的兒子，結果總是遭到死亡和飢餓的懲罰。如果你們也不識時務，太陽神也會照樣懲罰你們。」可見，不論哪一方，均以同樣的信仰方式對待戰爭。社會協約達成的背後，有著共同的認識論背景。

在具體的戰爭中，原始思維還將一些現象做了神化，這些神話故事也曾經給予印加軍隊莫大的幫助。比如，印加境內流傳著以下這個傳說——

事情發生在科利亞人反抗印加軍隊征服的過程中。一開始，他們主動挑釁。然而，有一天，他們射向印加人的石子、箭矢和其他武器卻突然掉轉方向，射向他們自己。就這樣，科利亞的軍隊為自己的武器殺傷，失去了戰鬥力。遭此劫難之後，利科亞人明智地服從了神的意志，歸順了印加帝國。

赫羅尼莫·羅曼修士的《西印度國》一書中有如下記載：印第安人述說，在印加軍隊打擊昌卡部落的叛亂之時，戰場上的石頭都變成了士兵，幫助印加士兵進行戰鬥。

另一名西班牙人阿科斯塔神父也記載了相同的神話：在與昌卡人交戰得勝之後，王子向士兵宣布，此仗並非完全靠他們自己的力量得勝，有許多太陽神派來的士兵為己助戰。這些天兵天將只有他能夠看見，戰役結束後紛紛化作石頭。他還親自上山勘察，經他辨認後，把許多大石頭立為偶像。此後，人們就對著這些叫「普魯勞卡」的石頭頂禮膜拜，敬獻犧牲。人們每逢出兵打仗，也總是虔誠地揀取一些帶在身上，以期得到助戰的神力。並且，石頭也真的幫助印加軍隊取得無數輝煌的勝利。

據印加後人推測，前一個神話的流傳起自印加賢哲「阿毛

塔」對一些簡單故事的藝術加工。而後一則神話可能更要歸功於印加王子的個人智慧。試想，在敵眾我寡的情況下，只有以神話故事，才能振奮人心，以弱勝強，反敗為勝。神石繼續顯現的威力，或許取得了這位王子預想不到的良好效果。

印加軍隊在戰爭中的威力，同時也是太陽神威力的代言。這是被征服民族在改變信仰之前，獲得的第一個直覺的認識。

印加軍隊在征服一地之後，著手進行的第一項工作就是向歸降的的民族傳播太陽神信仰。向當地人解釋太陽神信仰的教義時，華麗、複雜的祭祀儀式起到了意想不到的效果。在以具體性和直接性為標誌的思維階段，祭祀儀式的物質內容給予頭腦的鮮明印象是促成認識的重要原因。由對物的崇拜會自然引發對物所含之意義的崇拜，能指與所指的兩者關係也在上述思維過程中得以確定，由此形成了完整的原始宗教思維。當然，太陽神信仰能為不同的民族所接受，還得力於另一個重要的原因⋯⋯

因為印加民族的宗教政策並非隔絕各地的原有信仰，而是對後者的包容，少數民族的宗教並沒有被廢除，只不過發生了變革。也就是以太陽神為最高神，把原先的地方神靈視作太陽神的附屬神靈。這樣的作法可能一方面是由這些民族處於相同的認識階段這個大背景造成的。在這個前提下，印加的太陽神信仰不可能顛覆認識論，構造出一套新的思維方式，因而接納地方神靈進入太陽神的信仰系統既不背離中央的範疇，又滿足地方的要求，符合雙方的利益，也能為最大多數人所接受。

歷代的賢明君王還以庫斯科建制為藍本，在全國各地建造起宏偉的太陽神廟和貞女宮。根據歐洲歷史學家佩德羅・德謝薩記載，印加境內，從卡尼亞里到圖米潘帕一帶，在圖帕克・印加和瓦伊納・卡帕克兩代印加王統治期間，建立起了富麗堂

皇的神廟和王宮。據當地印第安人述說，這些建築所用的巨大石料，大部分是以纜繩拖運的辦法從首都庫斯科長途運送而來。從石料的體積之大、數量之多以及路途之遙來看，僅僅運輸石料一項就是一件了不起的工作。

　　印加民族的建築成就雖難以一言蔽之，但浩大的建築工程，調遣的人數眾多這些情況，對於社會安定也有相當大的作用。調動大量人手，使一地的大部分青壯年被工程所牽制；建築宮廟這樣的大事，勢必成為當地輿論與關注的焦點，也在客觀上造成了對反抗情緒的分流；在本地建造可與首都相媲美的建築，也會獲取民心，引起百姓的感戴。神廟建成之後，從京城委派高級祭司擔任地方神廟的最高掌管人，由當地貴族組成的祭司組織也隨著信仰的普及而建立起來。總之，宗教齊心術以及以此為中心的種種措施，是印加國家和平安定的重要保障。

千里傳音與天下一心

　　西班牙人征服印加帝國之後，這個富有傳奇色彩的專制政府如何成功地實行統治這個問題開始成為舊世界人們關注的議題。就連相距遙遠的中國對此也有耳聞。成書於明代天啟三年，即一六二三年的《職方外紀》一書中有以下的話語：「其土音各種不同，有一正音，可通萬里之外。凡天下方言，過千里必須傳譯。其正音能達萬里之外，唯中國與字露（即：秘魯，指印加）而已。」

　　上述論述特別指出古代秘魯與古代中國的國家治理中，在語言問題上的不謀而合。或許，在西方學者眼裡，印加與中國

的相似之處絕非僅此一點。然而，為中國人自己特別強調的這一點，可能傳達了更多的意義。

中國人在做此評價時，自然參照了本國文化，以之為標準，也並不掩飾對自己文明的良好優越感。在這種優越感中，那些頗為自得之處，或許正流露了一個大國文明祕而不宣的智慧金術。當印加與中國在中央集權統治上獲得的出奇成功及其在語言措施上出現的一致性這兩個條件並舉時，顯然不能簡單地歸結為巧合。在各自的土地上獨立發展的兩種文明，它們之間的一致並非通過相互學習或文化借鑑而得來。兩種文化現象中的相似性及其各自顯示的成功結果，多少可以證明一條文化經驗——語言的統一為政治上的統一提供了有力的保證。

中國幅員遼闊，在這片土地上，即使同一個方言系統的人也各有各的鄉音。印加的情況與此相似，再加上其以征服立國的特殊性，轄治的民族眾多，語種不一，語言上的差異十分巨大。印加民族的對策是讓臣服的民族學習印加的母語，在全國推行印加「普通話」克丘亞語。

據說，統一語言的措施是由著名的印加王帕查庫蒂開始實施。歷史與傳說盛讚帕查庫蒂的開明有為。他深知學識的重要性，擴建修膳了建立在庫斯科的印加貴族學校，增加執教的智慧賢者「阿毛塔」的數量，同時開始推行克丘亞語。如果從歷史的視角出發，或許並不能將這項功績完全看作個人英雄主義。因為，正是從帕查庫蒂開始，印加的勢力越出了庫斯科谷地，擴展到非克丘亞語種的地區。對於交流的迫切需要，是促使語言政策出台的實際動力。

印加貴族學校的四年學制中，第一年學的基礎知識就是印加通用語言克丘亞語。學校面向本族的王公子弟，以及與王族一起生活的年輕的各地酋長繼承人，克丘亞語由此成為這些未

來的酋長得心應手的第二種語言。更重要的是，通過語言訓練，還傳授了更為邏輯化的思維方式，以及與思維方式有關的符合印加理想的性格與理性。

對於各地實際管理者的思維改造，還包括一個重要步驟；這個作法自古以來，始終施行：每當一個新的王國或省分加入印加版圖，這一地區原先的統治者及其家人隨即來到京城小住，學習通用語言，並感受印加律法的高尚合理。可見，印加各任國王對語言與統治的密切關係始終了然於胸。印加學校在具體的教學安排中也講究方法，貴族子弟的語言教師往往也是精通各民族地方事務的專家。

印加的貴族學校是這個國家中唯一的學校，擔任教師的聖賢哲人「阿毛塔」們也都聚居在首都庫斯科。在貴族學校中雖以集中教學的方式傳授語言，但對整個國家統一語言的工程來說，這部分的工作儘管重要，所佔的比重卻很小。在全國範圍內，語言教學是以另一種方式深入各地。

印加帝國通過向各省派遣語言教師，向當地居民傳授「普通話」。這些教師出生於庫斯科，操純正標準的首都語言，他們被派往外地，承擔這項使命。為促進教學，印加政權採取了一定的鼓勵措施，比如賦予前往地方的教員以高於當地人的身分和特權。他們還可以得到一些實際利益，在落戶的省分和村鎮中分得房屋、土地和產業。前往地方的教師一旦接受委任，就意味著告別首都生活，在地方定居。教師的家人和子女也隨同前往。印加王規定，教師的後人代代相繼，將這項工作徹底進行下去。

印加的語言工程大見其效，從帝國的最南端到最北端，印加王治下的國民，從貴族到平民，多能以克丘亞語進行交談。在這項工程中，政府的強制措施並非是絕對和唯一的作用力。

印加文明沒有忽視那些精緻而巧妙的細節，在一定的條件下，它們帶來的效用無法忽略。

比如，印加的官員委任制中規定：地方領主和軍隊將領及其子女，無論從事何種職業的印第安人，在工作交往中必須使用庫斯科語言克丘亞語。而在實際的人事安排中，也只有那些熟練掌握這種語言的人才能賦予管理國家事務的權力和地位。印加官員在安排國家職務時，優先任用通用語（普通話）講得較好的人。客觀存在的競爭機制與工作壓力，促使在成年後必將擔任各種官職，從事專門職業的印加貴族子弟切實地重視克丘亞語的學習。

在平民中，起到同樣的積極效果的機制則更加微妙。來到首都庫斯科或其他大城市的普通印第安人從事普通的手工作業，並沒有教師講授語言規則和方法，幾個月之後，就能學會流利的首都語言。那些侍奉酋長、領主的僕從在首都生活了一陣子之後，也都改變鄉音，紛紛操起首都語音。因為首都語言也就是貴族語言，當這些人回到家鄉，流利的首都語音將使他們獲得別人的尊敬。而那些曾在首都執事的人，回到家鄉後利用語言的便利，與當地的上層人物交往，更為自己的身分地位增色。這些成功人士的範例足以激起普通百姓學習語言的渴望，為通用語的普及推波助瀾。

在國家統治中，通用語的普及有著重要的政治功用。首先，印加王就希望同其不同部族的臣民直接交談，聽取意見，發布詔令。神話時代，國王的話語總是被視作金口玉言。印加王講述的話語就是神的話語，由他親自講述最為神聖，使聆聽者深感榮幸，同時也最有約束力。如果通過大臣翻譯轉述，這方面的心理效用就會大打折扣。由一種神聖的語言頒布神聖的政令，也能在整個帝國中造就「一以貫之」的文化向心力。其

次，使用通用語言，也能讓不同部落民族之間相互交流，消除民族間的矛盾和隔閡，減少了由內部不和造成的分崩離析的危險。「千里傳音」的高超文化功夫與「天下一心」的繁榮盛世景象，兩者密切相關。

踏上印加土地的西班牙人也不得不讚歎語言工程的巨大便利。人們注意到印加王只用為數很少的法官即成功地治理整個國家，而西班牙人派遣了三百多名督辦管理印第安居民，總因人手不夠而捉襟見肘。或許正如一位西班牙人所說，其中的主要原因在於印加帝國覆滅後語言復歸混亂，人們無法構通思想，也就難以管理。

有意思的是，在向印第安人傳播基督教的過程中，事實證明，某些開明教士的舉動值得推廣。他們「屈尊」學習印第安通用語，並藉此向當地人傳播福音，取得了良好的效果。他們感受到，其中的原因不僅在於方便土著理解，還因為通過語言學習，能夠開發印第安人的智力，使其增強理解力，更快地掌握和理解事物，轉變為通達事理和較有教養的人。

語言的統一也有助於人們相互理解與和解，產生和睦精神，達到真正的團結、友愛。這也是符合基督教理想的有利因素。用印加通用語傳教，受到人們的歡迎，傳教的效果遠比使用西班牙語好得多。拾了印加普通話政策之牙慧的西班牙傳教士，似乎已深諳印加語言政策中的奧旨。

Chapter 5
治國之道

「權力金字塔」

印加王的統治，有著一套行之有效的行政體系，對整個帝國進行了層層劃分，對官員的安排也自上而下，逐層深入到了社會基層。這種統治方式完全可以冠以印加「金字塔」之名。這個「權力金字塔」一層疊壓著一層，基礎部分則是無數個類似「保甲」的單位。除此之外，在這套系統中，監控和挾制機制也十分出色地起了作用。因而，印加「權力金字塔」機制謹嚴、有效，自上而下，令行禁止，居上者如臂使手、如手使指，運作得相當自如。

讓我們從萬人之上的印加王說起。自上而下，帝國的第一個層級是根據版圖劃分為四大版塊，即安蒂蘇尤、孔蒂蘇尤、科利亞蘇尤、欽查蘇尤這四個方面區域。相應的行政機制就是在印加王下安排了四個行政區的最高長官「蘇尤約克——阿普」。這四位總督並非孤軍作戰，他們有擔負專責部門的委員會協助。總督一年中部分時間居住在首都，保證「國務理事

院」的正常運行。在他們之下的層級是統轄四萬戶的軍區。可以說，軍區長官層級是印加帝國的「方伯」或「巡撫」。再向下，全國各地的行政體系是按照 5 和 10 進制逐層遞進的。

自下而上的等級序列如下——

【官職】	【統轄戶數】
一　皮斯卡—卡馬約克	五
二　昌卡—卡馬約克	十
三　皮斯卡—昌卡—卡馬約克	五十
四　帕查卡—卡馬約克（即原有村社）	一百
五　皮斯卡—帕查卡—馬約克	五百
六　瓦蘭卡—卡馬約克	一千
七　皮斯卡—瓦蘭卡—馬約克	五千
八　烏努—卡馬約克	一萬
九　瓦烏尼（即軍區）	四萬
十　蘇尤約克	四大行政區
十一　印加王	印加帝國

實際上，印加的統治序列也非憑空構造，它繼承了部族社會結構的原有組織，並對這種組織加以放大和進一步條理化。印加帝國脫胎於部落聯盟，它的統治結構以原有的「村社」為基礎。「村社」就是起源於共同祖先的大家族，在帝國的「權力金字塔」中，百戶長的職權相當於原有村社的氏族首領。從村社這個角度，可以看出各級官員的性質，也可以理解他們彼此間的權力範圍。

在上述層級中，第八、九、十、十一等可以另當別論。

有些著作不承認五戶長的實際作用，認為印加的基層官員

是十戶長昌卡——卡馬約克。十戶長、五十戶長、百戶長、千戶長對其下所屬的人進行全面監督。印加官名中的「十」、「百」、「千」等等，未必都是實數，十戶長管轄的「昌卡」，往往是包括男女老少六、七十人的一個大家族，大體可出十名壯丁左右；而千戶長治下，據後來西班牙人入侵時的觀察，有的已經達到六萬人之眾的程度了。

十戶長其實就是大家族的一家之長，其他各級官員也分別是原有各個家族、部落的首領。但印加的行政勢力還是有條不紊地滲透到管理層的內部。比如在「萬戶長」的級別上，安排了來自印加貴族的長官進行統治，對所屬地區的部落酋長庫拉卡和其他官員進行管理。還有，從國家統治的角度來講，在印加，真正重要的官員是從首都出發，巡視四方的欽差大臣「圖奎·里科克」。

印加的執法機構與「金字塔」相配合。在城鎮或小社區裡，有低級行政長官組成的法院負責審理輕罪案件。較為重大的案件則遞交較高級的法官審理，這些法官一般由地區的長官或統治者兼任。

十戶長所負的責任是雙向的：一是申訴權，代表老百姓向政府要求援助；一是監控權，一旦出現犯罪，就要把肇事者交付審判，不同程度的案子交由不同等級的法官處理。各級法官接到案件之後，必須在五天之內做出判決，普通案件往往一審就結案，對罪犯進行懲處。

「金字塔」越靠近基礎部分，與氏族血緣的關係就越是密切，這樣就容易導致徇私舞弊的缺陷。印加法律對此也預作防範。由宗教信仰作背景的法律制度，使得法官的職責唯有遵守和服從規定，而不能任意妄為、胡亂變更。法律對各項罪行親定了相應的刑罰，法官必須照辦不誤，否則就是違抗了太陽神

的化身印加王，必須以死謝罪。這就在一定程度上杜絕了因私徇情的方便之門。此外，印加司法制度還採用了其他輔助措施來保證整個制度的良好運行。

一般法官受理的案件以及做出的判決，必須以結繩記事的「基普」方式，每個月向上級彙報工作，上級官員根據繩結，就可了解基層的情況。依此逐層上述，直到最高一級——由四個行政區總督組成的國務委員會。上級官員在了解下層民情的過程中，監督和審查下級執法是否公正；如果發生執法不公的情況，經辦官員就會受到嚴厲的處罰。這種作法好比每個月對各級官員進行考核，促使官員們秉公辦事。

委派欽差大臣更是一個控制全局的有效辦法。印加帝國最為重要的官員是巡視各地的「圖奎·里科克」，意思是「監察一切的人」，相當於欽差大臣。他們在全國各地巡視，常由一名掌管結繩記事的祕書兼會計「基普馬約克」陪同前往。巡視時，要求村社的所有人眾集中起來，清查人數。為確保全面和公正，那些臨死的人也要出席，但被編入無勞動能力的孩子組別之中。欽差大臣進行人口調查，從中選拔出美麗的女子，送往貞女宮，奴隸子女和一些罪犯被納入奴隸雅納科納的隊伍。一地的人口增長到需要任命新的「皮斯卡」、「帕查卡」等級別的官員時，就把情況記錄在「基普」上，及時報告印加王，以增設官員。他們在各地的巡視，起到了稽查官吏的作用。調查中，如果發現官吏有不法的劣跡，便通報有關上級，及時予以懲處。「圖奎·里科克」的實地巡察，也有助於他們為帝國興建各項重要工程提出符合實際的合理化建議。

印加的官吏任免機制為其政治清明提供了保障。各級官員由印加王任命，也可隨時撤換。官員如有執法犯法之類情況，一經發現，就嚴懲不貸。如果官員玩忽職守，未盡心力，也視

同犯罪，要根據瀆職後果的嚴重程度受到相應的懲罰。各級法官被要求在五天內查清案件，即使僅僅逾期拖延一天，也被認定為態度懈怠，是要受到懲治的。

印加帝國整頓吏治的一條辦法，看似簡單武斷，其實易行而有效：官員玩忽職守，如沒有查處某一罪行，就要承擔同等罪行，受到與罪犯相同的刑罰。要知道，這可是非常嚴重的懲罰，因為一般情況下，即使罪行較輕，也多處以死刑。也就是說，官員稍有怠慢，就有性命之虞。並且，懲罰措施隨著官職的升高，越來越嚴厲。嚴厲的懲治起到了警戒作用，杜絕了龐大的官僚機器隨處可能出現的腐敗。據說，印加全國犯罪行為少之又少，官員們更是恪盡職守，無人逾矩。這就為印加帝國的嚴刑峻法做了辯護：條規上的嚴酷並不等於事實上的血雨腥風；相反，這個帝國因採取從嚴肅吏治開始的從嚴治國方式，呈現一派清明祥和的景象。

除了委派欽差，印加王也會不時地親自巡視全國。當國王的黃金肩輿蒞臨一地，普通百姓可以攔轎鳴冤，國王必定親自過問，當地法庭難以了決的懸案就可迎刃而解。國王前往一地巡視，好比對地方政治進行抽樣調查。人間神明——印加王的神祕能力是一柄懸在各級官員頭頂的達摩科利斯之劍，制控著所有官吏的行為道德——這是印加帝國吏治清明的一大保證。

「帝國社會主義」

十九世紀七〇年代，對印加社會的研究中首次出現了「共產主義」和「社會主義」的名詞。馬克辛・科瓦列夫斯基最先提出印加社會保留了農業共產主義關係的殘餘或古代共產主義

的因素。到了十九世紀末，學術界似乎公認了印加社會是古代社會主義國家這個稱法。此後，隨著研究的推進，上述說法雖然幾經修正，但始終不失為判斷印加社會類型的方法之一。二十世紀的研究者路易斯・包丁和馬松仍然認為印加社會是兼具社會主義性質和帝國特點的一個「社會主義帝國」。

研究者把印加社會稱為「帝國社會主義」，主要的評判標準是印加社會的生產頗符合「計劃經濟」的特點，印加的國家計畫深入到社會經濟的各個方面。但據此就把印加社會定性為「社會主義」國家，仍然不足以服人。研究界對此也發生了爭論。近來的研究者指出，在古代印加社會中，國家的作用或許並沒有原先以為的那麼重要，反倒是原有的氏族部落作為相對獨立的經濟結構和社會單位的作用卻不容忽視。

對於印加社會採用的「計劃經濟」，與其據此草率地定義為某某主義國家，不如更為中肯地認為，印加文明在特定的社會歷史條件下，在經濟上採取了有針對性的策略。

儘管印加社會已經相當「文明」，但印加人的生活中卻沒有貨幣。在印加的社會生活中，似乎還沒有產生對貨幣的需求。與印加人生活關係最大的經濟活動是繳納賦稅，但這項活動完全是以實物和勞役的方式完成。

印加人的第一項賦稅是糧食稅，即太陽田和印加田的收穫。糧食的生產正如前文所述，是國家計劃經營的。在第二項勞役稅中，有相當一部分是由全國各地百姓出力，根據帝國的統一安排，製作各種用品，如帝國範圍內配發給平民百姓所用的衣服什物，士兵出征所需的軍服、鞋子和武器，王公貴族的高檔消費品等。

在各種計劃生產的產品中，衣服是最大的一宗。印加人的穿著，根據社會身分，分為三等。普通人穿著粗織品「阿瓦斯

卡」，將領、酋長、官吏等一般貴族的衣服則是色彩鮮艷並可兩面穿著的「孔皮」，王室成員的「孔皮」最為高檔精緻。紡織原料分畜毛和棉花兩種，各地須上繳並存放於公共倉庫，再由國家將這些紡織原料按需調配給各地，向寒冷的山區供給毛料，平原、沿海地區則得到棉花。當然，這種分配與兩種原料的產地一般也不相悖。不論是以畜毛還是以棉花作原料，紡線這道初級工序都是由婦女擔當。但有趣的是，只有百姓穿著的粗衣常服才由婦女縫製，而精緻的衣裳「孔皮」則必得由真正的印加公民——男子製作。

帝國的計劃經濟也有其合理之處。比如普通衣服安排就近的原料地生產，但製作精美衣服的上好原料則專門撥發給工藝高超的省分加工。所有製好的成衣都上繳國庫，再由帝國根據不同的等級統一分配。再如，各種武器，如弓箭、長矛、錘斧、繩索、盾牌，分別在各種合適原料的產地安排生產，再進行統一調配。總之，繳納賦稅的總體原則是因地制宜，各地上繳的數量、織品的種類和質量，都由首都庫斯科根據各地的情況做出決定，然後合理分工。

了解了印加的稅收情況，不得不讚歎印加「計劃經濟」的嚴密。這種方式在當時的經濟情況下發揮了最大的效用。印加社會的經濟一體化，在生產力水平較為低下的條件下，以較為經濟的方式組織起社會生產，並且在如此大的地域內成功地做到了經濟體制的運行有序，這不能不令人佩服。印加帝國的「計劃經濟」，還對勞動力做出了統一的安排。

研究者指出，印加社會中存在著三種勞動制度——

一、耕種公社田時採用的互助合作法，稱為「艾尼」；

二、印加田和太陽田中的義務勞動，稱為「明卡」；

三、勞役制度——「米塔」。

據記載，印加國家有一條「米塔查納奎」的法律：建築公共工程等大型勞動需要集體合作。在勞動人員的分配上，按照各地的土地數量和比例進行安排。每個省分、村莊、家族和個人只需完成分派給自己的那一部分。這種勞動按時輪換，務使勞逸均勻。

對米塔制度的清晰描述是：各個村社按 5％的比例，在25～50 年齡組的男子中，抽調勞動力參加勞役。服役期限不超過一年，期限過後就結束，調換同村社的其他青壯年繼續服役。服役者的份地由公社代耕，工具、飯食和生活必需品由國家供給。印加政府的服役制度比較溫和，做到了慮及勞動者的身體健康，根據工作性質、勞動者的年齡和身體狀況進行合理的安排。某些有生命危險的生產勞動，比如海底採珠、開採水銀礦等，被明令禁止。

印加社會以大規模的公共建設聞名。比如著名的王室大道綿延千里計波克拉、昆蒂蘇兩地的水渠長達六百多公里；巨大的太陽神廟，完全由巨石建造，單塊石頭就重達幾噸。印加人還在海拔六千二百六十四米的維爾卡班巴山巔建造了馬丘比丘城堡。如果考慮到這些建築成就是在只懂得使用繩索、撬棍的年代裡完成的，不禁令人稱奇。這絕非好事者杜撰的所謂天外來客的創造，也非古老傳說中神明的奇蹟；這一切完全是印加普通百姓的偉績。可以一同獲得榮耀的或許還有印加帝國的服役制度——「米塔」。印加的「米塔」制度發揮出了人類集體勞動的巨大威力。

特別值得指出的是，印加的「米塔」制度中存在著一·種近代國家也未必全能企及的政府態度——對普通百姓的關愛。印加帝國對服役者的狀況十分關心，工種的分配和勞動強度都以他們的勞動能力為限，不強加於人。對服役時間也做出明確的規定，最長期限不超過一年。期限過後，服役活動轉由其他

的村社成員承擔，後來者接替工作，繼續為龐大的工程添磚加瓦。輪換的方式起到了勞逸均衡的效果，避免了專職工作中產生的過度疲勞，同時也保證了百姓生活的正常進行。

此外，「米塔」制度實行了類似承包製的方法，對每位服役人員規定需要完成的勞動總量。在勞動過程中，服役者的家庭成員也可以前來協助。在家人幫助下，提前完成工作份額，便可役滿回家。以上措施，在給服役者帶來種種便利的同時，也不為人所察覺地引入了一種積極的性質。

印加勞役制的積極性質，經由西班牙人統治期間的對比，越發顯著。西班牙人沿用印加「米塔」制以使百姓為自己效力，但僅得其形而實喪其神。像是銀礦開採中採用了「米塔」制，將服役人數占勞力的比例提高到 14%，而且提供的勞動條件極其惡劣。礦工每天在井下勞動 18 到 22 個小時，過度勞累和環境惡劣造成了礦工成批死亡。高達 80% 的死亡率，就連西班牙國王和教會也深感恐慌。被西班牙式的「米塔」制徵發的當地百姓，把服役看作如同被判死刑一般，出發前就事先舉行葬禮。西班牙人的作法不顧百姓死活，無異於「殺雞取卵」。

制度，大體還是那個制度，但內在的宗旨一變，結果就有霄壤之別。可見，印加帝國原先的勞役制是具有愛民精神的。從歷史的成因上看，印加的「米塔」制度在實際施行中，借鑑了村社「艾柳」團體中始終存在的鄉民勞力互助形式。說它是「印加帝國社會主義」的體現之一，也不無道理。

普天之下與個人門前

農作生產對於以農業為生的國家，自然是立國之本。而在

農業生產中，土地制度更是一個上至國家的經濟命脈、下至個人生存的關鍵問題。土地制度歷來是農業國家的根本大計。

印加這一農業文明又是如何處理土地問題，如何安排土地的所有權歸屬和使用、糧食收獲與納稅之間的關係呢？

印加土地的實際支配和使用是以「村社」——「艾柳」為自然單位。村社亦即氏族組織，村社成員出自同一個祖先，彼此均是一個大家族的成員，根據父系的氏族承襲稱呼姓名。村社本身占據一定的地域，擁有連片田地。村社區域稱為「馬克」，村社的土地就稱為「馬克帕查」。一個村社由相鄰的多個村落組成，每個村落在村社土地中分出村落土地「科亞克塔帕查」。這是土地所有權的現實狀況。

對此，印加王族「普天之下，莫非王土」的宣告顯得無濟於事和教條主義。或許，應該把它看作國家政權在有名無實之間題上的適度寬容，因為問題一旦轉向與農業生產密切相關的對象——農田耕地上，印加帝國的政策就頂真（認真）起來，決不含糊。

印加的可耕地叫作「查克拉」，「查克拉」的多少絕非一筆糊塗賬。對農田的實際數量，政府掌握著最牢靠的數據。每當在一地建造梯田，擴大耕地之後，該省的所有土地就被重新丈量。國王征服了新部落，丈量新領地的任務必然首先執行。土地丈量以村社為單位，分別進行。丈量獲得的數據，為土地分配提供了依據。

全部田地分為三份，分別稱為「太陽田」、「印加田」和「村社田」。

「太陽田」的收穫歸屬寺廟，為祭司所有。由這裡得到的農業產出，用來承擔盛大宗教儀式的耗費，維持神廟的日常用度，供養數量眾多的祭司。

「印加田」的收成歸王室所有，交歸國庫，用以維持龐大王族的生計，並供應政府的各種所需。

第三份「村社田」則按人口數平均分配。進行分配的每份土地稱為「圖普」。男子年滿 25 歲，結婚以後，就得到一塊足以維持夫妻兩人生活的田地，即一個圖普。結婚以後，每生一個男孩，這個家庭還可以分到一份圖普；生下一個女兒，得到半份圖普。兒子長大結婚時，父親把他出生時分到他名下的那份圖普交給兒子。兒子成家後，與妻子開始自己的生活，生計來源就依靠這份土地。

分給女兒的半份圖普不能作為嫁妝，跟隨她到夫家。婦女的「社會身分」並非天賦人權，只有當她在結婚之前或喪夫之後，在沒有丈夫供養的情況下，才給予考慮。結婚以後，她們不被算作受田的個人，在父母膝下時獲得的土地份額也被悉數收回。根據父母家庭的實際情況，如果需要用以撫養其他家庭成員，可以繼續保留；如果收成足夠有餘，就交還村社。

貴族在土地分配上享有特權。原先各個部落的統治者，即一地的酋長，仍然擁有當地最多的土地。為了滿足這個要求，印加政府做出了特別安排：計算人數時，把酋長的妻子、姬妾、子女、傭僕等等，即家裡的所有人口都計算作數，分配農田份額。這個數目自然很大。王族成員，在其居住的省分，按照酋長的標準，獲得當地最好的土地。這樣，印加王公在太陽田或印加田（很多人同時也是祭司）中占有公共的份額之外，還獲得一份土地。

普通人的「圖普」，理論上不是終身制的，土地和主人的關係維持一年，一年之後，重新進行土地分配。但實際上，土地與人的關係並非經常變更，每次土地劃分，大都再次確定了原先的分配狀況。人地關係的長期穩定，有利於地力的維護，

這使耕種土地的使用者變相地成為土地的實際所有人。

各個村落在將其村社田按人口數分配之前，專門劃出一部分，其收穫屬於村落的公共儲備。公共儲備非常需要，可以用來應付村落公共事務的各種需求，像是接濟貧困的村民。這樣一來，每個村落的農田實際上就分為四個部分：太陽田、印加田、公共儲備和個人田產。

以上是對印加土地政策的官方陳述。

長期以來，西方史學家認為，古代印加的統治相當成功，其中，土地政策自然極為重要。實際上，印加的土地政策之所以能夠被接受，最重要的一點恐怕在於：印加的土地政策以及它農業措施保留了原有的地方經濟模式，並在此基礎上進行合理的再構造。「土地國有」有限地控制在概念範圍內，實際的生產活動仍然以村社為單位進行，原有的經濟板塊就此保留在整個社會中。

在原有的氏族部落中劃分出一定的土地，供養當地統治者的作法早已有之。印加王族的作法是在原有的經濟結構中加上新的貴族等級，並進一步使之規範化。這顯然是社會穩定和經濟運作的前提。

印加帝國後期曾採用大規模移民措施，在一定程度上破壞了原有的經濟單位——村社「艾柳」中的互惠原則，產生了矛盾。地方經濟與中央利益的衝突，與某些地區最後倒戈於西班牙侵略者，存在著某種聯繫。由此，也反證了原先經濟方式的合理性。

印加百姓在滿足自己生計的同時，還得完成太陽田、印加田的耕種。換句話說，他們上繳國家的糧食大約兩倍於自己的留成。比起中國周代的「井田制」，印加人交納的稅收看似沉重許多。如此重的賦稅卻未普遍激起民怨，這是因為：一方面，這種

體制與氏族公社原有的經濟模式相去不遠，人們除了維持生計，並無太多私有財產的追求；加之，淳樸的勞動心態、較和諧的社會關係、特定的宗教信仰都對此發揮了一定的效用。

　　另一方面，僅從「稅收」本身來說，糧食稅收通過土地三分法而獲得，這種方法本身也有它意想不到的好處。印加土地分為三份，客觀劃定了太陽田、印加田、村社田的範圍，這一來，就杜絕了按比例納稅可能產生的提高比率、加重負擔的可能。對於普通百姓而言，分得的一個圖普土地的產量足以滿足家庭所需，固定的收成數量保證了勞動者自身的生活。況且，發生農業欠收之時，由國王的糧倉供給國民，進行全國性的賑濟，百姓的生計由此得到了可靠的保障。

　　對普通百姓而言，勞動的目的由原先供養酋長轉而服務於國王，似乎並無過多的改變。勞動者的生活總是如此，忙碌於地頭田間，出入於家庭農田，日子就在自家門前度過。而「普天之下，莫非王土」的土地產權與他們的日常感受並無太大的關聯。

人定勝天

　　有研究者認為，在西班牙人到達美洲之前，印第安農業剛剛足以維持當地人口的生存。儘管如此，我們也要承認，在當時的條件下，能夠解決所有人的吃飯問題，確實是一項了不起的成績。在這方面，最為突出的是人口眾多的農業大國印加。

　　首先要考慮到，創造出燦爛農業文化的印加起自於不甚理想的基礎條件。印加國家雖然幅員遼闊，但國土的主要部分為安第斯山脈佔據。一馬平川、良田萬頃的美好圖景對這裡的山地民族而言，太過陌生。

印加人的農業可以說是在安第斯群山中見縫插針。印加農業的集中地區是安第斯山脈的幾塊谷地。與四周少土寒冷的山地相比，山谷地區的農業條件相對良好，比較適宜耕作。在生存法則的作用下，這裡自然吸引了為數眾多的農業人口。事實上，這些為印加人青睞的山谷，對農耕而言，也並不是什麼絕對的「風水寶地」。由於兩旁山岩險峻，山坡陡峭，夾雜於其中的山谷受山勢影響，既深且窄，僅有的那麼點山谷地域顯得更加彌足珍貴。不僅如此，山谷的氣候條件也受到山區環境很大的限制，每逢雨季，連續降雨形成的積水順沿山勢滑坡而下，許多泥土為雨水沖刷帶走，農業生產所依賴的土層遭受很大的破壞。而且，雨季的多雨也並不意味著常年降水充沛，雨量在不同的季節反差很大，每到旱季之時，谷地便乾旱缺水。因此，居住在這裡的印加農人既懼水患，又怕旱災，一年到頭為此奔忙，實在談不上得地利之便。

　　印加國土地形狹長，一面臨山，一面瀕海，沿海居民雖然躲過了山地的惡劣條件，卻不得不應付另一種極端困難的情況。印加的沿海地區從現今的秘魯沿海地區中部開始，沿著安第斯山麓，一直延伸到智利北部，是一片沙漠地帶。這裡氣候乾燥，乾旱少雨，有些地方甚至終年沒有雨水，整個區域內也只有為數很少的個別地區具備了較好的農業條件。在烏魯班巴河、阿普里馬克河、盧林河、馬臘尼翁河、里馬克河和其它幾條河的河谷地帶，天然擁有土壤和水利的便利。對廣大的沿海地區而言，這些為數不多的河流顯然只能給臨近地區帶來利益，不可能影響到整個區域。因而大部分土地仍然是貧瘠的砂土地帶。

　　儘管面臨著如此不理想的農業條件，印加民族仍然以他們獨特的精神和智慧，克服了種種困難，取得了很大的成績。印加民族栽培的農作物約達 40 種之多，其中有不少品種在當時

的美洲大陸上絕無僅有。在山區，適應高原環境的畜牧業也得到了發展。居住在現今秘魯南部和玻利維亞山區地帶的印加人飼養由野生駱馬和羊駝馴化而來的家養品種，這兩種牲畜是高原的特產。最為突出的是，生存的力量使印加人不斷開拓耕地，將農業生產區域從山谷低地一直推進到海拔四千米的高度，玻利維亞高原的廣大卓原地區在當時就被開墾耕種。耕地面積的增加，使得更多的人口得到安置。在如此不利的條件下，印加民族在農業上取得了這樣的成績實屬不易，可以說是在這片貧瘠的土地上出現的一項農業「奇蹟」。

使得這一「奇蹟」得以實現的重要原因是：印加人手中有兩個「法寶」。

印加地域多為山區，多石少土，不宜耕作。這個先天命定的缺陷似乎絕無克服的可能，印加民族卻成功地利用了山坡地區，這些貧瘠的岩石地帶神奇般地被「點石成金」、變廢為寶。印加人懂得向山岩討農田的好辦法——修建梯田。建造梯田　辦法其實也並不是印加人的創造發明，他們的農業技術是在繼承前輩的農業傳統和耕作經驗的基礎上得到了進一步的發展。修築梯田的辦法在印加國家形成之前早已有之；應該說，這是當地居民應對山地條件的合理對策。在印加帝國的形成過程之中，印加文明的影響範圍不斷擴大，把行之有效的農業經驗（如梯田）以政府措施的方式，推廣到全國各地，就是其中一項。

山崗的情況有所不同。有的山坡表面雖然有厚實的泥土，但過於陡峭，人無法在其上行走，更談不上在土地上翻掘農作，因而即使有了泥土，也無法耕種、有的山崗則為大大小小的石塊所佔據，無法有效地利用山坡面積。印加人針對這些地形條件，把山崗改造成梯田：用石塊在山崗上逐層砌蓋一定高度的「圍牆」，並在各層「圍牆」內填上平整的泥土；有時由於岩石構造

的山體凹凸起伏很大，開墾的每層梯田必須鋪蓋上很厚的泥土，才能符合耕種的要求。人們事先搬走山坡表面堆積的石塊，並從其他地方挖掘適宜農作的泥土，運送至新建的梯田。由下而上，逐層建造，從山腳到山頂，形成了有規律，逐漸收縮的形狀。最下面，環繞山麓的第一塊梯田面積最大，可能大到幾百英畝，可以播種五千五百到一千五百公升左右的種子。第二塊比第一塊稍小。直到山巔的最後一塊梯田，只能種兩、三行玉米。

古印加人沒有現代化的機械，甚至還不懂得使用鐵器，但他們以不倦的勞動，發揮了集體勞動所具有的巨大能量，取得了令今人驚歎的成績。比如建造梯田這樣一項艱巨的工程就是其中之佳例。

印加人建造梯田所用的泥土，有的遠道而來，有的就近取材。人們為得到適合耕種的泥土，不辭辛苦地深掘山谷中的土地，以求在乾燥的表面土層之下，能夠翻掘出天然的濕土層。這樣為梯田用土而挖掘出來的凹地坑洞，面積往往很大，通常一個凹坑的面積就有一英畝之多，深度達 15 至 20 呎。這些大坑的內壁四周用土埋或用被陽光晒乾的土磚砌成保護牆。可能是出於保養地力的考慮，人們還在這些凹地的底部，特意施以有高效肥力的沙丁魚。

建造梯田是針對多石山地的對策，而針對乾旱少雨地區的措施則是建造水利設施。印加的水利建設尤其傑出，地下輸水管道的規模異常宏大。波克拉和孔蒂蘇尤兩地的水渠，長度分別達到六六八公里和六四〇公里。地下水管不僅在長度上令人稱奇，還在製作工藝上使人嘆服。水道由大塊的砂石板砌造而成。和印加時代的其他建築物一樣，水渠的接合也沒有使用黏合劑，卻結合得十分牢固。

印加的地下水渠不亞於任何宏偉的地表建築。當時民眾沒

有鋼鐵工具，全憑膂力擊碎石塊。遇到深溪，就追溯源頭，阻斷水流，遇到山嶺時就劈山引水，整個工程必須排除萬難，才得以完成。而水渠的建造又講究盡善盡美，外部以寬大的石板覆蓋，每塊石板長約一・五米左右，寬度超過一・二五米，六面經過打磨，石塊與石塊依次排放，互相黏合。在石板之上，再植以草被，以利堅固。水渠的源頭一般是高山湖泊，或是那些由於積儲降雨等其他原因而形成的天然蓄水池。印加的地下水管從那些較大的湖泊、水池處開始鋪設，還巧妙地利用了當地的水利資源，沿線途中，不斷從一些小型的湖泊、池塘中引水，不時補充水源。地下水道設計暗溝和水閘向外排水，成功地解決了所經之處的用水問題。

印加時代的水利系統翻山越嶺，綿延幾百公里，僅從建築學的角度來看，就是了不起的成就。在構築地下水管時，有的部分需要開鑿山崖，打通堅硬的岩石，有的部分繞山而過，穿越河流和沼澤。如此艱巨的工程，在沒有鐵器的時代得以完成，委實令人驚嘆。

這套複雜的水利系統在西班牙人到來以後，由於疏於管理，遭到損壞，很多部分為垃圾阻塞，早已失去原有的功能。隨著時間的流逝，在這片土地上的後人已經無人能指出管道的實際路線，也沒有人能夠斷定，在自己手中的片片良田絲毫沒有得利於前人修建的水利工程。有的地區還保留著印加水道的遺跡，比如納斯卡河谷還留有印加時代的古代水道，深度為四或五呎，寬度為三呎，由大塊石

・印加水道遺跡

頭建築而成。遺憾的是，這段水道從何處而來，已經無人知曉。

從地力中謀地利

印加人以不屈的精神，克服了自然界的巨大阻礙，成功地建設起了以水利系統和山嶺梯田為代表的印加農業；並且在與外界保持相對獨立的情況下，獨立馴化培育了四十餘種農作物，佔全人類歷史上全部馴育作物品種的五分之一左右。印加人的主食玉米和馬鈴薯，也是整個印第安美洲的基本口糧。看來，它們是特別適宜在這塊大陸上生長的作物品種。在這四十多種農作物中，也有不少品種為其他地區所無，是名副其實的印加特產。印加民族不僅成功地解決了自己的生存問題，也為整個美洲，乃至為整個世界的農業做出了貢獻。

一個普通印加農人的生活並不為出生於我們這個文化中的人所理解。他們的生活缺少安謐寧靜的田園情調，遭遇的是另一番嚴酷的光景，稱得上是一場發生在人與自然之間的競爭。

這個狀況是印加特殊的地形條件、氣候因素所造成的。大自然似乎對這片土地上的人眾尤其苛刻。可以說，在印加農業這場人與自然的「戰爭」中，人這一方面在「天時、地利」這兩個條件上本來就先天不足。

我們舊大陸住民所熟悉的農業方式，大都依賴於季節氣候的變化，依靠農作物自然的生長條件，所謂春耕、夏種、秋收、冬藏，有「不違四時」之說。印加地域內，垂直落差巨大的山地高原和沿海平原各自有其相對穩定的氣候狀況。因而，印加的大部分地區沒有明顯的四季變化，一年四季氣溫恆常。

高原地帶全年寒冷，一年三百六十五天，至少有三百個夜晚會發生霜凍。相反，沙漠地區則常年燥熱缺水。因此，適合於大部分農作物生長的必要「天時」條件——「寒來暑往」、四時更替，在印加人的農業生活中，歷來無從說起。

其次，農業生產必不可少的土地，在印加其實是一樣珍稀品。高原上山巒起伏，岩石燐絢，土壤匱乏。我們已經知道，印加的農業密集區處於高原地帶。在這片寒冷、多石、少土的地區，竟然養活了兩百萬人口中的絕大多數（另一種說法：印加的人口達六百萬），令人不得不驚嘆印加農業生產確實創造了奇蹟。

或許，印加人根本無從比較，也就並未意識到自己所處的環境，相對於地球上其他農業地區，是如何地缺乏良好的自然條件。在缺乏「天時」、「地利」的情況下，印加民族以可貴的「人和」，克服了似乎難以逾越的天然障礙，建立起以水利和梯田為代表的印加農業文明。印加人最終證明了在這場人與自然的角力中，人的不屈不撓的精神所擁有的巨大能量展現了人的尊嚴。

印加民族以「人」的力量，甚至部分地改造了客觀世界。在他們的努力下，獲得了原先並不具備的某些「地利」的砝碼，使得人與自然較量的天平向「人」這一邊傾斜過來。這其中的重要原因就是印加民族採取了從「地力」中謀取「地利」的辦法——他們已經懂得使用「施肥技術」。

從一定程度上來講，瑪雅文化滅亡的原因，可以追溯到他們農業方式上的局限。瑪雅文明得益於刀耕火種的遊耕經濟形態，卻也受制於這種方式。刀耕火種的方式，短期內能夠取得農業收成，卻在數年間耗盡了地力，不得不實行休耕、輪作。這種辦法，顯然不能適應人口的日益增長，不能維持一個文明

地區的長期繁榮。

印加農業則已經發展到了更高級的階段。儘管印加帝國的某些地方仍然保留了刀耕火種的遊耕方式，一塊地連耕幾年之後就要拋荒，但在其他很多地區，已經有科學施肥以保養地力的系統作法。印加人熟悉各種不同的肥料，並在農業生產中，大量加以使用。這種情況，經西班牙人的了解與傳播，引起歐洲農業學家的特別關注。特別是印加的部分平原、低地的熱帶地區也實行肥田，這在世界其它熱帶地區實屬罕見。與同時的熱帶地區相比，印加的施肥農業是一個很大的進步，即使美洲其他文明沒有採用同樣的辦法。對印加人來說，使用肥料並不是一個新發現，長期的農業實踐，使得他們熟悉各種肥料的性質，並根據不同地區的實際情況，採用不同的肥料。

高原地區的農業，以首都庫斯科附近的高地為例，農人們使用的主要是人糞。在平日的生活裡，農民們就注意堆積這種糞肥。他們把人糞在太陽底下晒乾之後，打成粉末狀，再施到田地裡作底肥。其它的高原地區，在農業之外，同時具有畜牧業的，除人糞之外，還利用牲畜的糞便。駱馬和羊駝的糞便就是效益很高的糞肥。

沿海地區，從今天秘魯的阿雷基帕到智利的塔拉帕卡沿海一帶，則利用另一種效力極高的肥料——鳥糞。沿海有許多無人居住的小島由於人跡罕至，野生的海鳥就以這些島嶼為家，自由生息。海島上，鳥糞大量堆積，形似一座座小山丘。鳥糞形成的山崗表面覆蓋著一層鹽鹼殼，西班牙征服者把這些肥沃的山峰叫作「雪山」。海島的鳥糞是一種肥力很強的上好肥料，印第安人稱之為「瓜諾」。「瓜諾」在印加農業中被大量使用。

可能是出於對糞肥的需求，印加人十分注意保護鳥糞。在海鳥繁殖季節，印加帝國明令禁止任何人上島，以免海鳥受到

驚擾。任何違犯禁令者都要受到死刑的懲罰。政府還規定，無論何時何地，殺死海鳥者也要被處死。這些措施有效地保護了海鳥的繁育，保證了海鳥的數量。真正目的當然是維護鳥糞的來源不致枯竭。

鳥糞的使用也受到嚴格的管理。沿岸各個小島上的鳥糞，使用權屬於附近的各個指定地區。如果一個島的面積很大，肥料足敷幾個地區之用，就把這個大型海島分給幾個地區共同使用。但在彼此之間劃分了清楚的界線，每個地區在劃定的區域樹立自己的標記。如此清晰的劃分，是為了防止他人盜肥。在每個地區內部，做出更加細緻的分派，給每個村社指定一定的份額。村社再按每個居民的需要，平均分給一份。印加法律規定，如果有人侵佔別人的肥料，他即犯下嚴重的偷竊罪，必有殺身之禍。因此，一般人都自覺地遵守有關規定。

需要指出的是，對於鳥糞的嚴格管理，和其他事務一樣，也並非印加帝國時期的首創，而是沿襲印第安部落生活的軌跡而來。很多書籍記載，平均分配田地、劃分海灘，是原始生活的一貫作法。分配肥料也不外乎此。有趣的是，似乎是為了保證一種絕對嚴格的分配方式，各個村莊的所屬物產有時可能遠在多天路程之外。但人們卻能夠謹嚴而無怨地執行規定，不去貪圖近利。

高原與沿海地區之間，每年在收穫季節之後進行的貿易交換活動中，鳥糞是沿海居民帶來的重要物產之一。或許可以說，在普通印加農人的樸素生活中，肥料是他們施加給大地的一份希望，也是他們最為珍貴的財產之一。

取之於民，用之於民

　　「民以食為天」，任何國家都懂得「手中有糧，心中不慌」的樸素道理。印加軍隊在征服戰爭中，採用圍困對方，使其斷糧的戰術，屢屢被證明行之有效。與此同時，每一次包圍戰，不消說，是對糧食重要性的又一次重申。

　　西班牙人在抵達印加之時，對於當地倉庫的收藏大為驚奇。在這個國家的倉庫中，儲藏著玉米、古柯、昆諾阿黎、毛織品、棉織品，以及金質、銀質和銅質的器皿用具等等，糧食、衣物、日用品一應俱全，囊括了印加國家的所有物品。尤其令人驚訝的是糧食倉庫，糧食的儲備量足以供給附近居民消費數年。

　　印加倉庫的儲藏品呈現出兩種不協調的狀態。一方面，他們的倉庫似乎並不是為了儲備緊急物資。儲藏種類繁多，包括一切實用品和奢侈品。無論平民或貴族，只要從倉庫中領取所需，和平時代的日常生活可以照常繼續。任何必需品或享樂品都能在倉庫中獲得令人安心的保證。另一方面，糧食儲備的特別富足，似乎暗示了一種對戰爭與災荒的特別關注和警惕。

　　或許是出於居安思危的志下心，或許是發自泰然自若的信心，無論如何，印加百姓在這套複雜而龐大的儲與備的機制中，實際享受了國家儲備的好處。

　　整個王國中，糧食倉庫有三種類型，用途各不相同。每個村莊中設置兩種公共倉庫。第一類用於村莊的公共儲備，村社公共田地中的收穫存放其中，遇到收成不濟的年份，用來救助本村人的生活。第二類的實際用途是徵收糧食，儲存「太陽田」和「印加田」的收穫物，它們屬帝國所有。第三類糧倉設在村莊之外，建造在王室大道邊上，每兩個倉庫之間相隔 16公里左右。

這些寬大的石頭建築中放置著數量眾多的糧櫃。糧食收穫之後，先裝入糧櫃，再運送到糧倉。印加糧櫃名叫「比魯阿」，建築材料是泥巴和茅草——把兩者摻和在一起，用腳大力踩踏，使之緊密和牢固。印加糧櫃的形狀大致是櫃身狹長，櫃口呈四方形，規格多種，大小不一；可能是按一定的比例，用尺寸不同的模子製作而成。

糧櫃的高度一般與各自入藏食庫的牆壁高度相等。這樣的計算和安排，在空間上和經濟上最為合算。糧櫃放入倉庫時，靠近四面牆壁，排列成行。倉房的中間留出空地，每排糧櫃之間留出通道。糧倉正面，以一定比例的尺寸，開有幾個方形小窗。人只須站到窗戶外，便可透過小窗，察看糧倉裡的儲備情況，無需稱量，就可計算取用了多少糧食，還剩下多少糧食。

印加百姓上繳的賦稅之中，最主要的一項便是糧食，亦即耕種太陽田和印加田的收穫。到了收獲季節，屬於太陽神和印加王的糧食、果實就被專門存放進各村的王室糧倉。太陽田和印加田的收獲物放置於共同的幾座糧倉中，但各自的名目必須清楚分開。即使糧食果物的種類並無二致，並且儲藏在同一座糧倉裡，也要劃清究竟產自哪一類田地，並分開儲存。

對太陽田和印加田的收穫實行的「獨立核算」，其實早在播種之時已經開始。太陽田和印加田由印加百姓耕種，但播種所需的種子並非百姓所出，由印加王提供，或以太陽神的名義撥給。種豆得豆，種瓜得瓜，由太陽神、印加王的種子發芽生長的糧食自然屬於各自原先的主人。似乎是為了進一步界定神聖耕種相對於民間耕種的獨立性質，在為太陽神和印加王耕種期間，印加百姓的口糧也由太陽神和印加王分別供給。前來勞動的人只提供勞力和時間，不額外附加其他支出。同時，印加社會也認為這是一項惠民政策，即百姓無需從自己土地的收成

中向印加王繳納任何東西，哪怕是一粒穀、一顆粟。

　　這種作法的實際效用是區分糧食的不同用途，並通過層層截留的辦法，設置了多層次的預備機制，保障儲備的充分展開。而在當時的人們看來，與太陽神、印加王發生關係的事物必然沾上神聖性質，因而從播種到收獲，每個環節必須獨立發生，馬虎不得。在此機制上，糧食貯藏的實際效果相當理想，才會達到糧食儲備可供幾年花銷的程度。

　　為供應宮廷生活的日常開支，首都庫斯科周圍大約二五〇公里範圍內的村莊，在太陽田和印加田中得到的收獲，都須運往庫斯科城。首都附近的村莊是印加王宮生活物資的供應地。以糧食為例，這些地區除了生產糧食，供印加王及王族的生活所需之外，還須保證印加王有足夠的糧食可隨時調撥，用來賞賜前來朝覲的各地領主和酋長。

　　互惠原則在此又一次啟動。首都為了回報周圍地區的慷慨供應，允許這些村落可以從太陽田的收獲中留下一部分，存放入百姓的公共糧倉。在印加宗教的影響下，這筆恩賜的價值除去實惠外，還有更多的「利益」，因為印加王的糧食具有神性。在某些地方，人們想方設法得到這樣的糧食。他們認為，只需在一個糧櫃中放上一些這樣的種子，整個糧倉的穀物就都能沾光。

　　在印加王和太陽神的收入之間，還有一條原則。如果印加王由於連年征戰，消耗過多，印加田的收成入不敷出之時，他可以動用太陽田的收成。由此可以看出糧食儲備的備戰目的。這項原則的基礎是印加特有的祭司制度。印加祭司輪流執事，司職期間以太陽神的財產供養；而祭司在世俗生活中分有耕地，居家期間與普通人無異。印加祭司的「職業化」，與阿茲特克文明之類社會中的祭司「終身制」不同，使太陽田柑入大有結餘。從這個意義上說，太陽田的收入和太陽神的糧食儲備

是帝國的後備國庫。

　　第三類倉庫，即建造在王室大道上的倉庫，與上述糧倉有所不同，其中儲存的主要物品是軍需糧草、武器裝備、衣服、鞋子。王室大道的倉庫儲備供應過往的軍隊。這四種軍備物資均由附近地區出產，就近運送而來，足以馬上應付大量士兵的需求。

　　戰事連綿的情況畢竟很少發生，印加的糧食儲備機制更多地解決了和平年代的不時之需。備戰之外就是備荒。存放於倉庫中的糧食，主要的用途是在荒年賑濟百姓，平時則用來救濟疾病和災禍造成的貧困居民。因而，印加政府的作法後來得到歐洲同道的稱讚，當年西班牙卡斯蒂利亞王朝的文件就讚許道：「印加王的大部分收入，通過這一或那一渠道，又回到了人民手中。」

仁政與福利

　　普通印加百姓的生活既單調又辛勞。他們生活簡樸，同時也為繁重的勞役所迫，忙於完成各項勞作，操勞不息，因而沒有多少娛樂或消遣。生為一個印加公民，看來並非幸事。奇怪的是，當印加王國為西班牙人佔領，殖民者把許多當地缺乏的物種和消費品逐漸引進，可以說，整個社會由於「西化」，獲得了更豐富的生活物資，然而，那些原先的印加百姓並不感謝他們，反而怨聲載道。人們普遍感到，與西班牙人統治的時代相比，他們在印加王統治的時期，生活上顯得更好。

　　印加王在統治中，究竟使用什麼法寶，居然產生了如此特別的吸引力？印加百姓奉獻給印加王的稱號為「瓦克查庫亞克」意

思是：**窮人的保護者和恩人**。但這是從何而來？答案或許出人意表：人們回顧和嚮往的是印加時代的「公益」與「福利」。

印加帝國居然會以政府的形式關注公益設施和福利問題，聽起來似乎不太可能，它卻是個事實。

時間上與印加處於同一時代，地理上位於今天墨西哥的阿茲特克文明，可以提供一個很好的參照。與印加相似的是，阿茲特克人也熱衷於征服其他民族。但被它征服的民族只是單向地向首都阿茲特克納貢，各個僕從國仍然保持政治、經濟上的獨立。印加的社會結構與之有很大的不同。

印加帝國對被征服民族並不是簡單地採用阿茲特克人那種臣服納貢的「聯邦制」，而是形成一個真正意義上的統一國家政體。相應地，經濟上也採取了統一的國家化辦法。但印加的政治經濟措施無法脫離當時特定的歷史階段和特殊的社會狀況。恰當地說，印加的政治體制有機地完成了將原有的部落等級與國王、王族等新的社會等級的拼合；其經濟體制則是在原有的地方經濟版塊仍保持相對獨立的基礎上，成功地使原有的經濟模式發生擴展和遞進。庫斯科的統治在這個基礎上才得以實現。

從整體上看，印加社會使集體農業制度化，各地的生產勞動受到國家的統一規劃。國家管理通過類似「保甲制」的辦法，逐層深入到社會最底層，全面、詳細地了解土地條件、農業生產、田產收成等情況，合理地規定當地居民需要繳納的貢賦和提供勞役的數量。這種辦法，同時也使遭遇自然災害、飢荒、瘟疫、戰禍等不測事件的地區可望獲得帝國政府的糧食調撥、衣物供給等多項援助。這自然引發了人們的感戴。

在印加帝國社會化的生產管理中，國家集中了各種生產原料，以全國為範圍重新分配，進行資源的合理配置。如一些地區獲得帝國提供的毛織品原料，其加工產品一部分可以滿足勞

動者的生活需要，一部分則作為賦稅或勞役的替代，返還帝國中央政府。像這樣的互惠互利機制不僅於民有利，實際上也符合各個地方經濟板塊的利益。

長期以來為西方歷史學家稱道的印加文明，也確實有不少令人信服的舉措，使得這個社會在今天看來仍然極富魅力。這些舉措，其性質就與今日社會的公益事業和國家福利措施十分相近。

比如，重大的宗教活動「拉伊米」也是一個全國性的節假日，人們分得肉食，參加歡宴，盡情遊樂，休假時間長達數日。還有，皇家狩獵獲得的肉食也平分到各家各戶。這些辦法起到慰勞民生的作用，使百姓勞累的身體稍有恢復，困苦的生活略有改善。縱然老百姓的生活並無實質的變化，上層對下層的犒賞和慰問卻頗有融洽感情的效果。

這種辦法，在鄉間也如法炮製。各村村民每個月與各地酋長聚餐 2～3 次，席間開展各種軍事遊戲和民俗節目。這種作法廣受歡迎，有助於上下之間增進感情，相互之間和睦相處。這樣的場景與中國古代的「鄉飲酒」（周禮）何其相似。

印加社會的公益設施出現在各個可能的地方。比如年輕人結婚時，住房由社會統一提供；道路旁的公共驛站為路人準備了各種所需的物品，令人有賓至如歸之感；國家在各地設立公共房舍「科帕瓦西」，親切地招待朝聖者和行人過客——他們每到一處，就無償受到一切供應，花費全由國家倉庫承擔……

法律還規定，對部分社會成員實行免徵賦役的優待。享受這項待遇的人包括正在作戰的士兵和不滿 25 歲的男子。25 歲以下的印加男子被視為未成年人，無須為帝國擔負義務，只在家中幫父輩勞作。「優遇政策」的受益人還包括：50 歲以上的老人、所有婦女。

每個社會都有老、弱、病、殘等特殊人群，在關愛弱者的

問題上，印加社會恐怕也能夠成為其他社會的典範。弱者非但沒有被社會遺棄，反而享受到政府的特殊照顧。寡婦、孤兒、老弱病殘不僅得以免除賦役，還規定他們的分地要由同村的鄉親代為耕種；如果缺乏糧食種籽，就從公共糧倉撥給。殘疾人自己不能參加勞動，衣食無著，因而還得到一項特殊福利政策的照顧——他們一律由國家的倉庫儲備供養。征戰疆場的戰士在國家福利政策之下，不再有後顧之憂。由於出征，家裡缺少青壯勞力，士兵的土地同樣由同村人代耕。如果他們為國捐軀，留下孤兒寡母，國家會悉心照顧，她們的生活由國庫供養，留下的子女得到精心撫養，直到長大成人。除此之外，國家的「幫助窮人法」還規定，上述由身體殘疾等原因造成的窮人，每個月可參加 2～3 次公共聚餐。他們的生活早由國家負擔，這些公餐並不是為了減少他們的生活支出，而是讓他們聚在一起，能夠互勵互助，共同歡樂，藉以忘卻自己的不幸。

當然，印加社會崇尚勤勞，那些難以從事重體力勞動的老翁、老嫗和殘疾人免除賦稅之後，也必須做一些力所能及的事情。比如年老體弱的人拾綴乾草；盲人做些不需好眼力的工作，如專門剔除棉花裡的棉籽或給玉米棒子脫粒等等。殘疾人群中，聾啞人比較特殊，他們體格健全，因而不完全屬於這個群體，他們必須承擔無需說話和聽力就能夠完成的活計。

有趣的是，對上述這些享受社會福利的對象，有一項特殊的要求——他們要給自己捉虱子，並定期把捉到的虱子交給管理他們的十戶長，作為賦稅項目上繳。這一條，真正可見印加帝國的「仁政」。說穿了，印加王不是想吃「乾炒虱子」而到處收集，他只是不希望殘疾人不講衛生，導致增加病患。此外，他還讓這些殘疾人因此有工作收入，也同樣可以為他們所熱愛的帝國納稅，做出印加人的一份貢獻的自豪感。

Chapter 6
御民之術

十戶長與父母官

　　一名普通的印加人，從小到大，都生活在帝國政府的嚴密監護之下。因而有人說，印加人彷彿是永遠長不大的孩子。但另一方面，一個未成年的孩子在印加社會中卻也受到足夠的重視，被當成正式一員認真對待，他又有如一名成年人。

　　印加把全部居民進行細緻的劃分，一共分為 12 類（另一說：分成 10 類）。按照 12 類的分法，一個人在他的成長過程中，先後要被列入以下類別──

(1) 1～3 月「睡著的嬰兒」；
(2) 4～8 月「繈褓中的嬰兒」；
(3) 8 月～1 歲「沒保護的孩子」；
(4) 1～2 歲「匍匐的孩子」；
(5) 2～4 歲「易受驚的孩子」；
(6) 4～8 歲「未同父母分離的孩子」；

(7) 8～12 歲「孩子」；

(8) 12～16 歲「長大的古柯」；

(9) 16～20 歲「可能的送信者」；

(10) 20～40 歲「武士」；

(11) 40～60 歲「中年人」；

(12) 60 歲以上「老貪睡者」。

　　在印加，以一種類似於「保甲制」的辦法管理居民。不具一官半職的平民百姓受到最基層的十戶長監督。印加人之所以被稱為孩子，首先就與十戶長「昌卡—卡馬約克」的職責有關。十戶長所擁有的權限就好比父母的監護權，既有嚴厲教育的一面，又有關心愛護的一面。

　　十戶長的職責主要有兩項；一項是，當他管轄中的百姓有什麼需要，必須由國家、地區調控解決時，由他負責向上級長官申請，比如分發種子口糧、申請製作衣服的原料、要求重建毀壞的房舍等等。另一項是，當 10 人單位中有人犯罪，無論輕重，由他如實稟報負責治罪的官員。較輕的罪行由城鎮或小社區內的低級法官審理；罪行嚴重的，就報告更高級別的地區長官。

　　十戶長的愛與罰和父母無異。不過，不能忽視當時社會的實際狀況。印加國家，在管理上有著很大程度的原始部落制度的遺風，十戶長「昌卡—卡馬約克」或許就意謂著一家之長。這其中可能正透露了現代人稱呼的「父母官」、「衣食父母」的原始意義。

　　十戶長的工作非常細瑣和實際。比如，他負責每月上報出生和死亡人數。通過逐級累加，到年底，印加王即可掌握當年全國出生、死亡的總人數。個體的人是集體化的印加社會正常

運轉的前提條件。國務治理中，分派賦稅、勞役時需要根據實際人數進行計劃；建造全國各地的公共工程。例如，橋樑、道路、通衢等勞役活動，需要根據人口比例進行安排；印加軍隊是兵役制的，耕則為農，出則為勇，參加征服戰爭的士兵和運輸人員也是從民間按照比例徵召而來……此外，人口和經濟也大有關係。在人口數量的參考下，各地的收成情況更加準確現實，帝國也就能針對豐歉情況制定合理的對策。

印加人的生活勤苦繁忙，各種生產勞動主要是由年齡 25 到 50 歲之間的男子「普里克斯」完成，少年兒童幫助完成一些較輕的活計。辛勞一生，可安享晚年，男子年過 50 歲，就可免除體力勞動。婦女不在公民之列，但她們在家務勞動和農田活計中共同出力。在父母官悉心監護之下，一切都有條不紊地進行著。

有一點值得考慮：既然生力軍是 25 至 50 歲的男子，孩童們是可以忽略不計的次要勞動力，即對於社會生產來說，成年男子的意義最大，那麼順理成章，社會應該對成年人最加注重。然而，印加社會卻對孩子表現卻出乎尋常的關注。

可以清楚地看到，在居民分類表中，成年人只佔了三類。相反，少年兒童卻佔了九類。在此分類中，一個人一生的不同階段以不同的狀態指稱。然而，在對上述漸變過程的描述中，可以看出，印加人對年齡的敏感到成年階段之後就喪失殆盡。那麼，何以對於孩子給予如此細緻的關注呢？

這是印加文化的良苦用心。成年人是已造就的合格的社會成員。這一點毋庸置疑，連後來到達的西方人也承認印加百姓性格溫順，幾乎沒有犯罪行為。而兒童和少年卻正當變動的過程。沉穩的成年人足以令人放心，性格沒有成型的兒童和青少年卻使印加社會明顯地表現出關注和不安。這種反應也正是為

人父母的典型心理。

印加社會實踐了從小抓起的法則。如果兒童由於天真爛漫，少不更事，他的頑皮行為越出了家庭內部規範的界線，造成一定的社會性後果，就被看作犯罪，要與成人一樣受到懲罰。這時，印加社會就將教育權從孩子的父母身上收回，由社會代為管教。這就是印加兒童獲得成人般資格的緣由。

印加社會非常懂得教育藝術，使用懲戒講究定時定量，循序漸進。成人觸犯法律，一般都處以死刑，對兒童就大不相同。在對兒童量刑時，按照類別劃分中的年齡大小和孩子實際的天真程度，酌情從嚴從寬處理。這就可以理解，何以對兒童做出如此細緻的區分。從上述比較中，也可以體會到社會對於兒童和成人的不同態度。兒童是可以教育培養的，是可造之器，而成年人一旦犯了罪，就是一個由社會產出的次級品，對付他們的辦法就是徹底銷毀，以減少次級品的實際數量。

少年兒童犯罪，十戶長把「罪犯」連同家長一起起訴。肇事者的家長受到的懲罰要比孩子本人嚴厲得多，理由是家長沒有好好教育子女，沒有承擔起父母應盡的職責。實際上，兒童犯罪，家長連坐，使父母介入，就起了更進一步的管制作用。因而，印加父母實行教育時總是小心翼翼，時刻警惕孩子是否在外隨意淘氣或行為出軌，以免造成難以收拾的惡果。經過這樣 20 年的教育，即使「人之初，性本惡」，也會徹底脫胎換骨。難怪，印加孩子成年以後性格溫順，在西方人看來，與馴順的綿羊一般無二。

即使到了成年時期，印加社會代理父母的職責也還未完全結束。有一項法律規定，老百姓在中午和晚上吃飯時，必須敞門開戶。食不閉戶，是為了隨時歡迎法官手下的人員前來巡查。這些官員是專門負責查神廟、公共場所及私人房舍的法

官，稱為「利亞克塔卡馬尤」。他們負有視察「民情」的任務。但這裡所說的「民情」卻有所不同。

這些法官時常親自造訪，或者派手下人員隨機來到百姓家中。他們查看的內容是：男子、主婦是否安分守己，勤儉持家，子女是否聽父母的話，參與必要的勞動。他們仔細檢查家具的擺設、衣物杯盤的整潔程度，甚至不遺漏家用雜物，以此判斷這家人的勤奮程度。經過這番「紀律檢查」、「衛生檢查」之後，那些清潔整齊的家庭受到獎勵；邋遢者則受到法律懲處，被處以抽背、打腿等刑罰。印加人的生活，時刻為國家社會的目光籠罩，誰都不能妄想做一個無人管教的「孩子」。

宏偉的廟堂絕非無需地基的空中樓閣，任何大國也都無法脫離人民而「獨自為政」。印加社會基層的「十戶長」，印加百姓的「父母官」，正是構築龐大帝國的間架結構。印加社會的「家長制作風」，對於國家建設顯然功不可沒。

「愚民政策」？

近代歐洲某些持專制論調的人，經常引述一段據說是秘魯王朝的古訓，也就是印加帝國的治國之道，大意是：「科學不是供人民所用，而是供那些出身高貴的人所用。出身低賤的人只會因科學而自鳴得意，並因而傲慢和自滿。這種人不應干預政府事務，因為這會使高級職務蒙受恥辱，並給國家帶來損害。」

歐洲人對這句格言的熱衷，不過是當時西方社會政治狀況的某種折射。然而，傳說中由第六代印加王印加・羅卡最先提出，又被著名的印加明君圖帕克・印加・尤潘基經常提及的這

句名言，倒也展示了印加帝國政治的一個側面。

　　據《印加王室述評》記載，這兩位先王還強調，平民只需掌握專門技能，子繼父業足矣，無需求知。這裡面反映出來的政治哲學或許可以和中國的另一句名言相提並論，即曾經被後人批駁為典型愚民政策的「民可使由之，不可使知之」的著名論斷。當然，也有許多學者從句讀分析的角度，或者以還原歷史的方法，提出重新解讀和體認這句話的實際意義，並為之正名。然而，當上述兩者出現在人類社會的大背景中，表現出一種令人驚異的相似性時，或許多少也暗示了某種歷史進展的合理性。

　　印加社會以平穩和有序著稱，印加帝國治理的成熟甚至引來西方歷史學家的讚歎，將之稱為世界範圍內最為成功的專制統治之一。不僅如此，它還成功地獲得了民眾的愛戴和擁護。西班牙人入侵之後，由於在統治上差異明顯，以致那些原先被印加帝國征服的部族百姓也緬懷過去印加時代的好時光，並為印加的覆滅嘆息不已。從這個角度而言，或許印加帝國也稱得上是世界上最得民心的專制國家。

　　照我們一般的設想，印加平民為帝國付出太多辛勞，他們似乎不可能對統治者產生愛戴的情感。試想，印加的普通百姓擔負著沉重的壓力，他們的勞動不僅為自己謀生，還要負擔印加王和各級貴族的生活。一個普通印加百姓每天一大早就起床，開始新的勞動，整天忙碌於各項生產勞動之中，他們的休息似乎只是為了第二天更好地勞作而養精蓄銳。一個一生勞作的普通印加人彷彿一架無休止運轉的機器。他們以勞動為帝國服役，卻並不能以此增加個人財產；無論付出多大的辛苦，卻不能絲毫改善個人的得益，或者改變個人的境遇。

　　這種情況如果出現在亞洲或歐洲的封建農奴制下，恐怕無

法避免民憤和民怨。事實也的確如此。奇怪的是，印加社會內部似乎不存在由此導致的危機。從大處而論，這種印加文明的特殊現象其實頗為合乎這個民族總體的社會關係和認識水平——他們沒有個人財產權的強烈意識，也沒有形成很強的自我觀念。由於私有財產的概念十分有限，在這個階段出現的社會問題要簡單得多。但如果考慮到，印加王以上述政治思想管理國家，也不能忽視「民可使由之」辦法的實際效用。

印加的社會生活因循而穩定，普通百姓的生活雖不寬裕，但已經具備充足的生活資料，足以維持平靜的生活。這種安居樂業的生活或許也是印加平民對生活的唯一理解和希求。父子相繼的手工技術，祖祖輩輩毫不變動的生活方式，也規範了子孫後代的可能生活。任何個人主義的行為和因素似乎都不可能在這個因循的環境中出現，因為這與印加社會的倫理價值發生矛盾，在崇尚勤勞、推崇忍耐、講求順從的社會中，一切都按部就班。印加王在「民可使由之，不可使知之」的思想下，建造了統一的社會意識形態，平民中的忍耐服從和安分守己的思想，使他們習慣於接受既定的秩序，而不會產生社會變革的任何「妄想」。

當然，任何社會都不可能是一潭死水，「人」是有生命的主體，以「人」為基礎構造起來的社會也絕不可能達到固態的靜止。印加社會也是如此。印加社會的作法則是以一些巧妙的方法疏導了對社會穩定的不利因素，從而有效地達成一種動態的靜止。

印加社會有一些特殊的法寶，其中包括辣椒「烏丘」、玉米酒「奇恰」、麻醉劑「古柯」及膾炙人口的民間詩歌等等。

印加百姓一日二餐，飲食簡單，菜餚稀少，但其中有一味菜在他們看來是必不可少的，這就是印加特產——辣椒「烏

丘」。辣椒口感刺激，氣味濃烈，自然是佐飯的佳餚。一般的貴族家庭及無須從事生產勞作的人有著另一種嗜好，他們對飲酒尤其上癮。印加人飲酒通常不在飯間進行，但這並不等於降低次數，相反，他們在飯後專門飲酒，並且必到深夜方休。在印加的重大宗教節日「拉伊米」節上，全民參與的酒宴也必是歡慶活動的重要高潮。印加王派出使者向英雄敬酒，各地首領、酋長之間紛紛敬酒，一時間杯來盞往，人聲鼎沸。在「拉伊米」節上，盛大的酒宴一直持續九天，這期間，全國百姓一同參與，盡情歡樂。

在最高級別的王公貴族之中，另有一樣特殊的享樂品，即印加菸葉「古柯」。這種具有麻醉作用的植物，據說只在皇家內部使用，只有個別酋長才有幸獲此犒賞。

上述情形當然只是印加社會生活中的普通場景，但如果換一種眼光，卻也不妨將之視為一種精巧的文化設計。在普通百姓的生活中，辣椒滿足了他們對刺激的有限要求；而在更有組織能力和反叛可能的貴族階層，即各地、各部族的酋長階層中，同樣具有麻醉效用的酒和古柯迷幻藥，卻適當地瓦解了他們的鬥志。

此外，印加民間詩歌中，有許多以表現反抗鬥爭為主題的作品，其中歌頌部落首領反抗印加王事蹟的長詩《奧利揚泰》最為著名，廣為傳唱。這些作品以文藝的形式，有節制地釋放了民眾的抵抗情緒，反而對保障社會安定起到一定的作用。

印加社會的穩定顯然引起了最先來到印加的西班牙人的關注。他們指出，沒有別的政府能夠像印加這樣適合於發揮人民的才能；同時，也沒有別的人民能夠像印加人民這樣滿足於自己的命運，忠誠於他們的國家。

為「意識形態」動手術

周邊部族在受到印加文明教化之前，大多處於比較低級的文明發展階段；印加人的武力征服，必然也把高級的農業文明帶到了這些地區。同時，印加以一種文明大國的文化優越感，在它的勢力範圍內，使文化統一的自發願望逐漸化為現實。

被征服的部落，其原有的生活較之印加，顯然更直接、更完整地保留了來自遠古的原始遺風，種種為他們崇尚的價值在更為進化、更為文明的印加人看來卻深為不齒。例如，昌卡人在重大的宗教節日上，必以兒童作為犧牲，向神明祭獻。據歷史學家研究，與印加同時代的美洲各地，流行著把活人當作祭物的風俗，尤其是此風盛行的阿茲特克，令初來乍到的歐洲殖民者深感恐怖、殘忍。

印加人固然也未能完全禁絕這種野蠻遺俗，但只是在意義重大的個別特殊場合才偶爾為之。較之他們的美洲近鄰，印加民族在這方面表現出的文明程度，博得了歐洲人的讚許。可以想見，當印加人征服了保留著原始祭祝方式的昌卡人之後，對這種作法何等不滿。印加人一面勸說昌卡人崇拜太陽神，改變他們的原始宗教信仰，一面為根除這種陋俗，由印加王制定專門法令，警告說：今後，只要昌卡人繼續祭獻孩童，就將他們的族人斬盡殺絕。印加政府還把那些愛護孩子的部族遷到昌卡人的土地上，與他們為鄰，希望通過文化示範，潛移默化地發生正面影響。

此外，印加民族與其他部族在風俗習慣上的諸多格格不入，顯然也出自不同文明程度的強烈差異。

比如，組成印加四大省分之一的科利亞蘇尤地區原先流行著這樣的習慣：科利亞女子結婚之前生活開放，並且越受男人

歡迎的女人越容易出嫁，那些作風嚴謹的姑娘反而被看作沒有魅力，得不到男子的歡心，也難以找到如意郎君。這樣的價值標準看似不可理喻，卻在許多原始民族中頗為盛行。或許這是原始群婚制向配偶制婚姻過度時的自然現象。這個習俗在貞潔觀念十分嚴格的印加人看來實難容忍，因而在統治該地區之時，明令廢止了這種習俗。

科利亞蘇尤區中還留存著其他的原始作法：這個地區的庫丘納、莫克瓦兩個村莊的居民常對自己的仇人暗中投毒。他們使用的毒藥一般毒性不大，投毒的目的也不在於消滅仇人，而是使對方毀容致傷。對方中毒後感覺遲鈍，理智喪失，四肢癱瘓，形象可怖。以如此手段對付仇人，也是一種原始作法的遺留，這個地區的民眾並不以此為怪，反而互相認同，在相似的處境中也會不約而同地想到採取相同的作法。印加政府認為這種作法傷天害理，制定嚴刑峻法，把曾經投毒的人處以火刑，同時焚毀罪犯家中的牲畜、物品，將他們的住房夷為平地，搗毀農田，根除莊稼樹木，銷毀罪犯曾經接觸而玷污的一切東西，以免有人不慎觸及而將罪惡一同沾染。經過如此一番整治，這個地區的投毒歪風被有效地制止了。

印第安人稱為「雲卡」的沿海炎熱地區包括多片谷地。沿海谷地諸民族在歸從印加之前，曾經有同性戀的風尚。這種行徑自然是由該地區的性別結構、文化心理等因素所造成。當印加軍隊到達沿海地區，發現上述跡象之後，隨即著手處理，火速稽查當地的雞姦者，查出的罪犯被處以與投毒者相同的嚴厲刑罰。印加政府還定下法律，規定日後任何人不許犯相同的罪行，否則全村連坐，其他村民一同處死，整個村莊一併燒毀。

印加人在帝國管轄範圍內施行的意識形態「手術」，取得了「理想」的效果，在嚴令和酷刑之下，印加境內建立起較為

統一的意識形態。以對同性戀的態度為例，印加帝國的全體國民後來對此都表示強烈的反感。據說，他們對此閉口不提，唯恐為這個字眼污染視聽。在首都庫斯科，即使那些非印加民族的印第安居民，如果在吵架時不慎以此辱罵對手，他本人也會因而名譽掃地。一旦他提到這個字眼，其他人就會長久地嫌惡他。山區的瓦伊利亞斯印第安人中也曾有過相同的行為，於是就盛行一句諷刺他們的諺語：「阿斯塔亞，瓦伊利亞斯人。」意思是：「快走開，瓦伊利亞斯人來了。」以表現極其輕蔑他們的態度。

印加政府的意識形態統一工程，在取得成效的同時也贏得了榮譽，不僅成功地規範了各地的社會習俗，還招來了主動要求以印加的價值標準給出評判的民族。看來，印加文明的價值規範與那些自覺趨向開化之民族的認識和願望相一致。在高級文明對低級文明強制動作的另一面，也顯示出這項變革畢竟是符合歷史發展規律的。

好戰的科利亞蘇尤地區有兩位大酋長之間惡戰不斷。戰爭起於雙方的祖先。兩位祖先均是稱霸一方的大領主，驍勇善戰。由於互為近鄰，兩位領主之間為勢力爭鬥，兵戎相見。從祖先開始的爭戰，「子子孫孫無窮盡也」，始終沒有了局。於是，這兩位酋長來到印加王軍中，要求印加王給予決斷。印加王讓軍中最年長的兩位統領向他們講授根據自然法則制定的印加法律，宣揚安居樂業、和睦相處的好處；並派遣兩位印加王公親自到實地調查，了解實情。印加王在徵詢了參政院的意見之後，做出決斷，最後平定了兩位酋長的長期爭執，公平地為他們的領地劃定界標。

印加軍隊征服艾馬拉部落之後，也以同樣的辦法，給長期為牧場爭戰的烏馬蘇尤與艾馬拉兩地劃分界線，並勸告雙方和

平相處,不要失去高尚人的理性。

　　印加政府不遺餘力地對治下的不同民族進行意識形態的統一工作,這自然出自教化蠻夷的文化自豪感。歷代君王的遠征,無不標榜要繼承第一代印加王太陽之子的事業,將神的文明傳播到更遠的地方。同時,印加政府進行的意識形態手術,又何嘗沒有為其集權統治帶來實際利益。

　　當西班牙征服者來到這塊土地,曾經對一些未經開化的蠻族深感頭痛。他們注意到了位於智利地區的印第安人以比奧—比奧河為界,呈現出截然不同的民族性格。河流以北的部落受到印加帝國的影響,養成了馴服的性格。駐紮此地的印加衛隊,長期以來由當地民眾供養。結果,當地人的風俗習慣得到了很大的改造,習慣於外來統治。而他們的兄弟,河流以南的印第安人始終避免接受印加的影響,保持著遊牧和半遊牧的生活方式,同時也保留了令人膽戰心驚的高度戰鬥力與桀驁不馴的性格。

　　看來,印加帝國繼軍事戰略之後,也在文化戰略上取得了成功。有著這樣的文治武功,印加帝國才能保持數個世紀的繁榮,直到更為先進的西方文明踏上美洲。

神質與人質

　　印加人的戰爭策略已經顯示出他們慣用的兩手作法,在取信於對手時是溫和慈祥的,一旦對方堅決反抗或是在順服之後中途背叛,那麼印加政權採取的對策就是血戰與強硬鎮壓。或許可以探討,出人意料的印加策略是否與東方文明「剛柔相濟」的思想有異曲同工之處;至少在印加國家中央政府對被征

服的地方政權所採取的對策之中，可以看到與中國歷史相似的現象。

印加政府每佔領一片新領地之後，政權和民意內部的緊張或許並不如戰爭般迅速消退。與他們的戰爭策略一樣，印加帝國一方面採取了積極的建設性步驟，諸如幫助地方經濟建設，傳播先進的農業技術等等；而另一方面，同時採取的一些作法與其說是從顧及地方利益、順應人心向背出發，不如說是以挾制與牽制地方力量為目的。當然，印加政府在具體作法中掌握的分寸，不可不謂恰到好處。

正如他們標榜的戰爭宗旨，印加政府在征服一地方之後，所做的第一件事就是向地方民眾傳播太陽神信仰的純正教義。但是，印加政府對原先的地方神明並不加以廢黜，相反，地方神明還受到一項特殊的禮遇。

少數民族在歸順印加中央政府之後，當地歷來供奉的神像就被請往首都庫斯科落戶，護送人員由地方出發，將神像運抵首都，把它安置於神廟之內，在供奉各種神靈的萬神殿中占有一席之地。哪怕那個地區與首都遠隔千山、行程萬里，都不允許因任何困難而中途放棄。據說，從印加南北兩端的奇利和基多出發，要花費數個月時間才能把巨大的神像送達庫斯科，但所有這些工作都圓滿完成了。

然而，由中央政權發出的這項邀請，卻是含義深遠的。

在印加人的意識中，把地方神像請到庫斯科的作法，就使得它們進入了中央政府的控制範圍。地方神明在首都的價值，對印加政權而言，好比地方政權的某種抵押品。這樣，即使那些收服了的小國企圖背叛，還要考慮本民族神明的安危。因為如果這樣做，不啻是棄自己的神靈於不顧，將使它在印加人手中受難。

這樣的思維方式，在現代人眼裡，未免顯得過於荒誕不經。但在當時，對於以神話認識世界的人來說，卻是實實在在而性命攸關的。

在神話認識階段中，人的思維還沒有獲得將物質世界與精神世界分化的能力。當時的人甚至不會以宗教思維的方式思考問題，不會將神明與偶像的關係理解為精神實質和物質載體的關係。因為，這種思想是人類認識的下一階段，即宗教思維階段的產物。由此，我們也可以理解，基督教之所以禁止偶像崇拜，其中也包含了廢止原始的神話信仰方式，建立起高級宗教思想的用意。

原始思維的特徵是物質與精神合一，人們認為「物」中有「物」的「靈」，並認為「物」與「靈」從來是一體的，並不作割裂的認識。因而，印加時代的頭腦自然把神明與偶像一體化。印加政府之所以千里迢迢，花費極大的人力、物力，把地方神的偶像搬到京城，也是出於這樣的考慮。他們如此認真地對待偶像，因為在他們看來，這並不是一塊毫無意義的大石頭，而是一位真正的神明。控制了對方的神明，就等於控制了對方。反過來，對於被征服者來說，也出於同樣的認識，認為自己的主神既已在首都安家，自己的命運也就得聽憑帝國擺布了。正是以這樣的共同認識為前提，印加中央政府挾制地方偶像為「神質」的辦法，才真正取得了預期的效果。

在完成征服之後，印加政府對地方政權表現出很大的寬容。印加政府並不插手具體管理事務，當地原有的權力關係得以保留；原來的「印第安酋長」仍然是該地區的統轄者，酋長地位的繼承方式也照常不變。即使出於中央政府的利益，要對地方政權進行調整，廢黜一個現任的「印第安酋長」之後，也總是安排他的合法繼承人承襲職位。當地的各種慣例和法律也

都維持原狀，普通百姓的家庭生活似乎並無變化。然而，在這種安寧之中，有一個家庭發生了變化，這種變化可能是極其重大的，變動的承受者就是當地的「印第安酋長」。

歸順印加之後，一地的「印第安酋長」和他的家人立即被邀請前往首都庫斯科。他們在首都學習印加通用語言，熟悉華麗繁複的宮廷禮儀，享受舒適的貴族生活，同時也要對帝國的各項政策法規熟悉、了解。總之，在與印加王的相處中，他們獲得了各種尊貴的禮遇和特殊的榮耀。說穿了，這些其實是印加王所作的感情投資，目的在於使這些特殊的來客感恩戴德，效忠自己。經過如此一番教化，酋長與家人將重新回到自己的領地，繼續以往的統治。然而，在這批同行者中，將有一人不能踏上歸程。

酋長的長子不能隨同離京返鄉。他將繼續留在首都宮廷中，與印加王及其他各地的酋長繼承人共同生活。印加政府規定，各地的領主繼承人在繼承領地之前，都要在宮廷中進行培養，給予他們良好的教育。這些「貴賓」被印加王稱為「米特馬克」。這個名稱的意思就是「移民」或「外來者」。民間也以此稱呼普通身分的移民。

印加人認為，帝國中各個王國、領地的繼承人聚集一堂，可以為帝國宮廷增添尊榮高雅的氣派。當然，在這種表象之下，還隱藏著印加王的權術智慧：印加中央政府代替其父母，接管番國王儲的教育，意義深遠。尤其是那些尚年幼的繼承人，一旦進入帝國宮廷生活，學習印加的語言、風俗、禮儀，那麼他們所養成的價值標準、思維習慣自然是與印加相一致的，今後他們繼承父輩的職位之後，就能和帝國中央政府同心同德，就能更加效忠印加王。

當然，安排各地繼承人進住京城，還有一個更為明顯的益

處，那就是：把番國酋長的嗣子作為人質，扣押在帝國首都，就可以防止那些酋長另生異心。「人質」們成了印加王與地方世襲領袖溝通的管道，他們經常把自己所受到的禮遇告知遠方的父母，同時捎回印加王餽贈的衣服、飾物等貴重的賞賜。即使地方領主產生叛亂的念頭，慮及嗣子的安危，自然也不敢輕舉妄動。畢竟嗣子的繼承人身分已被當時全民的觀念神化了，一般並不能以他人取代。

印加帝國這個通過征服其他部族才得以形成的龐大國家，國土縱貫整個南美洲，各地差別異常之大，按理說，在這樣的條件下，要使中央政權對地方進行有效管理，應是難乎其難，特別是一些部落好勇鬥狠，難以駕馭。然而，在印加帝國鼎盛時期，反叛的危機消彌於無形，政局持續穩定，足以稱得上是一個奇蹟。造成這個奇蹟的原因固然是多方面的，但印加統治者以圓熟的政治手腕，巧妙設立「人質」慣例這一條，不能不說是一個重要原因。各地酋長、領主的繼承人，即未來的地方領袖，從小長在印加王左右，被印加文化所同化，就為帝國的未來保持安定打了保票。不僅如此，帝國的當下，經因這些「人質」而更趨安定──他們的父親、族人因投鼠忌器，必不敢輕易反叛。

「神質」與「人質」雙管齊下，果然卓有成效，以致印加帝國並無遭遇到來自地方叛亂的太大麻煩。

在神靈的管轄之下

西方的社會機制歷來與東方有著很大的不同。打個比方說，西方罪感文化，懲罰對付罪惡，好比是西藥治病，頭疼治

頭，腳疼醫腳，總是等有了病症才醫治。但這時往往已病得不輕。東方社會機體靠的是長服一劑羞恥心的東方草藥，防患於未然。即使有些病痛，也是病在腠理、病在肌膚。所以，現代東方社會在對付侵入的極其厲害的西式病毒之時，草藥就難免有「攻之不可，達之不及」的窘迫。

在印加人與西班牙人的交往中，由文化差異造成的碰撞，與東西方文化的磨擦何其相似。其實，這是西方文化在向其他文明滲透的過程中所必然的遭遇。普通老百姓的生活並不見得會由於最高權力的變更，發生很大的改變。然而，一旦到了看得見、摸得著的具體事件，文化差別就顯而易見。

談到印加的社會制度，以往的史學家總免不了把它與西方中世紀相提並論。和中世紀歐洲勉強相似之處是，印加實行的是政教合一的統治制度。但印加人的生活與初來乍到的西方人迥然不同。尤其當西班人開始著手社會治理，在處理案件、解決糾紛的實際操作中，他們不禁感到驚訝，這個看似愚昧落後的社會自有它完備、合理的管理智慧。

當時，在西方法庭上，證人出庭作證要經過一道必要程序，即一手按著《聖經》，向上帝發誓：「我發誓，我在法庭上所說的每一句話都是真話。」以向上帝發誓的方法表示自己的清白和誠實，這是西方的通行作法。印加人卻是從西班牙人來到之後，才明白發誓是怎麼一回事。印第安民族並沒有發誓的儀式，或者類似誓言的言詞。這並不是說，印加人對自己的神靈不虔誠。相反，可以說，印加人的虔誠程度絕不亞於基督徒，甚至遠遠超過後者。但嚴格地說，兩者之間並不能這樣比較，因為他們的文化、信仰處於不同的階段。

印加人不需要誓言。印加人對生活的理解是，他們的全部生活為神靈所掌握，沒有一件事不在神靈的管轄之下。這種解

釋可能會被現代人的主觀經驗覆蓋，看來不得不對上面的解釋做出修正。原始思維遠未達到對象化的水平。對上面的話，更加準確的理解是：只要某件事需要被印加人賦予意義，他們會認為，它必然帶有神祕性質，而神祕的源頭就聯繫著太陽神或「上帝」帕查卡馬克。對印加人來說，沒有什麼時間、空間是純屬於個人的私祕，他們做過的每一件事、說過的每一句話，全都對神靈公開，因而也就沒有什麼需要用特殊的誓言方式特別對待。西方人必要的發誓，在印加人的生活中實在是多此一舉。換句話說，西方人在生活全貌中強調了「面對神」的鄭重時刻，相較於印加人，卻是在「信」的程度和質量上發生了弱化。

在印加，作偽證的人，可能被處以極刑。如果領會了印加社會的統治祕訣，就會明白，在西方國家並不足道的小罪，在這個國度裡何以成了砍頭的大罪。

印加人面對一個特殊人物——介於神人之間的印加王。審理案件時，人們保證對印加王敘述真相。由於信仰關係，大多數情況下，證人不敢撒謊。倘若說謊，被查出之後，要受到嚴厲的制裁。如果情況嚴重，偽證造成了較大的危害，作偽證的人要被處死。最主要的原因倒不是造成的危害，而是此人膽大包天，犯下欺騙印加王的彌天大罪。

欺騙一般並不直接導致嚴重的現實後果，這與對此懲罰的嚴厲程度形成了強烈的反差。看來，這其中還有些別的什麼東西在起作用。自然，酷刑是對國王統治權威的強調手段。在這裡，設立刑罰的主要目的是維護國王的名義，而不是針對其他的現實等價物。答案快要揭曉了。印加人強調，作偽證，罪在欺騙印加王。這是以一種神經質的誇大，牢牢維護著一樣東西——國王至高無上的神聖性質。

・印加王是太陽神化身

　　印加王是太陽神的現世化身，處罰欺君行為，並非旨在申命不允許欺騙國王，而是宣告，國王是無法欺騙的。而每一次清查欺君之罪，都是國王具備神聖性質的不容置疑的證明。於是，在這裡，手段和訴求形成一個首尾相接的圓環，循環往復，運作不息。

　　印加人的認識水平，使神祕信仰成為社會治理的有效輔助機制。印加人以為，無論他面對著哪位法官，他說的話都會為太陽神的人間代表印加王本人所知。這是他們不敢說謊的主要原因。

　　除此之外，西班牙人發現他們的辦法與當地的另一種習慣也格格不入。取證時，按照西方的慣例，只針對事件的一些方面提問。但印加人卻認為這遠遠不夠。印加的真實標準還包括一項重要內容，就是不得隱瞞事件的任何方面。他們的作法是把知道的與事件有關的一切都原原本本講述出來；無論知道多少，都如實稟報。一個證人，既不作為原告一方出場，也不代

表被告的利益。他們把整件事情敘述一遍，對當事人雙方有利和不利的情節都毫不隱瞞。此時，是非自有公斷。

西方的法律調查，目的在於發現真相。就好比科學實驗，只要獲得各個數據，結論由實驗者得出。證人的作用就是提供所需的各種實驗現象，最後由法官或陪審團做出判斷。「證據」這個詞的意思就是「為論證提供的依據」，這裡重點在於論證，依據的是科學化的標準。但在印加，發生的事件總逃不出社會倫理的大背景。證人所做的事件陳述已經過社會道德標準的評價，法官在獲得最全面的了解之後，再對罪犯進行懲罰。

要求客觀的西方司法制度，卻也並非絕對客觀，它可能蛻變成高智商的較量。印加的辦法也有陷入世故人情的危險。但在印加社會，民風相對樸素，又在其宗教信仰的籠罩之下，這就能夠將負面作用控制在有限的範圍。

印加文明通過培養宗教信仰，有效地規範了社會成員的行為。在宗教信仰作用下。人們把遭遇到的疾病、死亡、自然災害、農業歉收等對個人或集體發生的各種災難看作是與犯罪有關的事件。人們對此深信不疑，甚至出現奇特的情況：當一場災難來臨之際，有人主動坦白了多年前犯下的罪行。他的罪行無人知曉，當年的案件由於時間久遠，早已無人追究，繼續隱瞞，決不會暴露痕跡。罪犯在災難面前，卻緣於以為是自己的行為終於招致神明的懲罰，竟至於主動坦白，準備以死謝罪，以免神明因他的罪過，繼續降災於他的家人親友。

在西班牙人統治時期，曾經發生過一件有趣的事，可反應出印加人的道德秩序借助於神靈信仰的他律性質。

第一批征服者中有一位在庫斯科郊外擁有一個莊園，由管家料理。一次，管家派兩個印加人步行給主人送去 10 個甜瓜，並帶去一封信件。管家對印第安人說：「這些甜瓜你們一

個也不要吃。如果吃了，這封信會說出來的。」途中休息，其中一個慫恿另一個分吃甜瓜。但他們又擔心，偷吃甜瓜的事會被信件說出來。思來想去，最後採用了一個掩耳盜鈴的辦法。他們把信扔到牆後，以為這樣一來，信就看不見他們吃甜瓜，也就不會多嘴多舌了。

　　早先，印第安人並不知道文字，以為信件就和印加的信使一樣，通過傳話的方式，把信息帶給另一個人。當然，他們的作為輕而易舉地就被主人發現，因為信上說讓他們帶 10 個瓜。最後，他們倆認為主人居然連人不知鬼不覺的事也能察知，可見人們說西班牙人就是維拉科查（印加的神明之一）多麼可信。

　　從這件小事中可以看出，印第安人始終習慣於他律，即外在的約束。在印加帝國時代，他們懼怕萬能的神明洞察一切，因而行為檢點；西班牙人的到來，終結了他們原先的信仰，不再有什麼東西能產生同樣的力量牢牢控制身心，此時難免會心懷僥倖，行為越規。然而，此後印第安人的思維定勢又促使他們產生和鞏固了新的信仰。

腳上的尊卑

　　人類花費了千百萬年，才完成從爬行到直立行走的進化。從此以後，支撐身體全部重量的腳是身上最勞累的部分。只有在發明了鞋之後，腳才多少得了些安慰。鞋的發明給人們帶來了極大的便利，它抵擋了路面狀況的種種不適。有了鞋，人們才克服了地面的粗糙不平、尖利的砂礫石子、夏天時候的燙熱、冬天季節的寒冷。有了鞋子的保護，道路才變得平坦，行

程才變得輕鬆。把鞋子稱為人類偉大的發明之一毫不為過。印加人就把這項榮耀歸於第一任王后，太陽神的女兒，瑪瑪・奧克略・瓦科。

瑪瑪・奧克略・瓦科的名字就代表了女性的一切長處，意思是生殖力旺盛的母親和照料家庭的女性。她也是家庭和爐灶的保護神。這位王后先天上就懂得紡織技術、家務技能，是她教導了最早收服的女性成員，教會了她們如何紡線和織布，把織出的布料做成衣服，穿在身上。本來不會穿衣蔽體的先民，這才懂得了文明人該如何打扮。

重要的是，瑪瑪・奧克略・瓦科教會了人們製作鞋子。

印加人把鞋子叫作「烏蘇塔」，其形狀類似於我們熟悉的簡易草鞋。它是用安第斯山地的特產（皮革）和當地常見的植物（針茅草或麻繩）做成鞋底，再用麻或毛搓成的繩子把鞋底捆綁在穿鞋者的腳上。「烏蘇塔」式樣極其簡單，只有鞋底，沒有鞋幫。它只能保護腳底，只達到了鞋子的初級功能，顯然是一種原始的鞋子。

「烏蘇塔」所用的毛繩，製作工藝不太一般，是用畜毛在一根細木棍上捻成，捻出的繩子可達到手指般粗細，長度達一米左右。鞋子沒有鞋幫，完全依靠繩子拴在腳上，因此毛繩越是粗，繫綁到腳上的時候就越舒服，不會感到勒腳。

這種簡易的鞋子「烏蘇塔」，據說就是瑪瑪・奧克略・瓦科教會人們製作的。從那個時代開始，鞋子的式樣一直保持不變，直到印加滅亡之時，人們還在穿它。

對人民的管理細緻入微、無所不至的印加帝國，又不失時機地在鞋子上動起了腦筋。

在農村，雨天裡、水田中，人們通常都不穿鞋子行走。鞋子的實際用途似乎不如衣著般必不可少，它多少可以被看作可

有可無的奢侈品。印加智慧也必不放過這一點細小的差別，在印加人的鞋子上面玩出了許多「花樣」。

在印加，奢侈品歸屬貴族階層所有。這是等級制度的特徵。等級制度在特定的歷史時期，對於人類文明的發展起了積極作用。印加就是這樣的典型。在等級制度的嚴格篩選中，鞋子這一介於必需品與奢侈品之間的東西自然不容輕易通過。於是，鞋子被溢美成王族的饋贈，是第一任王后的恩賜。不僅如此，這項賞賜還規矩重重，時刻都有被沒收的可能。

沒收鞋子的規矩，用來規範下面這些情況：

面對印加王，人們表示恭順而不能穿鞋。即使同是王族成員，哪怕與印加王是親兄弟、印加最高級的貴族，進謁國王之時，也只能赤裸雙足。因為印加王是太陽神之子，神的化身，臣民必須絕對服從，誰也不准在他面前穿著鞋子進門。

當人們前往神廟時，也不能穿上鞋子。印加最大的神廟庫斯科太陽神廟的北面，即其正門所對的方向，距離神廟大門二百多步的地方有一條橫向小街。這條街道是一條界線，人們從這兒再往前，走向神廟之時，禁止穿鞋。人們到達這條街道，都必須脫去鞋子。即使只從此地路過，借道到神廟附近的另一個地方，並不打算前往神廟，也必須脫下鞋才能通行。這頗類似於中國孔廟前「官員人等，在此下馬」的界碑。

太陽神的其他三面：東、西、南三個方向，也是在二百步之外，有著其它標識物界定神聖不可逾越的界線。這個規矩只有對印加王和他的家屬例外，他們不必有失體面地在大街上光著腳行走。但面對至高無上的太陽神，他們也必須表示謙卑。當他們走進廟門時，也要脫下鞋來。當然，除了這些尊貴的人之外，其他人是不能進入神廟的。

鞋子所具的等級象徵，以及它的社會含義，在王族青年的

成年儀式「瓦拉庫」上，也十分顯而易見。

從參加成年儀式開始，所有應試者都必須打赤腳，身分最尊貴的王太子也不例外。他們一律赤裸雙足，用來模擬戰爭期間的艱苦環境。成年考核中有一項內容，是考察年輕的戰士們是否會自己動手製作鞋子「烏蘇塔」。所有的王族男子都要學會做鞋，儘管他們的穿著歷來是由老百姓提供的，平時也無須自己動手做鞋。最後，當考察期結束之時，應試的小伙子們的母親和姐妹走上前去，給他們穿上生茅草編製的「烏蘇塔」鞋，證明他們已經走過了軍事訓練的艱難道路。

就像這樣，成年儀式與鞋子的關係非常密切，鞋子貫穿了整個儀式。如果把鞋子的幾次出現與成年儀式並列起來，就可以發現整個儀式中隱藏著一條副線：成年儀式同時也是一個從沒有資格穿鞋——自己具備做鞋的能力·——有權利穿鞋的過程。把成年儀式的意義疊加在獲得鞋子的過程上，可以看到鞋子的意義被複寫了，它所代表的內容由此也明朗化了。「鞋」就是成年人社會身分的指代。

「瓦拉庫」儀式的最後，在頒發武士標誌的過程中，又一次出現了「鞋」。剛剛獲得承認的武士來到一位印加王公面前，進行另一個穿鞋儀式。主持這項儀式的王公地位極高，不是由國王的兄弟出任，就是由國王的叔伯承擔，其權威次於國王。印加王公為武士脫掉他們剛穿上不久的生茅草編的鞋子，換上一雙非常精美的毛線鞋。這種鞋子是只有印加王和其他印加王公才能享受的高級用品。武士們穿上鞋後，印加王公逐一親吻他們的右肩，並且說道：「你自己已經證明，你的確是太陽的兒子，理應受到崇拜。」「吻」禮就是表示崇拜、敬仰，主持儀式的王公其實就是用象徵性的動作和鄭重宣布的語言，代表印加王，向年輕武士「頒授爵位」，從此他們就成了「足

下生輝」的貴人。

最後這項穿鞋儀式又一次揭示了鞋子在印加文明中的象徵意義。王族青年在通過成年儀式之後，已經為成人社會所接納，卻仍沒有獲得等級社會的冊封。他們開始時穿上的草鞋，代表了他們在領受賞賜前，還是一無所有的白丁身分。當他們穿上了貴族使用的特殊鞋子，才成為一個意義完整的王族成員。

不打不成器的「軟骨頭」

國家治理所要面對的事件，大而言之，不外物質和精神兩個方面。國家治理是否成功，國家機體是否能健康運作，是關係到物質和精神兩方面協同發展的問題。組成國家社會的最小單位是「人」，物質和精神的關係，在人的身上，就是身體和心靈的關係。社會機制起到的作用，歸根到底，是如何做到讓人的身心協調起來良性運作。

另一方面，社會發展的關鍵、文明演進的要害，是人類的文化機制如何巧妙、逐步地克服生理本能在生存道路上造成的障礙。人類文明以精神性的方式置換、取代、補充了本能訴求的目的。從這個意義上而言，人類完成了從生理匍伏到精神直立的過程。同樣，發生在人類整體上的演換，是依靠歷時代、多群體中無數個體的趨同才能達成。個體在生存實驗的不斷試誤過程中，逐漸習得對自我本能的節制。個體精神意志的逐漸健全是人類文明進步的對等物和實現者。

物質與精神、身體與心靈，在平行與深度方向上構造了如此複雜精妙的雙重結構。這個問題是文化觀察者不得不留心的。印加習俗中的某些細節，顯現出來的是他們在這方面所做

的努力和已經獲得的成績。

印加農耕制度中有一項內容：懲罰懶漢和對幹活漫不經心的人。這一點在灌溉活動中被突出地強調了，成為規範性的章程。

自然條件對印加農業的饋贈並不豐厚，尤其是面臨著缺乏水源的困境。印加民族成功地攻克了自然界交付的難題，他們建造了大規模的水利系統以確保農田用水。灌溉農田時按照順序，定時定量地供水。具體作法是，一個區域內的農戶依次輪流澆灌田地。在這個辦法中，任何人都不得打破秩序，利用職權取得優先。

當輪到澆灌自己的土地時，人人必須盡責。如果有人在他應當澆地的時間內沒有完成工作，他的過錯就被認為是由懶惰造成的，這樣懶惰散漫的人理應受到懲罰。懲罰的措施是被當眾用石頭打脊背三或四下。還有一種辦法更嚴屬些，是用柳木棍抽打胳膊和腿。懶漢一向為人所不恥，被公認為「米斯基圖柳」——「軟骨頭」。

印加的農業措施，大到方針，小到細則，環環相扣而準確精密，達到了相當成熟的地步。假如沒有完成澆灌事務，就只歸罪於玩忽職守，因為人們事先已經通過經驗，確定了澆灌單位面積的準確時間。在這個基礎上，才可以稱得上「執法公正」。法律是公正的，條件很合理，預備的時間綽綽有餘，在預先給定的時間內沒有完成工作，就要追究責任者。法律又是不近人情的，不留絲毫餘地，即不考慮造成相同結果的其他可能，不對個人原因表示任何體量。

在這一點上，又一次看出印加社會的特點，個別的原因必事件，個人的情緒、心理等等都不在社會給予關照的範圍之內。在印加人的現實生活中，這些情況的發生也確實少之又少。人們的生活被農耕紡織、家務生產、公共勞役所充滿，既

沒有醞釀浪漫的時間、精力，也沒有培養情調的生活習慣；個人主義的情緒色彩，被普通生活的生存奮鬥、機械性的重複勞動所磨滅。

換一個角度來講，印加社會是一個運作得相當成功的集體合作化社會。集體合作的成熟是將方向分散的個人化事件、由此帶來的負面作用克服到最低限度而達成的，以個人的「矯情」為代價，換來了集體利益的保障。如果考慮到印加的統治方式相對於同時代的西方國家顯得更為有效，那麼，這一點不但不是落後，反而是先進的。

值得注意的是，灌溉方案是針對農戶的，管轄的範圍是個人所有的田地。也就是說，沒有完成灌溉，並不是怠了國家集體的工，利益的得失完全是個人自己的。照此看來，這樣的懲罰措施顯得有些莫明其妙，似乎有些越俎代庖。就算是此人懶惰散漫，沒有完工，自會受到自然規律的懲戒，利益的損失已經完成了給與得的公式演算。既然沒有完成灌溉的人是利益的受損者，為何還要再受懲罰呢？

措施的目的既然並不在於保障利益，那麼，是什麼東西引起了緊張，需要額外地動用強制性手段呢？那就是遊離於集體合作之外的個人行為。

在印加這樣一個合作化程度很高的社會，懶惰從來就被視為最惡劣的品質之一。這個社會的基礎和合作精神的來源正是從農業而來。更確切地說，是由灌‧溉農業而來。灌溉農業必須透過集中控制，實行水的分配。在有限的水源面前，潛伏著各人之間、各民族之間資源競爭的危機，集中進行水的分配，是農業生產過程中運演出來的最佳解決方法。但同時，它既需要人克制對資源的獨占欲望，培養起對平均分配帶來的數量損失的心理承受能力，又需要人在時間上、工作量上，嚴格地服

從安排，由獨立自由的個人化生產方式，轉而習慣於克己約束的集體化生產方式。

當眾挨打的懲罰手段並不是對懶惰表示不滿，更重要的是為了醫治那些遊離於集體生產之外的心理幼稚病患者。他們的過錯與其說是懶惰，不如說是未具備必要的自我克制與服從觀念。對個人而言，懶散是心理不成熟的反映，應該予以諒解；對社會而言，個人主義的行為是可能瓦解集體農業的最危險信號，所以必須用強制手段予以制裁。

懲罰措施本身也很策略。懶惰的人被石頭擊打脊背三至四次，或者用柳木棍抽打手臂和腿部，實在不能算是嚴厲。關鍵之處在於當眾挨打，目的在於羞辱懶漢，懲罰產生的心理作用遠大於肉體效果。

在這個過程中，又一次顯示了社會主流意識型態的力量，脫離集體的人，最終還是在集體的目光下受到懲罰。這究竟是向他宣告集體的真實存在不可逃遁，還是藉道德輿論的力量，讓他經受集體主義的再教育？或許兩者兼而有之。

懶漢們被稱為「米斯基圖柳」。這是個合成詞，「米斯基」——「柔軟的」，「圖柳」——「骨頭」。「軟骨頭」的稱號是印加人給懶惰者的絕大諷刺，就像在中國人當中，用同樣的意思稱呼意志不堅的人。對精神品質的責備轉嫁到人的生理方面，似乎特別有力。當然，印加人可能還沒有完全形成精神和物質分離的觀念，他們把精神的不健全歸咎到身體上，也在情理之中。

「軟骨頭」的稱呼或許還反映了更深一層的心理機制。在印加道德觀念中被唾棄的「軟骨頭」，可能是一個文化隱喻：只有克制好逸惡勞的生理誘惑，才能完成性情的升華；只有克服本能產生的障礙，才能在精神方面取得可貴的進化。

Chapter 7
文明化成

尊師重教

　　中國的《三字經》說：「養不教，父之過；教不嚴，師之惰。」教育是構造人生格局的重要工具，許多古人由此引申出一條「修身、齊家、治國、平天下」的人生道路。讀書與謀進身的糾結，使學業成了士人對日後人生的一種投資。相同的觀念直到今天，還牢牢盤踞於社會群相之中。

　　印加是十足講「階級論」、「血統論」的國家，它的統治席位永遠與人的「身分證」掛鉤。帝國的政治、軍事官員全部來自貴族階層，首都庫斯科是王家掌握的權力中心，地方政務則通過當地首領、各族酋長層層分管。教育是貴族子弟的先天特權，為成為國家的棟樑之材，他們首先要進入學校，進行專門的學習。

　　首都庫斯科是帝國的教育中心，在都內闢出專門區域，供學校使用，這個區域可以稱為學校區。印加人稱學校為「亞查・瓦西」，意思是教育之家、知識之家。全國所有學者和教

師都集中居住在這裡，學校區也就形同印加皇家智囊團的駐紮地區。

　　教師們被稱為「阿毛塔」或「阿拉韋克」，意思分別是聖賢哲人、才子、智叟、詩人等等。這些人講述歷史故事和系譜傳說。印加的歷史就是通過他們的傳授，代代相繼，得以流傳。他們還分別掌握著各方面的專門知識。儘管與科學相比，這些知識相形見絀，卻是當時所有的高等知識。

　　與同階段的其他社會相比，印加「阿毛塔」的出現或許是一個進步。在瑪雅，知識是祭司階層的特權，也是祭司活動的工具和產物。但印加的「阿毛塔」卻是獨立於祭司之外的特殊群體。這個在古代社會非常少有的現象，為歷史學家所讚嘆。

　　「阿毛塔」有著很高的社會地位，他們不僅是貴族子弟的老師，也是國家政治請益的「參謀」。他們是宮廷的歷史學家，也是宗教問題方面的顧問，當出現宗教事務上的糾紛時，他們能夠徵引古訓或出謀劃策。印加王自身的態度，為其他人提供了尊師重教的榜樣，全國上下對「阿毛塔」都極其尊重。知識階層的獨立及其獲得的崇高地位，是印加文明達到較高程度的反映，也是印加人對知識尊重的佐證。

　　不僅教師們居住在校區，學生的生活也照此辦理。居住在校區的學生一般要在此度過四年的學習生活。學習內容的設置、各項教學的時間安排，也都十分合理、實用。

　　第一年，學習克丘亞語。學生們鍛鍊用純潔優雅的方式講帝國的通用語言。語言學習被當作其它學習的基礎。首先，語言是負載其他知識的工具；其次，通過學習語言，對語彙的領悟和使用能力就可得到提高，但得到提高的絕不只是語言能力。語言能力，實際上是使用符號的能力，它與判斷事物、解決問題的能力密切相關；對語言把握得高超與否，是協同其他

認知能力發展的關鍵。

第二年，學習宗教和曆法。學生們學習印加宗教的特殊典禮、各種儀式。這項學習對將要擔任神職工作的學生來說，是非常必要的基礎課程。祭司的培養主要是在神廟裡面，通過參加祭祀等實踐活動，由祭司系統中直接成長起來。這項學習對從事其他行業的學生而言，由嚴謹的儀式程序培養起自身嚴肅的宗教態度，達到的功能相當於端正人生態度，培養職業道德。教師講授由他們編輯的編年史，學生們為祖先的精神鼓動，力爭仿效祖先，創立豐功偉績。

第三、四年，學習表達和識別繩結「基普」。這是一種有文字功能的結繩技術。「基普」是印加「公文」的唯一形式，擔當政府工作的人都必須懂得使用和識別它。

在這期間，他們還分門別類地學習各種專門知識。學習國家法律和管理政府的原則是所有學生的必修課程。

印加人學習的主要目的是獲得專門知識和能力，學以致用，成為從事某一方面工作的人才。學生受到各種不同知識的教育，最終在與自己日後職位有關的知識上花費功夫。通過四年的學習，他們可能成為為精通戰爭知識，熟練運用基普，擅長克丘亞語，通曉印加宗教和歷史的優秀人才。學校也培養出一些技術人才，日後可在修路、造橋、建房工程中發揮才幹。

教學中偏重「術」的缺憾，由教師的個人氣質彌補。「阿毛塔」是思維活躍、口才雄辯的哲學家，他們經常在講課中加入自己的思辯與說教。傳道、授業、解惑，由此渾然一體，成功施行。

庫斯科學校區以南有兩個區，在那裡矗立著兩座王宮，東面一所叫「科拉科拉」，意思是「草場」。印加‧羅卡國王在原先的草場上建起了王宮。另一所王宮位於其西邊，名叫「卡

薩納」，是偉大的國王印加‧帕查庫蒂的王宮。兩所王宮的北面就是學校，王宮與學校連成一片，沒有分隔。之所以這樣，是兩位國王為了能更便於前往聽講，遂結舍於學校附近。

據說，後人仿效前輩，有很多印加王也為此將宮殿建在學校附近。印加諸王經常從王宮出發，通過便門，到學校裡聽哲學家們講課。

印加的學習氛圍良好，印加王對家族少年的學業十分關心，他們自己也求知若渴。中國人提到亞聖孟子的時候，總忘不了聯繫「孟母三遷」的故事。而身為國君，居然自覺地結鄰於校舍，真是難能可貴。印加的學生似乎也早於學業，就已獲知日後的職業。在沒有功名利誘的情況下，他們能夠出於學習專門知識，更好地參與工作的實用目的而認真學習。樸素的印加人比起為功利目的所浸染的現代文明人，或許顯得更加可愛。前面提到的這兩位國王不僅是好學的典範，也是印加教育事業的締造者。

傳說，印加‧羅卡是第一位在首都庫斯科建立學校的國王。因此，印加文化的傳授方法和教學內容從那時起就定下了基本模式。

印加人不「念書」——因為印加沒有文字——而是通過實踐、日常習俗和經驗傳授的方法教學，學習的主要課程是詩歌、音樂、哲學和占卜術。

其後，印加‧帕查庫蒂對曾祖父印加‧羅卡訂立的法令予以重新確認，頒布並制定了細則。他以巨大的熱情擴建和美化了印加‧羅卡在庫斯科創建的學校，增加教師和導師的數量，進行了許多相關的教學改革。

印加的貴族成員得益於國家的教育措施，他們接受的教育對其日後的一生產生了巨大的影響，以至於在西班牙人征服之

後很久，許多人仍然能夠在已為新建築改變了模樣的城市中，一一指出哪些地方曾經是他們曾經受教的書院。

印加人的好學精神或許能夠在一句話中得到最好的體現。這句話就是印加·羅卡所說的：「天地萬物之間，如果我要崇拜什麼，我肯定崇拜博學、機智的人，因為他超過大地上的一切生靈。」

王「道」大「行」

以嚴謹著稱的歷史學家洪堡在見到印加帝國的道路系統時，一反常態地熱情讚嘆：「這些用石頭砌邊的大路，也許可以與我曾在義大利、法國和西班牙見到過的羅馬帝國最好的道路媲美。」「印加人的道路是人類曾經建造過的最有用和最偉大的工程之一。」如今，印加的道路工程吸引了成千上萬來自世界各地的遊客。由於時間和人為的原因，這項奇蹟中的諸多部分已經面目全非，坍塌、阻塞、損毀，使整個道路系統變得支離破碎。然而，這一切仍然無法削減人們對它的熱情，它的巨大魅力聯繫著整個過去時代的輝煌。可以說，印加道路網是印加文明最為典型的代表，它的意義相當於金字塔之於埃及、長城之於中國。

道路系統在印加時代，擁有一個神聖而榮耀的名稱——王室大道，而道路的實際建制也能夠確保它名實相符。印加人在設計與建造時，採取了一種為他們常用的理想主義的方法。印加帝國的所有道路都發端於同一個地方——印加首都庫斯科，這個被看作「世界之臍」的城市。說得更確切點，它就發端於庫斯科太陽神廟門前的廣場——這個神聖之地被看作具體實在

的帝國中心。從這裡向東南西北四個方向伸出四條道路，人們認為它們通向帝國的四個方向，從帝國的中心一直延伸到帝國最遙遠的四角。

上述的理想設計可能在現實中曾被確實施行。今天，人們面對經由歷史，變得更為複雜的道路狀況時，發現確有許多大路通向這個王國的不同部分。而由於這個國家地形狹長，最為顯著也最重要的道路是庫斯科與最北端的基多之間及從首都通住南面現今智利方向的兩條道路。然而，根據道路系統的實際狀況，人們通常所說的兩條大道，是指南北走向，縱貫全國，相互平行的幹道，一條位於高原地帶，另一條則建在沿海平原低地。兩條幹道又分出許多分支小道，通向沿途各地，形成四通八達的道路網。

高原地帶的道路工程難度奇大，據說，足以使那些現代社會最有勇氣的工程師知難而退。然而，它卻早在數百年前完成於一個比較原始的民族手中。建造這條道路時，需要鑿通隧道，開山闢路；填塞峽谷，鋪平溝壑；架設吊橋，跨越急流；開鑿石梯，以利攀登；修建盤山道，便於登高……逐一克服險阻，最終才完成這條長達二千五百至三千二百公里的坦途。

在整個道路系統中，主幹道十分寬闊，平均寬度達三‧五至四‧五米，幹道的路面完全是由大塊的平整石板鋪成。在如此巨大的道路工程中，僅看運輸與鋪設石料一項，其工作的艱巨程度就可想而知。有些地方還使用了類似瀝青混合水泥的建築方法，現今這些地段已堅若岩石。有些峽谷，當年在建路時，用石土填塞以平整路面，山洪的逐年沖刷，現已把填充物沖掉，充當路面的石塊卻由於工藝高超，建造緊密，仍然保留在峽谷之上，形似跨越峽谷的石拱橋。

另一條大路通過安第斯山和海洋之間的平原。平原大路的

建造方式不同於高原，這是由地質差異所造成的。平原低地的大部分地面屬於砂質土壤，表層浮動，如果直接把道路建造在地面上，容易為砂礫覆蓋而損壞。因而，在平原地帶建路，首先需要堆築一條高出地面的土堤，土堤之上再建造道路。道路的兩邊以土牆保護，防止風沙侵蝕。在平原沼澤地帶以及其它泛濫多災的地區，則將道路建築在石堤上。為防洪抗災，壘造的石堤有時高達一～二米。大路在通過建有灌溉渠道網的平原地區時，兩旁有柵欄維護。有些地段，柵欄上裝飾著既有觀賞價值又有神祕作用的動物圖像和其它淺浮雕。在某些地方，沿著道路，還建有水渠。

印加的道路工程也體現出這個國家的統治中所特有的一種作風，這種作風歷來博得了眾多嘉許，那就是：既見物又見人，處處為人著想。比如，為了方便行人識別，道路沿線大約每隔三哩多的路程就樹立一根石柱。尤其是當道路通過沙漠地帶時，在荒涼的廣闊砂地中，無人可以指點迷途，而且輕揚的浮土經常覆蓋路面，隱沒前行的方向。考慮到這一點，道路旁邊樹立了打入地下的兩排巨大木樁，木樁根基牢固，不易傾倒，可以歷時長久地為行人指明路線。直到今天，這些木樁中的一部分還矗立原地。平原地帶烈日當頭，氣候炎熱，道路沿途就栽種樹木和散發香氣的灌木，利用樹蔭遮蔽行人，使人倍感涼爽。

道路的維護保養以勞役的方式，劃歸居住於路段附近的地區和村落，印加王也經常調動大量人手維修道路。嚴格地說，如此宏偉又不失精微的工程，真正對生活上的交通產生的效用或許並不顯著。因為在哥倫布到達之前的美洲，沒有一個民族懂得使用車輪，即使是相當發達的印加文明也沒有發明車輛。大部分重物由人肩扛背馱，行動緩慢的駱馬和駱馬隊也承擔運

輸大型物件或大批重物的任務。儘管有為數眾多的普通百姓在離開原村社的遙遠地區生活，但由於緊張的工作勞動，如果沒有必要的原因，他們並不熱衷於旅行。除了郵遞員或別的執行公務者，這個國家中很少有其他旅行者，因而道路的人民使用率並不高。

然而，幾個世紀之後，歐洲人的車輛在印加大道上行駛時，竟感到它與歐洲的任何大道一樣平穩；在印加帝國的最後歲月，西班牙人的軍隊也借助於印加道路系統的便利，得以長驅直入。印加道路系統超越時代的優越性，在這樣的矛盾情境中尷尬地顯現。或許，歷史在冥冥中暗合了週而復始的原始神話觀念，因為當年正是通過這條大道，印加軍隊的腳步從容地邁向其他民族。

可以說，建造大道，最重要的目的是為了服務印加帝國的軍事遠征。道路沿途的諸多設施完全出於軍備需要。在所有的公路沿線，每隔十五或二十公里的距離，就建造一座類似驛棧的「坦博」，其中一部分給「郵差」和行人提供方便。坦博中還修建了宮殿般的住所，專為印加王出巡時所用。但與普通驛棧完全不同的是，「坦博」中還建有規模宏大的碉堡、兵營、倉庫和其他軍事工程。所有這些建築為矮牆圈定，占據了面積很大的一片土地，是帝國軍隊行軍時的駐地。

通過發達的印加道路網，只需很短的時間就能聚集起帝國最遙遠地方的兵員。印加軍隊行軍迅速，因為每隔一天路程，士兵就可以到達一個「坦博」小憩。這裡的軍用倉庫儲滿了糧食、武器和各種軍需物資，及時補充行軍的消耗。令人難以置信的是，由於能夠約束普通人動用軍用物資的法律無法作用於西班牙士兵，當西班牙人入侵印加帝國時，也就是從這些倉庫裡找到糧食物資，幫助他們維持了自己軍隊的供應。

印加帝國歷來鼓吹教化外族，傳播信仰，打著「行王道」的旗號出征他族。而也正是印加大道的便利，使印加軍隊的遠征變得容易。由此形成了一個既直觀，又具有隱喻意義的意象──「王道大行」。只有當軍隊出行於具體有形的道上，形而上之「道」才能如期地「大行」。

跨越天塹的奇蹟

印加時期的工程顯示了極高的文明程度，令人嘆為觀止。莊嚴雄偉的神廟宮殿、縱橫萬里的道路系統、改造環境的山嶺梯田、綿延千里的地下水渠……除了這些以外，還有一樣令人稱奇的工程，那就是在陡峭的崖岸之間飛躍急湍的深谷，使天塹變通途的印加懸索橋。

在了解印加的橋樑之前，有必要先認識一下幾種渡河方法。由於印加不同地區的物產條件和生活習俗千差萬別，造成了渡河方式的個個不同。

令我們深感興趣的印第安獨木舟，在印加卻不見蹤影。原因很簡單，因為印加境內沒有適合剖刻獨木舟的粗大樹木。有些個別樹種能達到體積上的要求，卻由於木質密度過大，不具備良好的浮力比重。因此，印加人若要以舟船作為渡河的工具，就必須採用其它的材質與型制。

在印加，最常見的渡河工具是木筏。製作木筏的樹木產自帝國北端，位於熱帶的基多地區，質地較輕，粗如大腿。一隻木筏由五或七根圓木並排捆紮而成。印加人還在筏子的製作上引入一種比較合乎科學道理的辦法。木筏的筏體兩頭漸尖，形若船底。也就是在中間放置最長的圓木，緊挨的兩根相對較

短，依次往外逐漸縮短，這樣就多少使原本簡陋的木筏具有了一定的流線型，既提高了抗傾翻的性能，也加快了行進速度。印加人的木筏不用划子、篙槳，而是在河流兩岸拴上繩索，筏子用繩環與之相連，渡河人只須抓拉繩索，就能使木筏移動前進。用這個辦法可以自渡。與印加帝國的其他產業一樣，木筏製作也是一項計劃性生產。印加王在一定的時節下達命令，從木料產地將一定數量的木料調運到各個渡口，就地製作木筏。

後來，人們改進了傳統工藝，建造出一種被西班人稱為「巴爾薩」的木筏型制。這種「巴爾薩」用經過加工的方木做成，用量五、七或九根。船頭像傳統木筏一樣，採用了流水線，尾部則是平直的。木筏的各個部分用藤條等繩索捆紮緊密，排列的方木還用兩根橫木固定，筏首一端的橫木上樹起一根桅杆，張掛船帆。這種船帆是用棉布或劍麻席做成的。筏尾還簡單裝備了木杆，作為船舵。兩側有幾對船夫蕩槳划水以驅動木筏。一隻「巴爾薩」，可以載運五十人及大量貨物。

在一些風急浪高的河道，另有一種小船，製作材料採用能夠浮在水面上的植物水燭草。人們用粗如牛身的一大捆水燭草捆綁起來，紮成紡錘形，前端彎起，作為船頭。三分之二處往後逐漸加寬，作為船底的草束是平的，可安置乘客、物品。這樣的小船由一人操縱，他趴在船尾，手腳划水，權作槳用，划船前進。乘客則頭朝銷公，趴在船上，臉貼船面，抓緊繩子，不能睜眼觀望。因為水流湍急，水勢滔滔，令人驚恐萬狀。小船往往要順著水勢沖向下游很遠，經過一個大斜線，才能艱難地抵達對岸。

還有一種地方性的渡河筏子更加妙趣橫生。這種筏子以完整的大葫蘆相互串連，捆紮在一起，形成半平方米大的面積。筏子前端綁上一條形似馬軛的皮帶。駕駛這種筏子的舟子不要

說不能用船槳、舟楫，甚至連伏在舟尾以四肢划水的辦法都用不上，他只能以自己游泳的力量拖著筏子前進。為避免四肢受到干擾，就用得上那根皮帶，一端繫在船頭，一端像馬軛的東西套在自己的頭頸部位。這種「水馬牽舟」的方法有時實在是過於艱難，還需要一、兩名助手，在筏子後面推筏前進。

印加人沒能造出艨艟巨艦、龍舟樓船，主要是河道複雜、水流湍激的惡劣條件所使然；而使用看似樸陋的水燭草小船、葫蘆筏等特殊的撐船方法，以弱小的人力與威力無比的自然相抗衡，卻是他們在惡劣的生存環境之下的創造性對策。

在沒有河灘，兩岸山岩壁立的地方過河，就要乘坐一種類似於纜車的工具。兩岸山崖間懸掛著一條用苧麻擰成的粗纜繩，繩子兩端分別固定在樹木或岩石上。纜繩上懸掛著一只柳條大筐，可容納三、四人，筐子上拴著兩個方向的繩子，需要有人把大筐拉到對岸。當地派出專人承擔這項工作，但乘客也可以自食其力，雙手攀著纜繩緩緩前行。印加人把這種渡河方法叫作「烏魯亞」。這「烏魯亞」可以視作是印加人建造索橋的「雛形」。

可以想見，橋樑的建造給當地百姓帶來了多麼巨大的實際利益。然而，這項工程的難度，彷彿是人力所無法企及的。不僅當時一些土著部族將索橋的建成視為印加王具有神力的證據，就連二十世紀的學者也對此感到不可思議。西方學者對於印加人能夠用那麼原始的工具和材料，在如此險惡的自然環境裡完成這樣的架橋工程，將信將疑，以至於制定了專門的研究項目，完全模仿印加人的方法，實地試驗架橋的可能性。他們最終證明了印加人確實掌握了建造索橋的絕竅。現代人在這個仿造工程中吃盡苦頭，因為一切現代化的機械、材料在這當中都不能採用。從這次實驗的紀錄影片中，我們實實在在地感受

到古印加人的傑出智慧。難怪當年印加王只須建造一座飛跨天塹的大橋，就能不戰而屈人之兵，贏得對岸部族的敬畏，心甘情願地主動歸順。

在庫斯科與諸王之城之間，成為王室大道一部分的阿普里馬克大橋是一座著名的印加索橋，長度達二百步。索橋的建築材料是一種細長柔韌的柳條，先按所需的長度編出多根柳索，再把每三根柳索編成一股，加粗後的柳索再以三根為單位編在一起，就這樣由一而三，由三而九，不斷加粗，直到達到和人的身體一樣粗或者更粗。最後編成的粗柳索一共五條。有人通過游泳或乘筏子等辦法把繩索運送到對岸，運送的過程十分有智慧。因為繩索過於粗大，單人無法拖動，運送的人帶到對岸的只是一根細繩子，細繩的一端拴一根較粗一些的柳索，這條柳索的末端才與粗大的柳索相連，許多人一起拉，才能把它拉到對岸。五條柳索都拉過去後，兩端分別聯結在兩岸的「橋墩」上。事先選定有岩石的地方建橋，可以直接利用堅固的岩石做橋墩。如果沒有這種自然條件，印加人就將堅硬的石料運來，做成橋墩。

三根柳索支撐橋面，另外兩根用作兩側的護欄。在底面的三根柳索上，橫向鋪設大約一‧六米寬，粗如手臂的細木，與柳索綁在一起，形成橋面，同時也可以保護柳索不致很快斷裂。細木上再鋪放捆紮好的樹枝，使橋面更加細密，以免人畜通過時發生危險。從橋面到充當橋欄的柳索之間，交叉地編上樹枝和細木棍，起護欄作用，使之更加安全可靠。索橋由於自身的重量，中間下垂，行人走動時會來回擺動，令過橋者膽戰心驚。印加索橋給後來的西班牙人留下了深刻的印象。

在深淵上架設的索橋是印加最為常見的橋樑，而在水勢平緩的寬闊河面上則建造另一種橋樑：浮橋。從這種橋樑中，也

可以看出印加民族不凡的智慧與創造力。

　　的的喀喀湖德薩瓜德羅河上的橋樑就是一座大型浮橋。浮橋以高莎草，被叫作「埃內亞」的水燭草和另一種質地柔軟、有韌性的「伊初」針茅草建造。負責建橋的省分，在一定的季節大量備草，晾晒後儲存起來。建造橋樑時，用伊初針茅草編出四根大腿粗細的纜繩。先把其中兩根拋到河裡，橫跨河面。纜繩兩端是橋的基座，埋於地下，而不用突出的石墩供纜繩捆綁。纜繩上面鋪放粗如牛身的大捆水燭草和高莎草，捆紮起來再互相連接，與纜繩之間也捆綁固定。在第一層上以同樣的辦法加固一層。將另兩根纜繩放置在草面之上，與草捆綁成一體，互相固定。又在後兩根纜繩上再鋪上捆紮成手臂和腿一樣粗細的水燭草束，草束之間連結起來，與纜繩之間也捆紮固定。最上面這層草束形成了完整的橋面。德薩瓜德羅浮橋寬度達到三‧五至四米，高達一米，長約一五〇步，稱得上是一大景觀。

　　在印加，橋樑建造和這個國家中的其他大型工程一樣，以徭役的方式完成，由附近省分的人員分工負擔，所需的器材則按各省人數和能力分攤。印加橋樑以柳條等植物製造，纜繩、橋面容易腐爛、斷裂，需要定期更新。所有橋樑經常進行整修。在季節氣候條件的影響下，許多索橋幾乎每過半年就要拆毀重建一次。為保證浮橋基座的牢固，經常變換建橋地點，有時往上游移一點，有時往下游挪一點，但離原址都不太遠。橋樑律造不是一勞永逸的事，需要及時保養維修，定時重建新橋，修建橋樑成了印加社會生活中的一項日程。

　　與建橋工程有關的省分都長期儲備建橋材料，前一年就為下一年所需做好準備。因而，在很短的時間內就能「一橋飛架南北，天塹變通途」。或許可以說，這也是印加人在面對生活

挑戰時處變不驚的真正原因。

不朽的石頭與金飾的世界

歷史學家普雷斯科特曾經說過：「用機械工藝來衡量一個民族的文明，最準確的標準是他們的建築技術。」時間侵蝕了過去時代的諸多事物，建築物卻往往因為自身質地的堅固，在最大程度上保留了原貌。印加時代的輝煌在那些至今仍巍然屹立的巨大建築物上留下了不可磨滅的印記。大量印加時代的神廟、王宮、貞女宮遺跡，以那個文明所崇尚的美學理念和美輪美奐的工藝造詣，展現了印加帝國塵封於歷史的精彩斷片。

印加宮殿在建築技巧上獨樹一幟，這種建築方法似乎在其文明內部的演進中已經達到了頂峰，因為在幾個世紀之後，印加時代的建築方法在一些地方，尤其是原先的首都庫斯科仍然被繼續沿用。這種經久不衰的建築技巧就是「疊石法」。

某些描述出於對這種建築方法的敬仰，不自覺地顯得有點誇大其辭，比如對印加建築的描述通常是：所有的建築用巨大的石塊砌造，石塊之間緊密銜接，不使用任何粘合劑，並且直到現在，石塊的接縫中甚至還插不進一支刀片。

但是，考古學家已經發現，那些王宮、神廟、花園所具有的完美外表，不僅依靠石料切割的嚴密吻合和石塊自身的重力作用，有的也利用了粘合物的輔助。印加人使用的土產泥漿名叫「良卡克・阿爾帕」，形似紅色的乳汁，乾了之後在石頭中不留痕跡，造成了不用粘合物的假象。考古研究認為，這種粘合劑可能包含了黏土、瀝青等多種成分。為了增加王宮、神廟神聖莊嚴的氣派，在建造這類建築物時，則澆灑熔化的鉛、銀

或金，以代替粘合物接合石縫。

印加的建築工藝中，可能還存在著另一種祕密武器。歷來人們對巨石建築總是存有疑慮：在不懂得使用鐵器，其他技術條件也十分落後的情況下，印加人如何開採和砍削巨大無比、堅硬無比的石料，使其符合自己的需要？這其中的謎團似乎比用人力運送它們還要難以理解。據說，印加人曾經掌握了一種軟化岩石的辦法，這種辦法今天已經失傳。

根據西班牙埃菲社發自利馬的報導，一九八三年二月二十三日，秘魯全國文化協會的專家在對庫斯科附近的一個採石坑所做的考察中，發現了一種植物的許多枝葉殘跡。這種植物也被當地的一種啄木鳥用來在岩石上築巢壘窩。據考察，這種神奇的植物具有軟化石頭表面，降低岩石硬度的功能。印加人可能在它的幫助下，利用青銅合金及各種石質工具，對硬度極大的中長石、玄武岩、閃綠石進行加工？砍鑿成各種適用的形狀，或者雕刻成各種浮雕。

印加「疊石」建築法中還有另一個關鍵之處：巧妙地利用了幾何原理。廟宇和王宮的巨大石牆，以及用巨大的石板建造的大門，如何保持屹立不倒，確實是一個難題。但印加工匠們以一種簡單的方法取得了巨大的成功，使印加時代的建築至今還能堅實地矗立。他們的辦法類似於搭積木，在建造牆和門框時，從下往上，逐漸縮小，寬闊的牆基能夠承受無數石塊的重壓，而門楣比門檻狹窄許多。類似的辦法也出現在埃及的建築學中。這個微妙的細節似乎令人難以置信，卻十分確鑿地保障了建築物的牢固。

時間證明，古老的印加建築方法可能是當地環境中最為理想的建築方式。那些年代更近的西班牙建築已經在多次地震中化為瓦礫，而許多印加時代的建築物至今還在原地屹立。如果

沒有西班牙征服者出於對黃金的貪慾，對印加宮殿施行人為破壞，今天的人們可能仍然能夠有幸置身於與五個世紀之前並無二致的金碧輝煌之中。

有趣的是，無論印加宮廟的外觀如何壯美，牆壁如何厚實堅固，卻缺少一樣對建築而言似乎是必不可少的部分——屋頂。在哥倫布到達之前的整個美洲，沒有一個民族發明過拱形圓頂，華麗的印加王宮、廟宇只能擁有極其「寒酸」的屋頂：用茅草覆蓋而成，一般堆造成人字形、尖錐形，有些類似於我們熟悉的簡陋茅屋樣式。甚至有的廟宇從來就沒有搭建過屋頂。考古學家發現，牆頂砌得很光滑，可是根本沒有覆蓋茅草的痕跡。

印加王宮、廟宇的建造方式並不是從天而降的靈感，而是在當地原有的建築方法的基礎上合乎邏輯的集大成。印加民居由於客觀條件的不同，沿海與高原之間有著較大的差別。沿海房屋用生磚作建築材料，並在磚的表面塗泥；山區地帶則利用豐富的石料資源，用未經鑿削的亂石塊和粘土壘砌房屋。各處的屋頂均以禾草束或葦草束蓋成。在缺乏降雨的沿海地區，屋頂是平的；有雨季的高原地帶，屋頂則是人字形的尖錐屋頂，並且坡面很陡。普通人的住屋一般是單間的，幾所房屋圍繞一個公共的院落排列。顯然，印加宮殿建築的特色已經在普通建築中初步體現出來，尤其是在高原地帶的建築中。印加宮殿是後者的放大和精細化。

印加王的宮殿遍布整個帝國的各個省分，每座都占地很廣。建築物內部的房間有些十分寬敞，但大多數房間則很小，互不相通。房間的牆上沒有窗戶或用來通光的孔洞，光線的來源只能透過門道。房門一般都朝向一個共同的廣場、院子。建築物的外表顯得樸實無華，內部裝潢卻華麗無比。

任何太陽神廟和王宮的牆壁都以金箔鑲貼裝飾。王宮中，印加王的寶座「蒂亞納」是一塊大約三十座米高的完整金塊，塑成凹狀，便於就坐。金王座底部的基座是巨大的正方形金板。室內的環境以金銀飾物裝點，各種器具也均以金銀製造。譬如印加王使用黃金澡盆，盛裝的水是通過銀製的地下管道輸送而來。首都庫斯科附近，風景優美的尤開山谷是印加王喜愛的去處，尤開行宮也是諸多宮殿中最華麗的一座。

全國的神廟中，最負盛名的是人稱「科里坎查」，即「黃金勝地」的庫斯科太陽神廟。神廟在市中心占據了一大片土地，周長約四百步，厚實的圍牆護衛著全部院落，包括一幢主建築物、幾座神殿和一些次要的建築物。神廟中一面半圓形的牆壁十分著名，整座弧形的牆壁完全由多塊鑿光的方形凹面石板拼砌而成。神廟的外牆上裝飾著寬約八十厘米的金帶，嵌入石壁。西班牙人入侵後，為尋求黃金，掘地三尺，拆牆毀壁，將神廟夷為平地；十六世紀，又在它堅實的地基上建造起了聖多明各教堂。這令發思古之幽情的後來者不禁深感遺憾。

神廟內部富麗堂皇，主殿供奉著太陽神的擬人化形象，一張人臉向四面放射無數條金色光芒。這個偶像雕刻在一個面積巨大的金盤上，金盤上裝點著綠寶石及其他寶石。金盤占據了整整一面內牆，位於巨大的東門面前。當太陽升起時，陽光可以直射其上，反射出耀眼的光芒，以增加神聖與威嚴。印加人之所以用黃金表現太陽神，不僅因為視覺效果上的近似，也是出於理念。他們認為：「金子是太陽神的眼淚。」

幾座附屬的神殿中，最重要的一座用以供奉月神。印加人將她看作整個民族的母親，她被當成太陽的妻子與姐妹。她的形象被描繪在一張幾乎占據一面牆壁的銀盤之上。這個盤子以及這座建築物中的所有物件都是銀製的，以純潔的銀色光輝表

現月亮的光芒。另外三座神殿，一座獻給眾多星辰，它們是太陽與月亮的親朋與僕從；另一座獻給主管復仇的雷神和電神；還有一座獻給印加王族的標誌物彩虹——色彩絢爛的拱門跨越建築物的牆壁，就象徵彩虹。

在印加的宮殿、神廟中有一樣東西似乎必不可少，屢屢出現在各種場合，它反映了印加民族某些與眾不同的地方，那就是形象逼真的金銀雕塑。

印加王宮的各個房間中放置著許多用金銀塑造的雕像，比如面目不同、情態各異的男人女人、飛禽走獸、草木花卉，大小和形象完全按照實物的比例製作。這些雕像在環境中的布置也儘量保持逼真。如王宮的牆上垂掛著金銀的草木，是製作完成之後嵌在牆中的，彷彿自然地生長在牆裡一樣。牆上還放著蜥蜴、蝴蝶、老鼠、蟒蛇等各種動物，好像正自由活動，上下攀爬。牆上的凹穴與坑洞就是為此目的而特地準備的。

尤開行宮的花園裡除了種類繁多的天然植物，也有毫不遜色的人工花草。如印加人喜愛的玉蜀黍，就用金子表現其黃金色彩的玉米穗，寬大的葉片則以銀子承當，穗鬚、葉片、花瓣的形態極其優美自然，雜處於真實的花草中，足以以假亂真。

與庫斯科神廟毗鄰的黃金花園裡，整個地皮都以金子製成，上面「栽種」著金質植物。人工製作的花草，即使在大風中，也能安然「綻放」。當西班牙士兵第一次見到它們，有人情不自禁，伸手採摘。可見這些製品的逼真程度。園中還有二十多頭金製綿羊和羊羔。正用木棍驅趕羊群的牧羊人當然也是「金身」。毛色金黃的駱馬憨態可掬。

印加的工匠們不遺餘力地為這些以假亂真的製品費盡心力，以及印加上層貴族對此項喜好的耽迷，暗示出其中的隱含意義可能超出了基本的裝飾目的。至少可以由此感到印加人對

現世世界的迷戀和熱衷。用黃金、白銀這些在他們看來具有神聖性質的金屬表現一切，似乎表達了一種禱祝或願望。這種態度在印加上層貴族中尤為明顯，他們正是以此認知死後世界。所有隨時間轉變的東西，可以在金銀雕塑永久不變的形式中達到永恆，無論是隨季節生長、凋零的花木，還是終將衰亡的人和動物。這其中卻也有著一種可以隱約感知的泰然自若，任何生命形態也正是以一種即時態的姿影永遠保存，而這種即時態彷彿可以涵蓋一切變動，生活的周遭因而可以變得漫不經心。這就是印加人安然從容、應變一切的人生哲學。

軍事堡壘與最後的樂園

印加帝國的軍事政策以一種嚴謹又坦然的態度面對一切不測的戰爭可能，發達的道路網保證了中央政府可隨時集合各地的軍隊，道路沿線則有著難以計數的大型軍用客棧與儲備豐富的軍事倉庫。此外，印加境內除了神廟和王宮，還有一種建築物以其數量與外觀令人注目。它們同樣被視為印加建築中宏偉巨作的代表。那就是印加的軍事堡壘。

碉堡和瞭望塔遍布印加各地，比較著名的有離庫斯科不遠，擁有五重圍牆的奧利揚台坦沃古堡，以及沿海地區的磚砌堡壘帕拉蒙戈堡等等。在所有宏偉的軍事建築中，最為傑出的一座當屬庫斯科的薩克薩瓦曼古堡，它被認為是美洲印第安人最偉大的軍事工程之一。據說，印加首都庫斯科被規劃為一座巨獸之城。印加歷史上第一位真正的國王帕查庫蒂與其繼承人圖帕克將國都庫斯科的街道設計建造成巨獸的形狀，巨獸的頭部就是著名的要塞薩克薩瓦曼堡。

薩克薩瓦曼堡建築在庫斯科城北一座同名的小山之上，是俯瞰庫斯科城的巨大防禦體系。堡壘的響亮名字，意思就是「帝國獵鷹」。它所據的山坡，地形十分有利，面向城市的一面相當陡峭，保障堡壘後方的安全。在這個方向只有一道長度約四百米的護牆。山的另一面是一片寬闊的平地，也是堡壘迎擊敵人的一面。在這一面山上，從下到上，修建了三道護牆，沿著山坡，逐層升高，每一層高十八米，長達五四〇米以上。這三道圍牆呈半月形，同面向庫斯科城一側的牆合圍。

　　和印加帝國的宮殿、神廟一樣，城堡的建築材料也都是山岩石塊。出於軍事需要，堡壘中所用的石料更為巨大。尤其是最外圍的第一道圍牆最為宏偉壯觀，所用的都是最龐大的石頭，甚至可能不經割切，使用完整的獨塊岩石。有些砌造城堡圍牆的石塊，長、寬、高分別達八、四‧二和三‧六米，體積約一二一立方米之巨，重達二百噸。

　　如此巨型的岩石建築真是令人嘆為觀止。今天人們設想，在印加時代，第一、不懂得使用鐵器，切割山岩的困難可想而知。第二、沒有車輛等交通工具，巨大的岩石也無法用駱馬運送，所有石塊全憑人力用粗大的纜繩拖運而來。石料的最近來源是穆伊納，距離庫斯科約三十公里。更多的石料從五十、七十或八十公里以外運來，運送途中跋山涉水，必須克服道路的崎嶇不平。第三、當時印加人沒有尺或其它計量工具，無法事先測定石塊與石塊之間的吻合程度，只是憑肉眼觀察，通過試錯法調整角度。他們可能不得不把一塊巨石抬到另一塊上面，多次抬起、放下，進行調整。同時，他們也不會製造吊車、滑輪或其它有用的機械工具，抬高、搬動巨石的工作也無比艱巨。也許第一、二點，人們猜得不錯，但第三點，卻低估了印加人的聰明才智。他們接合石塊時，並非用紅土泥漿往石料縫

隙間一填了事。他們的智巧，同我們今天配鑰匙的方法很相似。他們預先將上下兩塊石料中間用楔棒墊隔，疊壓在一起，此時兩塊石料並未真正接觸；然後在上下兩個將要接觸的表面之間，用一根豎直的小棒，前後左右來回移動，一遇到表面突起部分，木棒受阻，不能移動，就用工具鑿去這一突起部分。如此不斷整修，即使兩塊石料的接觸面不能做到絕對平整，至少你凸我凹，可以彼此吻合。一旦抽去楔棒，兩塊石料就可以結合得天衣無縫了。

甚而言之，這樣的工藝，其實際效果比把接觸面打磨鑿平更好——兩個平面疊壓還會滑動。這種工藝簡直就是省力地預製了無數個榫鉚結構。於是，所有碩大無比的岩石互相交錯拼合，排列堆砌，渾然一體。從表面看，石塊大小和排列似乎並不規則，其實卻是嚴絲合縫的精心之作。

薩克薩瓦曼堡三道圍牆的中央部位沒有形似吊橋的大門，可放下巨石，堵死門洞。三道圍牆，兩兩之間有七到八米寬的間距，中間填平，與外圍護牆等高。每道圍牆建有超過八十厘米高度的胸牆，遮掩士兵，利於防守。

三道圍牆後面的狹長場地上建造了三座塔樓，塔樓之間依地形，構成一個三角形。中央的主塔樓築成圓形，其基層呈輻射狀。主塔樓內有個溫泉，通過地下管道，將水從遠方引來。這座建築物是印加的行宮，供其登山後休憩。其它兩座塔樓均呈正方形，是駐軍的地方。古堡地下用石頭砌成網狀地道，曲折迂迴，形似迷宮。後世的好奇遊覽者必須憑藉一件古希臘金羊毛神話中描述過的工具：一捆大線團，把線的一端栓在門上，出來時才能沿原路返回（編按．這捆線團應是出自特色斯得到克里特島公主亞麗亞德妮的幫助，在迷宮中殺死牛怪米諾陶的神話）。掌管堡壘的統領必須是歷代印加王后所生的嫡

派，進駐薩克薩瓦曼堡的士兵也出身高貴，必須是印加族人。帝國的其他部族人民不許進入這個禁地。

據傳說，這座堡壘最早由帕查庫蒂親自設計，十五世紀七十年代，圖帕克‧尤潘基在位時，依據圖紙，動工建造。曾有兩萬人參與這一宏偉的工程，花了五十年時間，直到瓦伊納‧卡帕克統治時期才告竣工。也有人認為它尚未完工——只因瓦斯卡爾與阿塔瓦爾帕的內訌而被迫中斷。整個工程未完的證明是一塊運送失敗的大石頭，人們稱它「倦石」——由於它過於巨大，在將要運抵目的地時，順著山坡滾落，奪去了三、四千名印第安工匠的生命。直到西班牙人入侵之時，這個帝國還懷著繼續修葺建造它的夢想。

事實上，這個龐大的軍事建築從未起過應有的作用，西班牙人似乎輕而易舉地越過了堡壘的屏障，直抵它該守護的城市。這給薩克薩瓦曼堡帶來了無法抹去的永久無奈。整座建築彷彿是用以顯示帝國威嚴的巨大擺設。或許可以說，只是給歷代印加王的舒適生活增加了某種樂趣罷了。

在印加城堡中還有一項建築不可不提，那就是神祕的「馬丘比丘」。庫斯科以北的烏魯班巴河是世界上海拔最高的可航行湖泊，這裡也是安第斯山脈中最難通行的地區。馬丘比丘城堡矗立於海拔六二六四米高的維爾卡班巴山巔，俯瞰著整個河谷。這座城堡的名字早已不為人知，現在的名稱是考古學家根據當地一座小山的名字所命名的。

一九一一年六月，耶魯大學的海勒姆‧賓海姆教授終於證實了古老的傳說，發現了（位於秘魯的古印加文明）馬丘比丘。此後，耶魯大學進行了發掘工程。

這座城堡居於懸崖峭壁之上，外部以石牆環繞，內部小徑交錯，類似迷宮。從城堡正門開始，一條階梯沿山脊盤旋而

・馬丘比丘與羊駝

上，貫通全城，似乎是整座堡壘的主要街道。城中土地稀少而不平，設計建造者惜土如金，巧施妙法，將人工建築和自然環境融為一體。

　　有的地方，人工雕鑿的石料與巨大的自然岩石拼接，使建築物和地形自然地銜接在一起。成片房屋由狹窄的階梯勾連，最窄的巷道只允許側身通過。溝渠將一公里外的山泉引進城堡，把斷續的泉水連接起來，形成一條間有小瀑布和水池的小溪。城裡有公共取水池和蓄水池，也以水管將水輸送到建築物附近。馬丘比丘全城建築全是岩石結構。從整個城市看，先是沿著山坡，以台階式的方法築造平地，然後在地面上建造大批建築物。全城建築物之間的布局關係經過精心設計。這裡雖遭

受多次山洪、地震，至今卻仍保持健全的面貌。

　　馬丘比丘分為兩個部分，南部是開墾的農業區，北部結合山地，建造了市鎮區域。市區部分又由樹林、城區和廣場三部分所組成。整個城市被以開闊地、廣場連成的中軸劃為兩半，高地和低地分別被稱為「阿南」和「烏林」地區。

　　城堡的建築包括由庫斯科進入馬丘比丘的大門、掩蔽著重要墓地和安放聖石洞穴的「曲牆」、印加貴族及家人居住的「印加之屋」，和廟宇集中的神殿區等重要建築群。神殿區中，十二座殿宇巍然矗立。「主神殿」坐北朝南，面向「神聖廣場」。「神聖廣場」的一面是「三窗殿」。傳說，印加人的祖先從其中的「富饒之窗」出發去建立王國。在山口最遠處，一個窪地上開闢了一塊舉行慶典儀式的寬闊場地。一座太陽天文台建造在一整塊花岡岩之上。

　　從城市的墓葬中發掘出一七三具屍骨，其中女性一五〇人，男性只有二十三人。可以設想，這個城市女性居多，至少最後遺留在城市中的居民大多為女性。考古學家據此推測馬丘比丘是一個宗教場所，居住此地的是擔任太陽貞女的王室少女紐斯塔。

　　關於馬丘比丘的猜想，歷來眾說紛紜。發現者賓海姆認為，它確實是印加文明的搖籃，最早的印加人由此出發，建立帝國。西班牙人到來之後，許多身分高貴的紐斯塔逃至此地，希望通過宗教的力量，乞求天神消滅西班牙人。而一五七二年，最後一位印加人的領袖圖帕克·阿馬魯去世之後，這個城市逐漸為人們所遺忘，荒棄在山嶺之中。另一種說法認為，馬丘比丘是印加王朝最後時期的典型建築，它的建築時期可能只是在西班牙人來到之前的一百年間。也有人認為，它是第八世印加王維拉科查建造的堡壘，用於軍事目的，因為它的地理位

置對於作戰十分理想。還有人說，它只是眾多國王行宮中的一座，視野開闊，可以登高望遠。

然而，人們最樂意接受的傳說，是把這個城市看作印加帝國的最後樂園。最後一位印加王瓦斯卡爾與阿塔瓦爾帕的兄弟曼科‧卡帕克退守到無人知曉的馬丘比丘城堡之中，為收復國土殫精竭慮。位於群山之巔的馬丘比丘與太陽最為靠近，印加王族在這裡繼續受到太陽父親的庇護，帝國昔日的輝煌與恢復帝國的夢想在這裡延續了下去。

結繩紀事與神祕文字

歷史學家曾經對印加文明中的一個現象頗感疑惑，也就是與其輝煌程度不太相稱的謎團——印加人居然沒有發明文字。儘管最初到來的西班牙人詳細描繪了印加繩結的巨大功用，本世紀中葉的研究者仍然出於科學家的苛刻眼光認定：安第斯地區的各民族人民未曾創造過文字。在這一點上，印加文明似乎與美洲大陸上的另兩個古老文明——瑪雅和阿茲特克之間有著很大的差距。印加沒有文字，甚至沒有像瑪雅人或阿茲特克人那樣簡單的圖畫文字。

眾所周知，結繩記事是一種在一定程度上起到文字功用的原始記錄方法。儘管印加結繩也不出結繩記事方法的大類，但它的實際效用卻令人刮目相看。

這種叫作「基普」的印加結繩並不只是用來記錄一些簡單的數字和事務。「基普」承擔了數目巨大的統計任務，印加帝國通過它維持整個國家的生產和稅收。

「基普」這個詞的意思就是「結」。它由一根用毛料或棉

線編織成的粗大主繩與串連在主繩上的許多附屬細繩組成。細繩垂直地繫在主繩上面，一根主繩上的細繩數量可逾百，整個一串「基普」形似纓絡。在細繩上以不同的方法打結，結的形狀及其數量代表著一定的數目。根據離主繩的遠近確定位數，離主繩最遠的結代表的數字是個位數，依次是十位、百位、千位，越靠近主繩，位數越高。

結繩的顏色多樣，以不同的顏色代表不同的事物。比如褐色代表馬鈴薯，白色代表銀子，黃色代表金子，紅色代表士兵，黑色用來表示時間。有時也用此方法表達抽象概念，例如用白色代表和平，紅色代表戰爭等等。

「基普」主要用來對人口、種子、年收成等事物進行統計工作。每個地區都設有叫「基普卡馬尤斯」的官員，專門負責計算和保管「基普」。他們的工作是及時向中央政府彙報各種要事。一般有兩位官員負責不同事務：一位負責彙報稅收，包括統計原料分配的數量，農業收成和紡織品的質量、數量，向王家倉庫繳納儲藏品的情況等等；另一位官員則負責登記人口，上報出生和死亡人數，結婚人數，適於當兵的人數，及其他與人口有關的詳細情況。人口與經濟，是國家統治中最重要的兩大因素，印加人以這樣的辦法，迅速而詳盡地把關乎國計的信息上達首都。

「基普」的另一種功能相當於文字，印加人用它記錄歷史事件，儘管這種辦法遠遠不及象形文字，甚至不及文字中最原始的圖畫文字。每一個較為重要的印加村社都有地方性編年史官，他記錄下村社中發生的最重要事件。在首都，通常是聖賢哲人「阿毛塔」負責記錄帝國的歷史，宣揚當代帝王與先帝的事蹟。印加的歷史故事大多以口耳相傳的方式傳遞給後代，但「基普」使史官們能以特定的方式記錄下事件的要素，而這些

記號能夠恰當地喚起後人的記憶。歷史一方面通過口頭文學，一方面利用了結繩標記，得以代代相傳。結繩的記錄儘管在細節上可能不一，但保證了歷史事件的整體效果。

「基普」的文字效果不太理想，因而許多歷史學家將它判斷為輔助記憶和記載數據的工具，而不承認它是文字。並且，考古發現，繩結的功用儘管在印加發揮到了它的最大限度，但這種符號在莫契卡文化的陶器繪畫中已經出現。印加人可能借用了這種古老的方法，卻無法完全改造它的原始和簡陋。

可以說，文明的進步是與語言這種交流思想的工具相互配合，協同發展的。「基普」看似無法趕上印加文明的腳步。它的長處是適於運算，卻不能表達文字所包含的豐富概念和形象。但「基普」的符號作用似乎超出了人們的預計。「基普卡馬尤斯」對於再複雜的繩結，也只消一眼就能識別，並能利用繩結迅速運算。最早來到的西班牙人曾經對印加人識別繩結的方便程度及這種原始方法在運算中達到的準確程度頗感詫異。

印加時代的人們由於原始思維具體化和同一性的特點，能夠直接而準確地認識「基普」，並通過規律性地聯想和補充，根據繩結，講述歷史，回溯過去。作為一種符號系統，使用者與「基普」之間的認識關係可能並不亞於其他語言系統。畢竟，「基普」承當了一個大國事務的所有統計運算，並且在很大的程度上起到了與書面文字相似的作用。「基普」的廣泛適用，反映了印加時代的認識特點，以及在思維過程中，記憶形成的結構對認識和表達所具有的重要意義。

為保證「基普」傳送的速度，印加王建立了一種原始的信息傳送方式——接力郵遞。首先，印加有著美洲最發達的道路系統，在所有通往首都的大道上都建造了郵遞驛站。同樣的辦法在墨西哥的阿茲特克族中也被使用，但後者對此的重視程度

顯然不及前者牙郵遞驛站的建制由帝國統一安排，兩座驛站之間的距離一般是八公里。這個距離並不太遠，頗適合於一名郵遞員的體力。被稱為「查斯基」的郵遞員駐紮在驛站之中。他們是被精心挑選出來的飛毛腿，專門負責傳遞政府的急件。其中有一些是口信，更多的是用「基普」記錄的信件。有時，信上附帶著一根表示印加王身分的紅色纓絡——這個標記和中國的官印、玉璽或其它標誌一樣，代表著絕對權威。

「查斯基」是服役制的。印加男孩長到一定的年紀，就被稱為「可能的送信人」，他們接受專門訓練，帝國再根據奔跑速度和忠實可靠，挑選出特定人員。他們各自事先在驛站中等待和休息，一旦跑動起來，就非常迅速。每個郵遞員需要跑動的距離不遠。有時因事務緊急，在接近驛站時，遠遠地就大聲叫喊，通報下一位送信人。這樣環環相接，印加政府的來往信件就能以每天二四〇公里的速度傳送。

「查斯基」還負責向宮廷「快遞」物品，如海洋中捕撈上來的活魚、海濱熱帶的水果等各種珍品通過「郵遞」，送往首都，供印加王享用。據說從太平洋中捕捉到的魚，在「快遞」到王宮之時還是活的。考慮到沿海地區與高原首都之間相距遙遠且崎嶇難行，這樣的場景簡直可以與唐詩「一騎紅塵妃子笑，無人知是荔枝來」所形容的奢侈生活相媲美了。

有趣的是，印加與阿茲特克竟然在彼此隔絕的情況下，不約而同地實施了這項重要制度。當歐洲國家意識到這項制度的重要性，已經是多年以後了。印加的道路系統和郵遞制度，使中央政權與地方之間保持信息暢通。這也是印加帝國能夠在全國範圍內快速地調濟生產資料，有效地調控地方經濟，並能迅猛地壓制地方反叛活動的重要保證。

實際上，印加帝國有無文字的問題，直至今日，仍難以蓋

棺論定。長期以來，一直流傳著印加王族中使用祕密文字的傳說。不僅是樂於鼓吹帝國文明的印加後裔，一些殖民初期的西班牙人也有關於印加祕密文字的記載。

克里斯托瓦爾‧德‧莫利納報導說，他在庫斯科太陽神廟附近的一所專門房屋中看見了用文字記載的印加傳說和歷史事件的粗布畫頁。薩米恩托‧德‧甘博亞也記錄說，一五七〇年，在托萊多總督命令收集印加帝國文物資料之時，發現了記載歷史的大幅粗布。這些粗布被貼在板上，外面鑲以金框，保存在太陽神廟附近的一間屋子裡。印加時代，除了帝王和專門負責保管的印加史學家外，其他人一律禁止接觸這些文字記載，所以它們不為人知。總督托萊多本人也宣稱他親眼看過四幅畫有印加文字的布板——布上有印加人統治者的畫像，周圍用類似文字的符號記載著神話傳說。由於西班牙人的貪婪，他們在掠奪了金框之後，毀壞了記錄文字的布板。此後，印加的祕密文字就銷聲匿跡，再也沒有證據可以證明它們曾經存在。

本世紀中葉之後，史學界、考古學界重新提出了印加人的文字問題。秘魯考古學家拉斐爾‧拉爾科‧奧萊發現，在印加之前，莫契卡文化的陶器上畫著形似符號的豆子。長期以來，人們都忽視了這一點。在他發現的一幅畫面上，一個既像人又像神的傢伙正往豆子上做記號，並且似乎是正在讀它們。這些豆子符號可能是印加神祕文字的前身。

玻利維亞的學者 D‧E‧伊瓦拉‧格拉索則在對玻利維亞和秘魯當代印第安文字的研究中獲得了突破。他發現，在玻利維亞的西卡西卡小鎮發現的印第安文字廣泛流行於玻利維亞和秘魯，即艾馬拉和克丘亞語地帶。這些文字包含著語音功能和象形意義。他舉例說，「你的兒子」這個詞組在印第安文字中以牙齒和小孩兩個圖形組成。「牙齒」這個詞與克丘亞語中

「你的」一詞發音一樣，都念作「基里」。這個詞組拼合了語音符號和象形文字兩個部分。在這種文字中，也有大量會意文字，比如用十字架表示上帝、耶穌等等。經過研究，伊瓦拉認為，保留在克丘亞人中間的當代印第安文字是象形文字。

他同時指出，儘管包括了西方文明舶來的內容，這種印第安文字卻不可能完全產生於西班牙人入侵之後。因為西班牙傳教士不遺餘力地向當地人傳授拉丁文，而善於模仿和學習的印第安人也能較好地掌握這種外來文字。在這種情況下，再發明一種古老文字的可能性微乎其微。更何況，根據當地人的傳說，他們的文字源於古老的印加帝國。

在更有價值的證據出現之前，印加人稱為「基爾卡」的文字符號究竟是否存在的問題或許將一直成為一個懸而不決的謎。與瑪雅、阿茲特克等其他美洲文明相比，印加人的知識更為集中，只被絕少數人掌握。印加統治者認為，傳授知識，對黔首愚民並不適用，並會給國家治理帶來麻煩。而在這個國度中，祭司階層與知識階層又發生脫離，各種專門知識並不在為數不少的祭司手中，只歸屬於整個國家的文化精英「阿毛塔」們。王族中使用的祕密文字始終侷限於最小的範圍之內，被當作神聖的財富祕而不宣，就連王室成員大多也只是耳聞而並未目睹。何況，在帝國後期，教授知識對王室後代已不是當務之急，這造成了客觀上的知識斷層。

印加國王對待知識的態度就像西班牙人對待黃金。在印加王祕密儲藏文字和知識的時候，或許並沒有想到，當印加王族成員中的大部分死於內訌與外敵之時，帝國的整個歷史可能會因文化精英的消失，隨著生命和記憶一同掩埋。

仰觀天象

有些歷史學家指出，在高度成熟的印加文明之中，個別事項的落後形成了強烈的反差，幾乎令人難以置信。印加在天文曆法方面的知識不僅無法企及古代亞洲，也遠遠落後於他們的鄰居：墨西哥的阿茲特克人，甚至難以與同樣居住在美洲南部高原上的穆伊斯卡人匹敵。

在專家眼裡，天文曆法所達到的精密程度，反映了一個民族以其獨特的路徑通往科學世界的水平，儘管這些道路通常充滿神祕主義的迷幻色彩。那麼，印加人簡樸的曆法究竟怎樣呢？或許從我們普通人的視角出發，並不能辨別出專家計較的微妙差別。從實用主義的角度出發，人們發現，印加曆法對於他們的生活而言，已經足夠完備了。

印加人對於「年」的概念有兩種：太陽年和太陰年，分別得自對太陽運行和月相變化的觀察。太陽神的行動對於印加人意義重大，全國各地都設立了專門的觀察點，追蹤著太陽的運行軌跡。他們把太陽年叫作「瓦塔」，「瓦塔」和印加農業作息的程序密切相關，一年中的至日和分日有著極其重要的地位和非同尋常的意義，是印加最為重要的四大宗教節日。舊的一年在每年十二月的冬至日結束。同時，這一天也標誌著新年的到來。冬至過後，雨季即將到來，耕種季節就此開始。根據觀察，印加人得出的太陽年長度是三六五又四分之一天──這是相當精確的。

月亮「陰晴圓缺」的變化曾引起很多民族的強烈興趣，印加人也不例外。根據對月相的觀察，他們制定了月份──每次天上出現一彎新月，一個新的月份也同時開始。印加人把月亮稱為「基利亞」，也以同樣的名稱稱呼「月份」這個詞。一年

十二個月，每個月都有專門的名稱。

印加新年從十二月開始，他們把十二月稱為「卡帕克‧拉伊米」。依次而下，一月叫「烏丘克‧波科伊」，二月份是「哈通‧波科伊」，三月「保卡‧瓦拉伊」，四月「艾里‧瓦伊」，五月「艾穆拉伊」，六月「因蒂普—拉伊米」，七月「安塔—西圖阿」，八月「卡帕克—西圖阿」，九月「烏瑪‧拉伊米」，十月「科亞‧拉伊米」，十一月「阿亞‧馬克」。

十二個月的專用語實際上是當月舉行的宗教活動和宗教儀式的名稱。其中，在六月份舉行的「拉伊米」慶典是印加最為重大的宗教節日。其他月份中也有一些稱為「拉伊米」的宗教節日，但這些儀式的規模遠不及六月的這個節日。每年六月的夏至日，太陽在那一天運行到特殊的位置，這一天就是「拉伊米」節。因其重大的意義，這個節日又被稱為「因蒂普‧拉伊米」，意思就是「太陽誕辰的聖典」。

印加民族給月份取名的辦法，令人聯想到另外一些民族的作法。在英語中，月份的名稱也有著某種神祕的起源，可以追溯到希臘神話中諸神的名字。這些名稱的背後因隱藏著過去文明的印跡，令人浮想聯翩。這樣的名稱或許也比那些簡單的數字序列生動和豐富得多。

據說，印加的日曆中也有星期概念，但每個星期究竟有多長——七天、九天或十一天？一個星期的確切長度，後人已無法肯定。有一說認為，古印加人的星期是一個月的四分之一，而一星期中的每一天並沒有具體的名稱。

但是，把十二個月相加，得到的太陽年總長度是三五四天，要比根據太陽運行周期得出的三六五又四分之一天的太陽年短一些，兩者實際相差十一天左右。印加人顯然早已認識到這一點，他們在實際生活中採取了以太陽年計年，以月相變化

計月的辦法，在太陽年與太陰月之間似乎並沒有進行非常精確的協調。但這一點對社會生活並沒有很大的影響，因為在印加，最重要的活動是農耕，人們所遵循的曆法也以此展開。觀察太陽的運行是關係到農業生產的最重要的活動，印加人準確地測定每年的至日和分日，由此得出的時間週期是指導人們耕作的真正依據。

至於更短的時間刻度，比如類似小時的概念，印加人似乎對此並不計較。如果風和日麗，人們在田間耕作，就根據太陽的位置變化，估計大致的時刻。在室內則根據另一種日常活動——煮熟馬鈴薯的耗時長度度測時間。據說，煮熟馬鈴薯所需的時間大約相當於一個小時。

也有歷史學家認為，嚴格地說，印加人並沒有真正掌握太陽曆。因為，印加人對太陽的觀察是一項從不終止的活動，每年都在進行。印加帝國每年都要根據全國各地觀測點對日月星辰的觀察結果，直接調整曆法，規劃農作。也就是說，印加人並沒有制訂出固定不變的太陽曆並推行到民間。這些論述或許並不能代表權威，但指出了非常重要的一點——正像許多其他民族一樣，印加人也是在對天象的信仰中發展了他們的曆法。並且，在印加，天文觀察是一項極其重要的活動。

在印加，天象觀察是一項系統的工作，觀測點遍布整個帝國的各個地區。印加帝國根據從各地收來的報告，調整曆法，對全國的農業生產及相關作業做出統一的安排。

例如，首都庫斯科，印加人認為這個城市是「宇宙世界的中心」，因而在天文觀察中有著非常重要的意義，城市建設中專門設置了天象觀測點。中央大廣場上建造了用以觀測的高台，城市的東西兩面各建造了八座觀測塔。四個觀測塔一組，城市兩面共有四組塔群。每組塔群的外圍是兩座高塔，中間兩

座矮塔的高度與三個人的身高相仿。兩座塔之間的距離大約在五至五‧五米之間。從高塔上可以瞭望矮塔。如果觀測人員看到日出、日落的陽光正好經過兩座矮塔之間的空隙，這一天就是至日。東面的塔用來觀測夏至，西面的則用來觀測冬至。當夏至或冬至即將來臨之時，為了驗證確切的時間，一名印加人就在日出和日落時分進行觀察，從特定的觀測位置，注意太陽是否剛好在兩座矮塔之間升起和降落。

著名的馬丘比丘城堡，人們猜測它是印加的宗教聖地。在這個城市，天象觀測顯得無比重要。整個城市中有許多用來進行天象觀測的高台塔樓，某些有宗教用途的建築和地點，根據天文現象進行設計，十分奇妙。像是馬蹄形建築物的朝東窗戶，可以讓冬至的陽光直射而入。考古學家推測，通過城中的太陽塔，印加人曾經對太陽系進行觀察與研究。馬丘比丘城中有一處神祕的石台，利用整塊岩石築成，印加人稱它為「拴住太陽的地方」。到了冬至這一天，太陽光到達了這個最遠的地點之後，開始縮短。人們擔心來年太陽一去不返，因而每年此時都要舉行慶典，通過宗教儀式，把太陽拴在這塊石頭上。它反映了印加人對冬至等重要時刻的認識。

確定至日的另一種重要方法是觀察影子。神廟中或神廟的廣場上事先劃定了圓圈，圓心處樹一根圓柱。人們根據柱子投影的長度變化，確定夏至和冬至的準確時間。根據長期得出的經驗，在圓圈中劃出一條直徑，標柱的投影落在直徑之上，可以觀察刻度。當某天正午的陽光直射圓柱，幾乎看不到柱子的影子時，人們就說：「太陽神和它的全部光芒都坐在柱子頂端了。」——這一天就是至日。

位於赤道的基多地區，正午的日光下沒有陰影，因此受到印加人特別的崇敬。人們認為這是偉大的太陽神最喜歡居住的

地方。

　　與其他民族不同的是，似乎由於對太陽神的敬仰，印加人並不關注星象。他們只了解一、兩個星座的知識。了解得最多的是金星，它被稱為「查斯卡」，意思是「金色捲髮的人」，並為它設置了祭壇。人們還注意到昂星團七顆星的活動。其他星統稱為「科伊柳爾」，沒有專門的名字。星象觀察對帝國的事務也有所助益，首都庫斯科根據昂星，確定農業季節。每年五月，當昂星消失之時，收割季節同時到來。昂星的名字「科卡」，另一個意思就是「倉庫」。當它回歸之時，也是耕作季節的開始。

　　印加帝國通過對日月星辰的觀察，得出的曆法與國家的生產密切相關。偌大的一個帝國，中央政權的統治必須通過對天象的認識整體把握。印加幅員遼闊，地理氣候、自然條件相差很大——僅高原山區因海拔高度的差異，不同地區的生態環境就迥然相異。印加帝國之所以能在全國範圍內合理地協調資源，有條不紊地管理整個國土上的農作物生產，依靠的就是天象觀測。

　　印加帝國通過天象觀察，把握整個生態週期，全國範圍內遍布的天象觀測台及時地向中央通報當地的時令、節氣，帝國根據這些因素調整日曆，各地的人們根據庫斯科的年曆安排生產作息、參祭神明。通過這種方式，帝國對各地的情況了如指掌，中央了解每個地方播種、收穫的具體時間，在全國範圍內調配人力和物資資源，也能在對外征服時恰當地安排軍隊通行的最佳時間和路線。在此基礎上，全國範圍的全盤計畫和經濟管制遂得以建立起來。

　　伊利諾大學的人類學家利德博士發現，如果將庫斯科和全國各地的宗教聖地聯繫起來，可以組成一個網絡系統。以首都

為中心，向帝國各個方向發出四十一根射線，串連了印加的各個宗教聖地，各地的宗教慶典用來標誌印加帝國一年中的各個時節。這個網絡系統關係著整個帝國的日程和年曆——由各地觀察到日出和日落的時間，規劃全國的宗教節日，調整庫斯科中央政權的年曆。

在印加，曆法與農業生產、宗教祭祀形成了嵌套結構。比如，在農耕中具有重要意義的分日和至日，也是印加重要的宗教節日。春分、夏至、秋分和冬至是印加最大的四個宗教節日，全國舉行盛大的歡慶活動和宗教儀式。九月秋分，印加王親自扶鋤，象徵性地播下一年中的第一顆種子。在三月春分的儀式上，擁有太陽血統的王室成員來到被稱為太陽花園的梯田中收割玉米。在這四個節日中，測量陰影的太陽標柱上都被掛上花環。夏至和冬至是「太陽神端坐柱頂」的日子，圓柱頂端安置了金製的座椅供奉太陽神，人們向柱子貢獻鮮花和鮮果，以表達對太陽神的敬意。

印加的人間生活應對著上蒼天穹的運行規律，有條不紊地展開。宗教儀式和節日以神聖的方式標誌了曆法，也為農業勞動規定了特殊的性質。由天象得出的時令、節氣聯繫著宗教信仰、農業季節，乃至國家政治，規劃著印加文明的整個生活方式。在天與地的統一之中，印加人的生活以上述方式詮釋了「天人合一」的境界。

印加生活的文化景觀

站在今天的時間坐標上回望，古代文明的昨夜星辰早已湮沒於遙遠的天際。然而，歷史只是塵封的大書，可能殘缺不

全，但並未整個丟失。儘管現代人更樂於關注現世生活，但對祖先和歷史的興趣卻還沒有完全消退。在實用領域中呈現出的一種周期性復古潮流和懷舊情感，可以說是人類對過去的好奇心最為淺近的表現。然而，從某種意義上說，歷史也遠不限於學究的思古幽情，因為歷史也是那些過去之人的真實生活。考古學家發掘出的價值不菲的出土文物就是當年人們生活中的物件，甚至只是極其普通的生活器具。現時與過去以這樣一種難以傾訴的情感聯繫在一起，因為任何一個現在，有朝一日也終將成為未來的歷史。

歷史的輝煌銘記在那些實用物品的文飾細節之中，它們的結構質地訴說著製造者意想不到的更多意義。印加時代的工藝品和生活用具中所包含的匠心和技藝，正是印加文明的絕好記錄。考古學向今天的人們開啟了一扇通往過去的門，印加人在冶金、紡織、製陶、醫藥等各個方面取得的成就在那些遺留物的發現中呼之欲出。

我們獲知，印加在冶金方面技術高超。他們用青銅鑄造了斧、鐮、刀、棍、流星索的重球、戰棒的包皮、夾鉗、別針、針和鈴鐺等等，在金屬加工上採用了鑄造、鍛造、模壓、沖壓、鑲嵌、焊接等多種工藝。這些青銅合金中的含錫量，由三至一四％不等，根據硬度的要求而各不相同。刀刃部位經過高熱鍛鍊，使刃口硬度更大。

銅器和青銅器一般以「失蠟法」澆鑄。先用泥沙做出內部的模型，外面塗上蠟層。將蠟模仔細加工，外面再覆蓋一層泥沙，蠟層熔化後從下面的孔流出，原來蠟層的位置為金屬占據。冷卻後，除去泥沙外模，金屬鑄件就完成了。耐高熱、延展性好的金銀則用鍛造和鑲嵌的方法加工。器具上裝飾的金銀紋飾，一般採用的是將金銀鍛成薄片，用石版浮雕為模具，在

金銀薄片上壓印圖案的方法。在印加，金銀器皿和金銀飾品在貴族家庭和宗教場合中隨處可見。

金屬工匠使用的土產工具別具特色。鍛造所需的砧是一塊堅硬的石頭，使用的「錘子」則是形如骰子的大塊金屬，磨去稜角，適於手握，像使用卵石一樣擊打，彷彿是石器時代的延續。熔化金屬時不用風箱，而是圍著火堆，用銅管吹氣。管長約〇·九米左右，也可長可短。根據工作量，通常八、十或十二根管子捆在一起使用，熔煉的金屬用木棒或銅棒夾出，插入一堆濕土中滅火，來回翻轉降溫，直到可以加工。工匠們一般在院子或柵欄裡露天操作。

採礦工作在熱天進行。人們開採銅礦和錫礦鑄造青銅。銀礦的採掘量十分巨大。在印加，銀子與青銅同樣普遍。他們也懂得使用鉛。印加工匠通過熔煉的辦法，從礦石中提取金屬。由於安第斯地區沒有天然形態的鐵，印加人不懂得開採鐵礦和製造鐵器。

印加帝國在冶金技術上的特點，標誌著它是一個獨立的冶金區，區別於另一個冶金中心哥倫比亞高原。印加人繼承了安第斯地區原有的金屬加工技藝，其中可能從艾馬拉人那裡學習了青銅開採，發展了青銅冶煉技術，並把這項工藝傳布到全國各地。被征服地區的優秀技術也被印加帝國採納，尤其是沿海奇穆地區的高超金屬工藝。據記載，統治者曾把奇穆的冶金工匠遷到庫斯科，專門從事金屬加工。

除了金銀飾品之外，印加的紡織品也堪稱一絕。印加王穿用的毛料衣物，令西班牙國王愛不釋手。高原山區主要使用羊駝毛作紡織原料，沿海地區則使用棉花。印加的紡織品種類繁多，有絨毛織品、絲絨和毛毯，也有輕薄的絲織物。精細的毛料織物可以達到每六·五平方厘米五百線的密度。印加的布面

紋樣以幾何文飾和對稱圖像為特色，刺繡和塗飾是使用在織物上的普遍工藝。有些布料中夾織著昂貴的金線和色彩鮮艷的羽毛，無論技藝還是造型，均堪稱古代紡織藝術中的精品。

印加人既生產適合普通百姓穿著的粗布衣服，也織造獻給貴族的精美衣物。普通衣服由婦女製作，她們在農閑時紡織，走路時都拿著紡錘。男子為村社首領或普通貴族縫製高檔衣物。印加王和王室成員的精美衣物則交由「太陽貞女」完成。印加織工使用豎式或橫式的簡便織機，有兩根平行橫檔，上面一根固定在樹幹上，下面一根用長帶子繫在腰帶上，人坐著或跪著工作。誰能想到，印加的精美織物就在這樣簡陋的紡織工具上誕生。

印加的陶器富有特色，相當於一種有實用價值的雕塑品。被稱為「阿里瓦洛」的陶製瓦罐特色鮮明。它們大小不等，從袖珍型到一·五米高的都有。外形極富表現力，形似人體和人像雕塑。有些作品在頸部雕出眼睛、嘴和鼻子的形狀。有些陶罐在上下兩部分接合處飾以動物頭像，同時又用來穿繩，供人背運。另一種常用的印加陶器，腹部圓大的有柄缽頭，在其頂部塑一動物形象，一般為鳥的頭形。外表繪製了幾何圖案和點綴著自然景色的花紋。

陶器製作中採取了磨光技術，上色後絢麗多彩。陶器上一般有小型裝飾，表面圖案以兩種居多：一是繪有菱形、圓形、三角形、交叉線條、類似棋槃的方格等沒有具體內容的幾何形狀；一是描繪印加帝國的自然景色和歷史故事。這些圖案具有連續紋樣的平衡和對稱的特徵。

印加人的雕刻藝術在美洲文明中也有其獨特之處，主要有木雕和石雕兩種。宗教慶典中使用的木製杯子是小型的雕刻作品，被製作成人或動物的頭像，或雕刻出表現印加風俗的現實

場景，以明亮鮮艷的色彩、多種多樣的外形，引人注目。工匠們先在木料上取下整個杯子的用料，再在表面雕刻出圖案，用天然的樹膠顏料上色，雕刻出各種美麗的圖景。一些普通的生活用具、耳飾、梳子都是木雕的精品。而在巨石建築的外表、石臼等用具上，石刻藝術大展風采。在石製器具上，工匠們把提手部分大多塑造成貓或蛇的頭形，並在表面上裝飾各種圖案和花紋。

考古學家發現了印加時代的外科手術工具，主要是 T 形銅刀和鋒利的石器。這是一項驚人的成就。印加人能夠施行要求極高的穿顱術，這在當時的世界中處於領先地位。顱骨手術的目的是治療頭骨外傷或治療精神病人。儘管在當時的醫學條件下，手術並不能保證絕對成功，但對一些印加人遺骨的考古研究證明，很多患者在接受手術後確實痊癒了，並繼續存活了多年。手術前，患者喝酒和嚼食古柯，以達到麻醉的效果。印加「醫師」也懂得使用繃帶和紗布。

此外，印加古代的藥理學也很發達，草藥治療取得了顯著的成就。世代相傳的草藥郎中熟悉不同植物的藥用價值，有資格為國王和貴族治病。印加百姓生病之後，往往聽任病情發展，或者求助於巫醫。巫師認為是靈魂出竅、人的罪孽或壞巫醫的作用引發了疾病，採用巫術除妖，但他最後總得併用草藥治病。一般的療法是放血或服用含有少量毒素的藥物致泄，藥物的成分中有奎寧和可可等。印加人還有一些對付疾病的土辦法。比如，嬰兒出生後剪臍帶時留下一指的長度，等到脫落之後，將它保存起來，孩子身體不適時，就拿出臍帶給他吮吸。父母察看孩子的舌苔，如果舌面發白，就表明他不太健康。孩子發熱發燒，早晨起床後用尿洗澡，並給孩子喝童子尿，用以治療。後面的幾種辦法看似與中國民間醫學土方十分相像。

由於印加人使用結繩記事，用繩結登錄各種數據，印加人的數學知識相應地就有所發展。計算時，他們使用比算盤原始的計算板「阿巴克」，操作時，用一些玉米粒或小圓石子在劃定的長條和方格中移動。這種計算板上主要進行較為複雜的除法運算；而加法、減法和乘法的運算，他們可以利用繩結輕易地完成。

　　在丈量土地、分配土地的實踐中，印加人掌握了實用性的幾何學知識。他們以人體某些部位的長度為標準，規定了各種測量長短的單位。最小的單位是手指的長度，其次是相當於大拇指和食指之間的長度。測量土地時普遍使用的長度單位約為一六二厘米，相當於一個成年人的身高；他們有時也以身高的二分之一為單位。土地面積的單位是「圖普」。但這個尺度並不完全固定，隨著地區的不同而有所差異。

　　印加人對地理的認知十分具體。他們製作的地圖實際上是根據比例，利用泥土、碎石和木棍等原材料製作的實物模型。各個部族、省分和村莊都為自己的領地製作地圖，製作的模型形象逼真，具體表現了河流、湖泊、樹林、房舍的位置。

　　印加百姓過著樸素而自足的生活，工具和技術的缺陷似乎並無大礙。印加木匠使用的工具是銅製的斧子和鏟子，沒有鋸、鑽、刷子或其它工具。木匠的工作是簡單地加工木料，提供建築材料。普通人居住的石製房屋沒有木製門窗，人們不懂得榫和楔的辦法，建築物上所有的木頭部件都是用植物繩索捆綁固定住的。石匠的打製工具是一些黑色卵石，加工技藝主要是壓磨，而不是鑿削。因為沒有運輸工具，搬運石料時全靠體力支撐。儘管懂得冶煉青銅和製造青銅器具，卻沒有為實際生活製造出金屬剪刀和針。人們始終使用石刀應付生活所需，或利用植物的硬刺作針，婦女們還用植物的刺製作梳子。

依據西班牙人的一些記載，以及至今保留下來的某些傳統，對印加時代的文學藝術也可以有個大致的了解。

「基普」是記錄歷史和記述神話的唯一有形的載體，民間口頭流傳的詩歌主要為頌歌、敘事詩和抒情歌。頌歌傳唱重要的歷史事件，敘事詩記敘戰爭史實，有著重要的史料價值。抒情歌則主要是民間情歌，音調優美和諧，每支情歌都有獨具特色的曲調，特定的曲調和歌詞內容相對應。詩歌中，最著名的是長詩《奧利揚泰》，歌頌了民族英雄奧利揚泰反抗專制統治的事蹟，在民間廣為流傳，約在十五世紀時改編成戲劇。

印加時代的歌舞風俗，在今天的秘魯共和國仍有遺韻。當年節日慶典的歌舞活動既有表達歡慶的娛樂成分，也有十分重要的宗教意義。跳舞時，人們將果殼或金屬製成的響鈴繫於膝蓋之下，用來舞出節奏。另一樣伴奏樂器是皮鼓，用羊駝皮蒙製，奏響時可「鼓起」人們的情緒。此外還有用香蒲、骨頭或陶土製成的笛子及海螺等吹奏樂器。

由冶金、製陶、醫藥、紡織、計算、丈量，到口頭文學、歌舞樂器……這些場景和文化斷片或許可以讓我們拼貼出一幅不太完整，卻足以見出其豐富的印加時代的文化生活全景。

Chapter 8
殘陽如血

痛史：被殖民者征服

輝煌的印加文明在到達帝國的鼎盛時期之後不過一個世紀，就面臨著急轉直下的沒落境地，最終覆滅在西班牙征服者的手裡。

弗朗西斯科·皮薩羅，這個出身卑微的西班牙私生子，為人所輕賤的養豬倌，目不識丁的文盲，本可能度過無聲無息的平庸一生，卻出人意料地中年發跡，並以摧毀一個古老文明的「業績」載入史冊。

印加帝國滅亡之前的南美大陸，西班牙的勢力早已隨哥倫布的地理新發現而迅速滲入。一五〇二年，哥倫布做第四次美洲之行時，曾經到達洪都拉斯至哥斯達黎加的沿海一帶。一五一三年，西班牙人巴爾波亞在從加勒比海岸穿越巴拿馬地峽的航行中，發現了被他稱為「大南海」的太平洋。一五一九年，位於中美洲，被稱為美洲三大文明之一的阿茲特克文明中心城市特諾奇蒂特蘭被西班牙人攻占——西班牙人在這個文明的基

礎上建立了墨西哥。阿茲特克的滅亡，預示了印加的前景。同年，西班牙人的殖民基地巴拿馬城建成，它位於太平洋岸邊的巴拿馬地峽，一條縱貫巴拿馬地峽的道路同時開通。此後，西班牙就以巴拿馬為基地，開始大張旗鼓地向南美大陸擴張。皮薩羅就是在這場冒險中出人頭地。

皮薩羅曾隨同太平洋的發現者巴爾沃亞經歷了穿越巴拿馬地峽，到達太平洋沿岸的航行，成為第一批親眼看到「南海」景象的歐洲人中的一員。在此經歷中，他已從當地的印第安人口中聽說了印加帝國的富饒情形。一五二二年，另一個西班牙人安達戈亞曾航行到哥倫比亞沿海一帶，帶回了關於南美洲的豐富傳說。墨西哥征服者科爾特斯的成就激發了皮薩羅的雄心，年屆半百的他對隱蔽在科迪耶山脈之中的黃金之國嚮往不已。此後，皮薩羅遇到了兩位志同道合者，一是與皮薩羅身世相近的另一名冒險軍人阿爾馬格羅，一是巴拿馬副主教盧克。此三人共同籌劃南進大計。皮薩羅和阿爾馬格羅領兵前行，所需經費主要由盧克提供。

一五二四年十一月，在巴拿馬總督佩德里亞斯的准許下，皮薩羅一行一百多人從巴拿馬出發。航行了兩個多月後，他們到達了今日哥倫比亞的聖胡安。首次遠征選取的季節最不利於航行，饑餓和風雨令皮薩羅失去了二十多個士兵。最終他們遭遇好戰部落，五人戰死，皮薩羅與另外十七人受傷，倉皇逃回巴拿馬。

兩年之後，他們又糾集了一六二名西班牙士兵出發。此行到達印加帝國邊緣地帶的基多等地，見聞頗豐。但征途的艱難及傷亡的恐懼使沮喪的情緒在遠征隊伍中擴散。在面臨一支強大的印第安軍隊之際，皮薩羅留下駐守，阿爾馬格羅回去求援。巴拿馬新任總督里奧斯對此行結果及人員的損失大為不

滿，他命令皮薩羅及其士兵撤回巴拿馬，並放棄繼續冒險的計畫。皮薩羅抗令不從，他用劍在沙地上劃了一條線，讓士兵們做出抉擇。有十三人跨過了這條線，表示將繼續追隨他。他們後來被稱為「十三勇士」，這個事件也因此而著名。

一五二七年，皮薩羅的遠征隊南下，駛入瓜亞基爾灣，在印加帝國的邊境大城通貝斯登陸。在這裡，他們獲得不少紡織品和金銀飾物，還帶走了兩個印第安青年，皮薩羅給其中一人取名為費利皮略。這個印第安人後來在西班牙征服印加帝國的過程中起到了重要作用，因他很快學會了西班牙語，成了皮薩羅的翻譯。由於此行的收穫，令皮薩羅一行信心大增。一五二八年初，皮薩羅返回西班牙，直接向西班牙國王求援。

兩年之後的七月，西班牙國王與皮薩羅簽定協議，同意他組織較大的遠征隊，並給予他一紙委任狀。皮薩羅身任秘魯省的總督和總司令等多種官職，幾乎可以代表國王行使一切權力。阿爾馬格羅則被任命為通貝斯要塞指揮官，盧克任通貝斯主教。儘管有這些有利的條件，但在召募同行者時還是遇到了困難。因為當時墨西哥已經被征服，人們樂於前往這個城市而不是前途未定的秘魯，因而響應皮薩羅的人並不多。

一五三〇年，皮薩羅同他的四個異母兄弟以及其他幾個人返回巴拿馬。次年一月，一支由三艘船，二八〇人組成的遠征隊出發，駛向通貝斯。

到達通貝斯之後，皮薩羅得知印加帝國剛剛結束了一場爭奪王位的內訌。瓦斯卡爾與阿塔瓦爾帕兩兄弟於一五三二年四月間在庫斯科附近激戰，阿塔瓦爾帕最終奪取了王位。為排除異己，他殺害了大批瓦斯卡爾的支持者。印加帝國在內戰之後元氣大傷。皮薩羅意識到這是一個絕好的戰機。

同年九月，他率領一〇二名步兵、六十二名騎兵，翻越安

第斯山，於十一月十五日進入印加帝國的北部重鎮卡哈馬卡。當時，阿塔瓦爾帕和一支四萬人的印加軍隊正駐紮在卡哈馬卡近郊。由於王位爭奪戰的勝利帶來的喜悅還未過去，同時，阿塔瓦爾帕自恃軍隊強大，在皮薩羅一行到來之時，沒有採取任何敵對行動，甚至也未曾部署軍事戒備。當天下午，皮薩羅派人去見阿塔瓦爾帕，提出了會見的請求。阿塔瓦爾帕沒有察覺到這將是一場鴻門宴，表示同意。

皮薩羅事先做出了周密的計畫，打算效仿征服墨西哥的辦法：俘虜君王，挾制印加帝國。第二天，阿塔瓦爾帕出於誠意，乘坐著豪華的金質肩輿在五千名解除武裝的印加士兵陪同下，來到卡哈馬卡廣場。他毫不知情地進入皮薩羅的埋伏圈。雙方見面之後，神甫瓦爾維德走到阿塔瓦爾帕面前，由費利皮略當翻譯，向他進行說教，勸說他皈依天主教，效忠西班牙國王。聽了這番說教，阿塔瓦爾帕回答：「這裡的土地和土地上的一切是我的祖父和父親所有，並傳給我的哥哥瓦斯卡爾。現在這一切都歸我所有了。」並告訴對方：「我只尊重太陽神和我的祖先。」當阿塔瓦爾帕詢問對方宣講的話是從哪兒來的，瓦爾維德把《聖經》遞給印加王。阿塔瓦爾帕翻了一翻，隨手把它丟到地上。氣急敗壞的神父示意可以行動。此時，皮薩羅高喊：「聖迪亞哥！」發出了行動的信號。埋伏在廣場周圍的西班牙騎兵和步兵一起衝了出來，凶殘地殺戮手無寸鐵的印加人。印加人團聚在阿塔瓦爾帕周圍，保衛自己的國王。激戰中，眾多印加士兵犧牲生命。由於印加士兵人數眾多，皮薩羅一見無法很快取勝，就把阿塔瓦爾帕拖下黃金肩輿，生擒活捉。一見印加王被擒，印加士兵立即亂了方寸，很多人放棄抵抗，擁向瓦爾帕廣場的出口。混亂造成了慘重的傷亡。駐守在卡哈馬卡郊外的印加軍隊在群龍無首的情況下，也迅速瓦解。

· 西班牙人入侵印加帝國

　　皮薩羅向阿塔瓦爾帕許諾，只要他將囚禁室——長二十二呎（約六·六米），寬十七呎（約五米）——全部裝滿高達九呎（約二·七米）的黃金，在另外兩間較小一些的屋子裡裝滿白銀，就可以將他釋放。阿塔瓦爾帕聽信了他的話，立即傳令各地，上繳黃金。保釋國王的黃金被源源不斷地運來，遠遠看去，彷彿道路上有一條長長的金線。當金銀如數交納完畢，皮薩羅卻食言了。他利用瓦斯卡爾被殺的消息，給阿塔瓦爾帕加上謀害兄長等罪名，於一五三三年八月二十九日處以火刑。阿塔瓦爾帕斥責皮薩羅背信棄義。出於印加人的信仰，只有保全

屍體才能靈魂不死，臨刑前，阿塔瓦爾帕皈依了天主教。他被處以絞刑。阿塔瓦爾帕死後，遺體被埋葬在聖弗朗西斯科的墓地。據說，西班牙人離開卡哈馬卡之後，印第安人將他的遺體祕密移走，按照他的遺願，遷往基多。

此後，皮薩羅於一五三三年十一月進入印加首都庫斯科。印加首都庫斯科被征服之後，西班牙人的勢力繼續擴張，相繼征服了厄瓜多爾、智利、哥倫比亞等地。至十六世紀中葉，除了巴西以外，整個中南美洲的大多數的土地都落入西班牙的口袋，成為西班牙的領地。

這就是印加帝國滅亡的情形。一個擁有幾萬軍隊的大國竟然屈服於一支不足兩百人的軍隊！當然，其中有種種因素。比如，西班牙人對黃金的貪慾，帶給他們強烈的興奮和刺激，使得像皮薩羅這樣的冒險者能在遭受多次挫折後仍保持旺盛的鬥志。從歐洲帶來的天花和瘟疫，也出乎意料地助了征服者一臂之力。印第安人難以抵抗這種來自舊大陸的病毒，在成批土著倒下之後，為疾病困擾的西班牙士兵發現，笑到最後的竟然是自己……以上種種因素，造就了無法改寫的痛史，儘管有些難以置信，卻是一樁事實——龐大的印加帝國，在幾百年征戰不斷勝利之後，驚詫地發現自己居然一夜之間就淪為亡國奴。

滅亡的宿命與徵兆

美洲大陸上兩個強大的帝國阿茲特克和印加，不可思議地潰敗於人數很少的歐洲入侵者。有人把後者的勝利歸功於西方文明在武器和技術方面的先進。儘管西班牙人確實擁有火繩槍之類近代武器，然而，西方人的優勢其實並不十分明顯。長途

跋涉對行裝有比較苛刻的要求，稀少的人數也不可能帶著強大的裝備。實際上，在征服時期，西班牙人擁有的火器並不多，射速也較慢，對於幾萬人眾的印第安軍隊來說，殺傷力非常有限。然而，正是這些散兵游勇和為數不多的幾枝火槍，卻輕而易舉地奪取了勝利。在一定程度上可以說，印第安人並不是戰敗於對手，而是自己的土崩瓦解，給對方奉送了勝利的果實。在這當中，究竟是什麼因素產生了難以估量的作用，使印第安人在西班牙人面前潰不成軍呢？

這個力量正是在以往的印第安歷史中發生重要作用的宗教神祕主義。印加和阿茲特克，乃至整個美洲，在西班牙人到來之際，不約而同流傳著相似的神話傳說，認為印第安人世界即將滅亡，會被神奇的外來民族吞併。

安第斯的印加人當中流傳著一個傳說，人們稱它是「偉大君王維拉科查的預言」。這位帝王根據夢境，連同宗教祭司、賢者「阿毛塔」們通過對彗星及其他各種徵兆的觀察，以及祭獻的犧牲得到的預示，得出了以下的預言：

在印加帝國的繁榮統治持續一段時間之後，會有一些前所未見的人來到印加的國土，他們會廢止太陽神信仰和偶像崇拜，並且奪取這個古老的帝國。這位印加王曾因感知神的啟示，成功地擊退了昌卡人的叛亂，並在神的指示下，沿用了神的名字「維拉科查」。這些事蹟更加增添了印加王與生俱來的神聖性質，人們對此深信不疑。

這位印加王命人在距離庫斯科以南九十公里的卡查村建造一座維拉科查神廟，以紀念向他顯靈的維拉科查神。根據他的示範，人們發現，維拉科查這位神靈的形象與普通的印第安人大不相同。印第安人臉上無鬚，衣著僅及膝蓋；而維拉科查鬍鬚滿面，身上的長袍垂及腳面。奇怪的是，在沒有任何參照的

情況下，維拉科查命人塑造的這尊雕像非常接近西班牙人的模樣。甚至當後來的西班牙人來到這裡，根據親眼所見，也認為這尊神是一位西方人。不過，他們認為，他更像使徒聖巴多羅買。因為這位神明手牽異獸，而這一點符合聖巴多羅買捆綁魔鬼的形象。當西班牙人看到神廟和神像後猜測道：可能是使徒聖巴多羅買在他們之前來到秘魯，向異教徒傳經布道。

在瓦伊納‧卡帕克當政時，「大南海」（即太平洋）的第一位發現者巴爾沃亞的船隻來到印加帝國沿海一帶活動。這個消息彙報到宮廷中時，令瓦伊納‧卡帕克憂心忡忡。他為那個宣布外來者奪取王位，毀滅帝國的神諭所困擾。而且神諭明確指出：到第十二位印加王執政時，印加帝國就會滅亡。在他看來，最後期限已為時不遠（一說，瓦伊納‧卡帕克是第十二位印加王；另一說稱，阿塔瓦爾帕是輪到這個數字的最後君）。

帝國的最後幾年，發生了一系列異乎尋常的奇異事件：參次爆發極其強烈的地震，動搖了人們對這種習已為常的自然現象的承受力；被視為代替太陽神，標出不祥之地的閃電和霹靂正巧擊中了印加王的一座宮殿；沿海地區多次彙報海潮漲落超過通常界限；天空中，彗星不止一次地前來光顧。這些現象令人感到心驚膽寒。一個尤為突出的非常事件是：在一次盛大的太陽慶典中，天空中出現一幕奇特的景象——一隻雄鷹被群集圍攻，最後雄鷹力不能支，跌落到舉行祭祀的廣場。人們對受傷的雄鷹精心護理，最後它仍然死去了。舉國上下認為這是重大的凶兆。占卜師對此的解釋是：帝國將要衰亡，國家和全國崇拜的偶像將被毀滅。另一個重大的凶兆使一位德高望重的祭司因預感到帝國的悲慘命運而老淚縱橫。在一個夜晚，月亮周圍出現了三道圓環，由內而外，相繼呈血紅色、墨綠色和一層煙霧。血紅色意味著印加王的後代之間將發生內訌和戰爭，必

將血流成河；黑色顯示了戰爭和自相殘殺將導致亡國滅宗的黑暗前景。最後，雲煙預示了帝國現有的一切繁榮景象都將化為烏有了。

瓦伊納・卡帕克在志下心不安中度過了餘生，最後在彌留之際，留下遺言：「多年以前，我們就從太陽神父親的啟示中獲悉，他的子孫經歷十二代國王之後，將有一些我們從未見過的新人來到這方，他們將占領我們所有的王國和其他許多地方，併入他們的帝國。」「我命令你們服從他們，為他們效勞。」

瓦伊納・卡帕克的遺囑代表了當時人們對神明回歸預言的普遍態度。在美洲各地，關於仁慈之神的傳說有著各種不同的描述。人們認為，這位神靈在實行仁政之後，由於環境所迫，不得不離去。但他宣告，有朝一日，他必定會重新回來接管原來屬於他的領土。在墨西哥阿茲特克人和瑪雅人中，這神名叫克特薩爾科阿特爾，他離去後前往東方。而在安第斯的傳說中，維拉科查神消失在西方的大海之中。克特薩爾科阿特爾應該在五十二週期中的塞—阿卡特爾年返回。而西班牙人正是在一五一九年，即塞—阿卡特爾那年，從東方而來。

印加帝國滅亡的預言似乎終於被從西方前來的西班牙人的行為所證實，因而在西班牙人剛剛踏上美洲之際，很多印第安人真心誠意地將他們的到來視作諸神的回歸。

西班牙人在印第安人看來不像是人，而像是神。種種在印第安生活中從未發生的現象，此時都變成了神蹟。像是西班牙人騎戰馬的行為，印第安人理解為好比希臘神話中半人半馬神人合體的怪物。當皮薩羅一行剛剛到達印加帝國的邊境基多時，好戰的當地人擺出了戰鬥的姿態。如果在這時將這些西班牙人殲滅，以後的歷史可能就要改寫。可惜的是，一件小事引

發了印第安人的不安，以致貽誤戰機。西班牙人中有一人因為驚慌，從馬上摔了下來。印第安人對此大吃一驚，感到連成一體的生物突然分成兩半，覺得應暫時觀望為好，因而放棄了立即攻擊殲滅對方。

能夠發射火藥的火槍，在當地人眼裡被看作威力無比的霹靂、閃電和雷鳴「伊利亞帕」；西班牙人面留長鬚，衣服遮住全身，身下騎著怪獸，鞋子在陽光下閃閃發光，好似銀腳；他們閱讀書籍和信件，在印第安人眼裡，是通過一片片白布，毫無困難地相互交談，對此也心生敬畏。

以上種種現象令單純的印第安人相信出現在面前的這些陌生人就是神明。西班牙人征服秘魯，取締偶像崇拜，傳播天主教信仰的活動，似乎也應驗了維拉科查的預言。因而在西班牙人到來的初期，人們就稱他們維拉科查。

在這種態度中，最典型的是阿茲特克君主蒙特蘇馬。他對待西班牙人的方式真是令人感到不可思議。他主動會見侵略者，向他們獻上花環與黃金。他甚至把對方的首領請上王座，誠懇地歡迎西班牙人回到墨西哥城的家裡。

印加帝國臣民的奇行也不遑多讓，他們用肩輿抬著六個最初到來的征服者，像對待自己的國王一樣，稱他們為印加人，行程一千多公里，從卡哈馬卡直達首都庫斯科和其他地方，去觀看那裡的財寶。

和阿茲特克人一樣，印加人的失敗在於文明階段的侷限，他們被神話思維混淆了視聽。更為深層的原因在於當他們面對西班牙人時，處於心理劣勢。整個社會的集體心理早已籠罩於深重的悲劇氣氛之中，他們的軍隊最終遂潰敗於歷史宿命論的觀念之下。

後來西班牙人的惡劣行徑，以及面對黃金的醜惡嘴臉，使印

第安人否定了自己的最初判斷。然而，此時可能為時已晚。皮薩羅的軍隊已長驅直入，逼近印加帝國的心臟：首都庫斯科。在皮薩羅的軍隊向庫斯科推進時，他的手下抓獲了卡爾庫奇馬派往基斯基斯的使者。使者的使命是帶去有關侵略者的重要消息，告訴基斯基斯的防衛部隊，西班牙人和印第安人一樣，他們是凡人。對於印第安軍隊來說，這是最為重要的消息。

開始的失敗好比是一個惡性循環。按照印第安人的思維，戰敗的經歷就等同於自己的傳統神明已經失去了神聖的威力。而歐洲人入侵造成的社會動盪和生活苦難也印證了印第安人面臨世界末日的預言。事實又為他們的認識推波助瀾，一切如雪球般越滾越大。印第安人最終發現，命運如此吻合於預言——他們失去了整個帝國。

內訌的悲劇

印加帝國的滅亡，在很大程度上起自於內部的喪亂。當西班牙殖民者皮薩羅以其敏銳的嗅覺捕捉到印加王位之爭的訊息時，他明白，一個不可多得的機會來了。正如那個古老的寓言所說：「鷸蚌相爭，漁翁得利。」

這次危機早在阿塔瓦爾帕和瓦斯卡爾的父親瓦伊納‧卡帕克的生活經歷中就埋下了伏筆。瓦伊納‧卡帕克的髮妻沒有生育，他只得又娶了兩名王族血統的姐妹為妻。不久，瓦伊納‧卡帕克得到了太子瓦斯卡爾，以及其後的一位王子曼科‧卡帕克。這位國王在婚姻上不同尋常的經歷，可能使他獲得了一種破除常規的經驗。

瓦伊納‧卡帕克征服了基多王國之後，娶了基多美貌的公

主為妃。可能出於愛情及對這個盛產黃金的富饒之鄉的喜愛，他的晚年幾乎完全移居到這片新征服的土地上。由於朝夕相處，他與幼子阿塔瓦爾帕培養了深厚的感情。這個傑出的王子自幼隨同父親身旁南征北戰，與父王同吃同住，贏得了特殊的寵愛。

國王在生命垂危時，宣布把帝國傳給阿塔瓦爾帕和瓦斯卡爾兩人共管。古老的基多王國傳給阿塔瓦爾帕，可將他視為其祖先領地的當然繼承人；瓦斯卡爾則掌管以庫斯科為中心的印加帝國。他希望兩位王子服從安排，相親相愛。無疑，這種違反帝國章程的作法隱含著日後爭端的種子。瓦伊納·卡帕克約於一五二五年年底去世之時，僅距皮薩羅到達普納島七年左右的時間。

這七年中發生了重大的變化。在瓦伊納·卡帕克去世後近五年內，兩個國王各居一方，也能和平共處。然而，這種貌似平靜的局勢，內部卻隱藏著終將爆發的殺機。這一點是由印加王位繼承制中愈演愈烈的經濟矛盾所造成。

印加的繼位制度是一種「分化繼承制」。印加王一旦去世，他的物質用品從不作為遺產，留給新任國王。新印加王得到的只是王位，他必須依靠征服外族，增加土地和稅收，「養活」自己。分化繼承制的弊端不僅無法避免，而且越來越惡化。不勞而食的貴族人數越來越多，帝國需要承擔的額外消費也越來越大。新的印加王不得不投入更大的物力和精力，忙於處理日益複雜的政務，發動新的征服戰爭。

這個矛盾在印加帝國滅亡的前期最終爆發。瓦伊納·卡帕克將帝國分別交由瓦斯卡爾和阿塔瓦爾帕執掌，但阿塔瓦爾帕頻頻發動擴張領土的戰爭。儘管他並不侵犯王兄的土地，但他的舉動引起了庫斯科朝廷的驚慌。同時，在帝國治理進行到

四、五年之際，瓦斯卡爾也面臨了開拓新領地的要求。

但當時王國在三個方向上已經無法繼續拓展：東、西方向，從安第斯山脈到沿海的土地都已被征服，南方也已到達南美大陸南端的奇利王國。此時，只有北部才有新的土地可供征服，但這個唯一可行的方向又為阿塔瓦爾帕的基多王國所阻擋。這是引發兄弟戰爭的直接導火線。瓦斯卡爾派遣使者會見阿塔瓦爾帕，要求對方答應兩個條件：一是阿塔瓦爾帕不得為其王國新增一寸土地，剩下來未征服的所有土地都屬印加帝國所有；另一條是阿塔瓦爾帕必須像帝國內其他附屬國一樣，向他俯首稱臣。另一種說法宣稱，戰爭的直接導火線是圖梅班巴的歸屬問題。阿塔瓦爾帕認為這是他繼承父親遺產的一部分；瓦斯卡爾則認為它屬帝國所有，想占有這塊土地。無論是什麼事件直接引發戰爭，都離不開土地爭端和經濟原因。逐漸激化的經濟矛盾導致了武力解決的最終爆發。

由於雙方的立場不同，印加的歷史傳說對戰爭的描述遂各執一詞，顯得矛盾百出。但從中可以得知大致的經過如下：

阿塔瓦爾帕得到基斯基斯和查爾庫奇馬兩位經驗豐富的老將支持，打敗了瓦斯卡爾前來征討的部隊。此後他的大軍向南進發，直搗首都庫斯科。當他到達卡哈馬卡，便駐紮下來，派兩位將領繼續前進。瓦斯卡爾聽聞消息，也將各地的兵力徵集到首都。兩支大軍在庫斯科近郊的基派潘平原展開最後決戰。雙方殺得難解難分，從日出一直進行到日落，死傷慘重。由於阿塔瓦爾帕的部隊驍勇善戰，瓦斯卡爾的士兵則是從鄰近地區匆忙徵集而來，倉促應戰，又無作戰經驗，這場決定帝國歸屬的大戰最終由阿塔瓦爾帕一方獲得勝利。

戰爭發生於一五三二年春，僅比西班牙人登陸早幾個月。當皮薩羅一行來到通貝斯城時，驚愕地發現這裡已變成一片廢

墟。從俘虜的酋長那兒，他了解到通貝斯毀於與普納部落的長期激戰。而印加王忙於爭奪王位之戰，無暇顧及臣民所遭受的重創。這個消息彷彿給皮薩羅帶來一線曙光，儘管他的人手與印加大軍相比，實在微不足道。

皮薩羅依靠不足兩百的兵力，成功地俘虜並挾制了印加王。然而，殖民戰爭深化的過程卻不是區區幾百人的力量所能辦到，西班牙人的勝利還得益於不同的印第安民族之間的隔閡，利用了印加帝國內部的分裂。眾所周知，印加帝國是依靠不斷的征服才得以建立起來。某些生性自由，不服管束的部族，早就想擺脫印加的控制。西班牙人的到來，在他們看來，不啻是擺脫印加統治的一個天賜良機。皮薩羅得到了卡尼亞爾人等部落大力支持，甚至還得到瓦斯卡爾一派的支援，結果他擁有的協從力量足以和與之對抗的部分印加軍隊進行勢均力敵的較量。印加帝國在它內部力量的撕扯下最終徹底瓦解。

那些被利用的地方力量和印第安民族之所以倒戈於西班牙殖民者，其中也有著深刻的經濟原因。

在印加帝國內部，組織社會和經濟的最基本組織「艾柳」是以家族為單位，以血緣為紐帶和相聯繫，按照相同的組織方法，逐層遞升，形成了部落、民族等更大的單位。每一個部族都是被印加帝國所征服而歸併到一起的一個單位。印加帝國的中央政權是建立在這個巨大結構頂端的權力中心。無論在社會基層，還是在層層疊加的等級關係中，都依據原有的互利互惠的原則展開。

印加帝國的經濟措施：設立太陽田、印加田以抽取稅收，實際上是原有的經濟單位中向地方神明和部落酋長納貢的經濟模式之延伸。在社會基層和地方經濟中，「艾柳」的關係始終控制著勞動組織、土地分配與產品消費等各個方面，「艾柳」

中的互助原則也是整個社會的經濟基礎，支配著生產的全過程。換言之，印加帝國的生產方式借用了古老的部落生產方式的基礎，保留並擴大了它的模式和法則。

然而，帝國的另一項經濟活動卻深刻地破壞了作為基礎的地方經濟和「艾柳」集團的利益，那就是「移民制度」。儘管這種作法並非起自印加王，但帝國使它的程度大大增加了。帝國利用多次大規模移民，以增加中央機構的經濟利益。移民總數達到前所未有的地步，並因與家庭血源隔斷聯繫的奴僕「雅納庫納」的人數增加而進一步發展。帝國將眾多人員從原先的住地抽調到另一個地方，動搖了「艾柳」賴以維繫的基礎，破壞了帝國與地方權力間的互惠原則。這個矛盾長期存在，逐漸深化，並因西班牙人的入侵而最後爆發。於是，許多印第安部落反而「胳膊肘向外彎」，幫起歐洲入侵者的忙來。

總之，維持了百年的印加帝國，最後到了內外交困的境地，腹背受敵，四面楚歌。太陽帝國的滅亡在這種情勢下成為必然。畢竟，它已到日薄西山的時刻了。

王道沒落與失道寡助

印加，這個以太陽自喻的民族，相信自己的帝國也將如太陽般經久不衰，無法撼動，更無法戰勝。然而，鼎盛期只維持了短短一個世紀的印加帝國，很快就從征服者的寶座上跌落，淪為歐洲殖民者的囊中物。衰亡的命運，在西班牙人到來之前已露出端倪。中國古訓有「得道多助，失道寡助」之說，或許也可以用來論述印加帝國最後一個時期的內部困境。

印加帝國的後期可以說是已到了他們「王道」沒落的時

點。當然,「王道」是個形而上的範疇,不能完全表述為一種客觀事物。或許,在權威人士看來,印加帝國的治國之術並不合乎中國人的理念,未必能冠以「王道」之名。然而,將疑慮暫時撇開,或許也可以認為印加的統治方略中確實存在著類似「王道」的觀念。他們信奉出於太陽神的旨意,以大國之風,總之,以太陽神信仰一以貫之的態度和信念,在王國對外征服和對內統治上起到了良好的作用。然而,這種信念到了帝國後期,明顯發生了衰退。

首先,印加帝王自己對最高神靈太陽神的態度變得不敬。阿塔瓦爾帕的祖父圖帕克·印加·尤潘基曾經發表過著名的論斷:「眾人都說太陽神永生且是萬物的造物主……然而,世間很多東西形成之時,太陽並不在場。因此,他不是萬物的造物主……他並無生命。如果他有生命,就會像我們一樣感到勞累不堪,難以移步;如果說他很自由,那他就能在無際的蒼穹中任意遨遊。但是,他從來沒有到過別處。」

這位國王甚至說出大不敬的話來,稱太陽神「像一頭被縛的牲口,總是圍著一個圓圈旋轉;或者說像一支箭,無論他自己願意與否,被人射向哪裡,就飛向那裡。」

到了下一任國王瓦伊納·卡帕克之時,這種疑慮則是有增無減。有一次,「拉伊米」盛典上,他貿然注視著太陽,略帶思索地說:「我們的父親太陽神想必還有一個比他更尊貴、更強大的主宰,這位主宰命他每天毫不停歇地走完這樣一段路程。如果他自己是至高無上的主宰,儘管完全不需要,他也早就按自己的意願,停下來休息一會了。」

不管這些態度的出現是否代表了理性思維的發展,然而,正如印加祭司所恐懼的那樣,國王的大不敬行為是給帝國帶來惡運的凶兆。除去迷信成分,國王的瀆神行為帶來的危害顯而

易見——他動搖了整個帝國賴以維繫的精神範疇，削弱了它的純粹性。而這種精神範疇對統一全國的意識形態，對國家的安定、平穩起到了不可忽視的作用。國王的不敬，或許宣告了較為科學的認識與觀念即將取代舊宗教的思想而得到萌芽。然而，新舊意識交替之時，往往正是危險之際。至少，國王的不敬有引發上行下效的可能，這其中正潛伏著社會喪亂的動因。

此外，在帝國後期，印加王的行徑也變得越來越暴戾，失去了王者的寬宏氣度。這個轉變似乎在瓦伊納・卡帕克身上極端地體現出來。這位皇帝年輕時因其愛護婦女、品行善良，被人們尊稱為「卡帕克」（「從小就富有豁達大度的精神」）和「瓦查庫亞克」（「熱愛窮苦大眾的人」）。但他的性格似乎隨著年齡的遞增而大大轉變。

他剛一登基，處理萬卡維爾卡部族殺害印加官員的舊案時，仍表現了寬容的態度。他赦免了全部普通百姓，只處死了主謀中十分之一的人，殺一做百。後來，普納島部族殺害印加統領的罪犯就沒有這麼幸運，所有的主犯全部處死：「幾千名印第安人就這樣以不同的方式被處死，參與策劃的主謀中不少人被長矛刺死或溺死。實施了極為嚴厲、令人生畏的懲處。」

卡蘭克人的判亂遭到了更加嚴酷的鎮壓，上萬人，其中包括兩千名叛亂分子，全部被斬首於當地一個大湖之中。大湖因此得名為「亞瓦爾科查」，意為「血湖」或「血海」——當時血流成河，整個湖泊好似血湖。

以禮服人、以信化人的「王道」，逐漸為血腥鎮壓和強硬手段所替代。到了瓦伊納・卡帕克的兒子阿塔瓦爾帕手中，更有一種向權術轉變的傾向。

據說，阿塔瓦爾帕曾卑鄙地利用勝利之機，下令召集帝國內所有的印加王族，詭稱要讓其兄瓦斯卡爾恢復王位，共同商

討法律事宜，以利於日後互相守信，平靜安定地共處。通過這個詭計，他幾乎把王族勢力一網打盡。

有關阿塔瓦爾帕的劣跡，傳說中還包括：為懲處愛戴瓦斯卡爾的貴族，他令瓦斯卡爾身穿喪服，雙手縛後，頸套繩索，在貴族俘虜中通過，凡有人呼號哀叫，匍匐在地，向瓦斯卡爾行禮致意的，都遭「昌皮」以小斧或大棒打死。王室血統的婦女和兒童都被集中在庫斯科郊外，用各種不同的辦法慢慢折磨至死——婦女被高高吊起，被迫懷抱嬰兒，一旦抱不住而跌落時，就將嬰兒亂棒打死，以此折磨母親……

上述在《印加王室述評》中大肆宣染的說法，遭到了一些歷史學家的質疑。因為生活於作者加西拉索之前，應該更了解這段歷史的人對此並無記錄。

儘管如此，歷史文本對阿塔瓦爾帕所表述的一些確鑿之詞，表明了他的確剛愎自用，有仇必報，行為出格，對征服地濫用征服者的權利，採取不必要的殘暴手段。可以說，自幼與父親共同生活、共同作戰的阿塔瓦爾帕耳濡目染了其父的行為，也繼承了他的父親後期的強硬作風。

即使當阿塔瓦爾帕身陷西班牙人的圍圈之時，仍給終擔心瓦斯卡爾會掙脫他的監牢，爭取西班牙人的支持，取得勢力。他聽聞瓦斯卡爾向西班牙人傳遞消息，打算出比他更高的贖金以取代自己。而瓦斯卡爾性情溫順，比他更能充當征服者馴服的工具。當他考慮到這些，決定根絕心腹之患。處死的命令祕密下達之後，立即被他的手下執行。據傳，瓦斯卡爾在安達馬卡河中被活活淹死。

可見，無論是瓦斯卡爾，還是阿塔瓦爾帕，從這位末代皇帝的作法中可以看出，「太陽之子」的「王道」在帝國末期已降到最低。印加人天地交泰，萬物化一的神聖信仰，對由印加

王支撐的宇宙觀的信念，也在這一時期面臨分崩離析的命運。從這個角度來說，印加人在帝國末期感到的岌岌可危的處境，觀察到的各種亡國凶兆，就不全是主觀臆斷和荒誕的迷信。「內聖而外王」道出了統治藝術的實質，一旦統一和諧的精神瓦解了，各種分裂的徵兆就會不言可喻地相應而起。

「王道」沒落最直接的效應莫過於在阿塔瓦爾帕的命運中起到很大作用的一名印第安人的行徑。這個名叫費利皮略的印加人通曉西班牙語，擔任皮薩羅的翻譯。他參與了製造阿塔瓦爾帕企圖發動起義的謠言，最後將印加王置於死地。

據王室財務總管阿古斯丁·德薩拉特的陳述，費利皮略與阿塔瓦爾帕的一個妻子有私情，因而他想藉著處死阿塔瓦爾帕之機，更可靠地占有她。「阿塔瓦爾帕風聞此事，向西班牙總督訴苦，說他對這種犯上行為極為痛心。無論他是身陷圍圈，還是遭受一切災難，甚至飽受災難而死，也不會這樣痛心。因為一個如此卑下的印第安人，明明知道在那片土地上對這種罪行制定的法律，卻還對他如此不敬，使他蒙受奇恥大辱。」

費利皮略所犯的是印加帝國最為嚴重的罪行之一：與印加王的妻子通姦。按照印加法律，兩名當事人乃至他們的家人將一併處死，他們的居所將被夷為平地。費利皮略的行為，在阿塔瓦爾帕看來是最大的不敬。然而，一名普通印第安人的犯上念頭也正是在帝國「王道」衰退的前提下得到滋生，最後化成落井下石，謀害國王的實際行動。同樣的原因也助長了他在出賣國家時的心安理得，因為即使他的頭腦不會因意識到賣國行為的醜惡而洗手不幹，按照原先的精神法則，一名普通印第安人的行為斷然不會如此出格。他們的命運大多侷限於農田、土地，安居樂業而不問天下大事，順從的性格保證了他們，不可能犯上作亂，當然更不可能加害君主。

一個世紀的輝煌最後黯然收場——王道沒落，注定了印加帝國的必然命運。

崇拜國王：兩種作用

印加帝國在其繁榮強盛的外觀之下，隱藏著一個民族未脫原始的固有弊病。印加帝國藉以維持其統治的特有觀念結構和意識型態，同時也造就了使這個國家止步不前的一些缺憾，這些當年在帝國政治中大盡其用的機制卻也直接或間接地推進了西班牙的殖民進程。這就是社會和歷史中的莫測之處，「體」與「用」之間的微妙關係。「體」的「用」並不是絕對的，必須在複雜的關係中觀察；歷史和命運也不是固定的，會受到無窮的因和果的影響。

皮薩羅一方只以區區數百兵力，就能置印加帝國於控制之下，採用的手法是「挾天子以令諸侯」。這一點最先在卡哈馬卡的交戰中體現出來。皮薩羅的士兵不足兩百人，卻制伏了阿塔瓦爾帕的五千名御林軍，甚至有效地控制了近在咫尺的數萬印加大軍，正是依靠了「先擒王」的策略。皮薩羅根據征服墨西哥的傳聞，得出了印第安人對國王無比臣服的印象。他之所以膽敢以那麼少的人手，採取主動出擊的冒險行動，就是憑此判斷，想要出奇不意地擒獲阿塔瓦爾帕，瓦解對方的軍事威脅。他事先在卡哈馬卡廣場四周設下伏兵，只等阿塔瓦爾帕浩浩蕩蕩的隊伍通過狹窄的入口進入廣場，成為他的囊中物。一切都如計而行。

阿塔瓦爾帕正犯了那種中央集權君主常見的錯誤。他認為自己貴為印加王，四野蠻夷斷然不敢犯上作亂，因而放心大膽

地來到會面的地點。與他隨行的五千名戰士全部卸甲徒手而來。之所以帶領如此多的隨從，一來是為了印加王歷來喜愛排場，另一方面是想通過壯大聲勢，使對方震服。他把全副武裝的大部隊作為後盾與威懾力量留在後面。然而，這兩個符合一般作戰規律的安排卻不適合這場較量。在這一點上，阿塔瓦爾帕不如皮薩羅那樣懂得「知己知彼」的重要性。因為雙方看待問題的基準和前提不一致，在阿塔瓦爾帕看來理所當然的交戰法則：失禮後兵、對帝王的恭敬等等，這些對皮薩羅絲毫起不了作用。皮薩羅的實用主義戰術，與印加帝國慢條斯理的繁文褥節格格不入。

皮薩羅的作法一舉摧毀了阿塔瓦爾帕的設計。一旦開始交戰，他的五千士兵由於赤手空拳，不敵對方的刀槍利刃。印加戰士的目的只有一個：保護國王，成批的戰士死於屠刀，後繼者立即上前補上空缺的位置。皮薩羅心理清楚，關鍵的一著必須趕快執行。混戰中，他借助武器，又以驚人的臂力，將阿塔瓦爾帕生擒活捉。此後，整個戰場的形勢急轉直下。印第安人一見國王落入敵手中，立即喪失鬥志，四散逃竄，擁向廣場出口。此時，阿塔瓦爾帕的安排反而造成了巨大的障礙。由於出口狹窄，眾人逃生心切，互相擠壓踐踏，死傷無數。最後，廣場外牆因擁擠而轟然倒塌。人聲嘈雜，印加王可能發出的指示也無人理會，整個場面失去控制。駐紮在外的軍隊看到這番情形，因國王被擒而放棄進攻，反而撤退了事，大敗而歸。

皮薩羅成功地利用了印第安人對國王的信仰。因為在印加帝國中，印加王不僅是人間的帝王，還是太陽神的兒子，人們不僅尊敬他，而且崇拜他。一旦他落入敵人之手，不僅挫敗了印第安人的意志，而且因宗教作用，引發了巨大的恐慌。在這種情況下，印第安人自然不戰而敗。而這一切是阿塔瓦爾帕始

料未及的。

　　擒獲阿塔瓦爾帕之後，皮薩羅就開始了挾令帝國的工作。國王被他牢牢控制，強大的印加軍隊形同虛設，因為他們絕不可能違反國王的命令。其後，皮薩羅最為關心的黃金，在阿塔瓦爾帕的命令之下，遂源源不斷地運送前來。在扣押阿塔瓦爾帕期間，皮薩羅還有意與另一位印加帝王瓦斯卡爾接觸，以謀取更好的傀儡和更多的財寶。在處死阿塔瓦爾帕之後，他深知，在當時的條件下，掌握君王對控制帝國的重要性，因而他將瓦斯卡爾之後另一位有繼承權的王子曼科‧卡帕克‧印加扶植為印加王，繼續「挾天子」以控制印加人。由於有傀儡帝王作為中介，這樣的「和平」時期維持了大約三年時間。

　　像阿塔瓦爾帕一樣，曼科一開始也對西班牙人抱有好感和幻想，但隨後就大失所望。他曾經對印第安人發表了這樣的演說：「我相信如他們所自稱，他們是特克西‧比拉昌卡——即神——派來的善良人，但在我看來，事態的發展同我想像的相反。我的弟兄們，你們應該知道，自從他們入侵我的國土之後，他們向我證明他們不是比拉科查之子，而是魔鬼的兒子。」一五三五年，曼科逃出庫斯科，擺脫了皮薩羅的控制。在這位國王領導下，帝國內才爆發了反抗外來侵略的第一次大規模起義。此後，西班牙的殖民統治在安第斯地區受到了頑強的抵抗。

　　曼科具備一定的軍事經驗，在西班牙人到來之前，曾經參加過印加帝國東部的征服戰爭，與好戰的奇里瓜諾人交過鋒。但他在印加帝國征服戰中學到的經驗，在新的形式下可能並不完全適用。曼科集合起一支數萬人的部隊，將庫斯科團團圍住。他的作法仍然沿襲了古老征服的圍攻戰術。屢試不爽的辦法這次卻不靈驗了。圍攻的時間長達七個月（另一說認為超過

一年），始終沒有攻克。按照印加兵役制度，參戰的戰士同時也是農民。當第二年的種植季節到來之際，出於民生的考慮，曼科不得不下令撤軍，讓印第安人退回山區，維持生計。可以說，曼科的圍攻戰術在面對為數不多、技術先進的西班牙人時並不奏效，他們想出各種辦法維持給養，至少忍耐到了曼科一方無力支持的時間。同時，曼科一方的戰備武器也不及對手，久攻不克，只得撤軍一途。

曼科後來將首都以北的維爾卡班巴山區作為他的大本營。之所以選擇這片海拔奇高、道路難行的山地，一個原因是出於戰略上的考慮，另一個原因，直到二十世紀初才為人知曉，那就是建造於山頂的馬丘比丘城堡。由於它位於高山之巔，最靠近太陽神，被看作印加帝國的最後聖地。一五四五年，曼科·卡帕克死於一名西班牙俘虜之手，其子薩里·圖帕克繼續抵抗活動約十年左右。他投降之後，曼科的另一個兒子蒂圖·庫西接替他，領導抵抗行動。

印加帝國的臣民養成的順服、恭敬之性格，使他們歷來習慣於服從與聽命。出於信仰，他們對「太陽之子」印加王無比崇拜和尊敬。這些原因使他們能迅速地統一在印加王麾下，奮不顧身地向侵入者發起猛烈的攻擊。然而，也正是由於這些原因，使西班牙人有機可乘。在這個國度，「印加王」世俗帝王和太陽神之子的雙重身分規定了「朕即國家」和「朕即道義」的意義。人們只是忠實地追隨著印加王，無論國家形勢發生了什麼變化，依然不懂得越過印加王，追求更根本的目的，比如民族解放、國家獨立。因此，建設了精彩的人類文明的印加帝國卻同時有著與昆蟲王國相似的習性，好似一個螞蟻王國或蜜蜂王國那樣，工蟻和工蜂只懂得為蟻王和蜂王服務，不計其他。人類創建的國家，其高級機理與生物界最為基本的生存機

制有時就顯得那麼接近。

　　或許，人類社會到了一定的階段之時，其內部組織和抵禦外侮的機能正吻合了被自然界證明為嚴密有效的規律。然而，當這種機能面對了更為高級的技術文明之時，就會暴露出它的不足，就如動物界面對人類世界的情形一樣。

　　如果沒有印加王，大規模的起義活動就不會成形。除此之外，還需要另一個重要條件：宗教上的契機。在蒂圖·庫西統治期間，安第斯地區就出現了這樣一次大好時機。

　　十六世紀六十年代，源於中安第斯（另一說認為，由維爾卡班巴開始），由塔基·翁戈發起的宗教運動，給大型起義創造了良好的條件。這場宗教運動也叫「千年運動」。根據傳說，在印加帝國之前，曾經有過四個太陽和四個人種，每個時代都只有一千年的歷史，每個時代結束之時都曾發生巨大的災難。據說，印加帝國成立之後一千年，也就是一五六五年，又到了世界末日。塔基·翁戈預言將爆發一場大洪水，清洗過去的混亂世界；而原先的地方神將復甦，開始新的統治。與此同時，蒂圖·庫西也正準備在同一年領導印第安人全面暴動。

　　「千年運動」宣揚這樣的宗教思想：印第安人被征服之後，由於他們改宗，拋棄了原先的地方神，地方神向背叛他們的印第安人送去疾病和死亡，並要把他們變成羊駝。另一方面，只有繼續信仰地方神的人才能夠進入希望之國。傳播信仰的人在各個村莊走動，通過懺悔和淨化等「復活」儀式，使人們恢復信仰。同時，關於白人將印第安人處死，尋找脂肪，製造藥物的謠言四起，引起印第安人的恐慌與怨恨。蒂圖·庫西利用這種情緒，組織了抵抗運動。

　　到了十六世紀七十年代，「千年運動」的影響日漸衰微。一五七一年，蒂圖·庫西去世，他的同父異母兄弟圖帕克·阿

馬魯接任新印加國的領導者。一年後，這位新國王也遭到不幸。西班牙總督弗朗西斯科・德・托萊多決心以鐵腕制伏秘魯，鎮壓圖帕克・阿馬魯領導的起義，並俘虜了他。一五七二年，圖帕克・阿馬魯在庫斯科廣場被斬首示眾。這次公開行刑，彷彿是對阿塔瓦爾帕處決的重演，沉重地打擊了印第安人的信仰。圖帕克・阿馬魯的首級被懸掛於一根柱子上示眾，無數印第安人在夜間跪在廣場上，以示哀悼。蒂圖・庫西和圖帕克・阿馬魯的接連死亡，在人們看來，顯示了印加帝國氣數已盡；而圖帕克・阿馬魯與阿塔瓦爾帕死於西班牙人之手，證實了印加時代的最後終結，表明了西班牙人進行統治的新時代已來臨。在此基礎上，西班牙殖民政府和教會徹底打擊了塔基・翁戈派的活動，十六世紀七十年代，「千年運動」的影響已經全部消失殆盡了。

圖帕克・阿馬魯死後，印加王族血統的人幾乎全部被害。此後，秘魯地區的大規模起義告一段落。據說，圖帕克・阿馬魯的幼女胡安娜・皮爾科華科僥倖地逃過毒手，在她的後代中出了一位圖帕克・阿馬魯二世，這位受過西班牙教育，精通西班牙文和拉丁文的王族後裔領導了一七八〇年的大起義，最後慘遭四馬分屍和斬首的酷刑。

多年以後，深受歐洲文化影響的秘魯地區，印第安人的民族性格卻沒有發生根本的改變。印加王族的名義始終是聚合民眾的有效力量，以後進行的多次民族解放運動紛紛打出圖帕克・阿馬魯的旗幟進行組織。人們傳說，圖帕克・阿馬魯的靈魂不死，他散落在帝國四方的四肢和頭顱會在地下接合起來，長出一個巨人無比的身體；隨著這個身體的生長，印加帝國也會重生，將從地下長出地面，重新煥發其古老的神威。

天主教義與土信仰的「嫁接」

　　一位最先來到新大陸的神父曾經憂心忡忡地寫道：「魔鬼一直想方設法，力圖把一些異教徒的宗教儀式和典禮，同時也為基督教所用的某些習俗，奉為神明。他已經把這種習容引進西印度的很多地方，企圖以這種方式得到這些賤民的尊崇和敬重。」

　　西方與美洲土著的宗教之間存在著某些相似之處，這一被視為洪水猛獸的現象在現實中卻幫了歐洲殖民者的大忙。隨同殖民者前來的西方基督教、天主教正是借其助力，比較順利地進入美洲大陸，生根發芽；宗教勢力的滲透同時也推動了殖民的進程。

　　美洲各民族的土著宗教在儀式和教義的某些特徵上，與歐洲天主教存在相似之處，這是後者能夠得到印第安人好感和認同的基礎。征服者到後不久，印第安人就習慣於信奉上帝。兩種宗教最後發生交融，形成具有地方特色的宗教形式。印加人也不例外。印加民族的創始神話就曾經在當時的西班牙人中引起探討。

　　印加創始神話中，有一則大意如下：世界在經歷了大洪水之後，位於庫斯科以南的蒂亞瓦納科突然出現一個人。他威力無比，雷霆萬鈞，把整個世界一分為四。他命令四個人，分別往東西南北四地，在各個地域擔任國王。其中一個就是印加人的始祖曼科・卡帕克，他分得了世界的南方。在征服了庫斯科附近地區，教化了當地居民之後，開始了他建立的帝國的使命。還有一則神話說道，曼科・卡帕克兄弟四人和他們的四位姐妹組成了四對夫妻，他們從位於庫斯科附近的帕卡里坦普的「富饒之窗」裡出來，到達人間，經過一番周折之後，曼科・

卡帕克成為印加的第一代國王。

　　當時的西班牙人已經察覺到這些神話與《聖經》中諾亞方舟的故事有相似之處。他們將這些神話綜合起來考慮，推究道：神話傳說中，洪水過後，從「富饒之窗」裡出來的四個人，或者是四男四女，正是諾亞和他的三個兒子及兒媳。這就是上帝從洪水中救出的四男四女故事的原先模樣。但印第安人把他們從方舟的窗口裡跳出的情節改變成從「富饒之窗」中走出。神話中，將世界分成四個部分的那個威力無比的人就是通過諾亞和他的三個兒子，讓世界繼續有人居住的萬能上帝。

　　美洲土著宗教的表現形式與基督教的相似情況還存在於其他許多方面。比如，土著宗教中存在著類似於上帝、基督和聖母的神明形象。在印加，上帝的形象與帕查卡馬克非常相近，兩者都是世界的創造者，給予世間萬物以生命和靈魂的神。

　　基督教的神聖標誌物十字架，在美洲居然也有相似的聖物。據研究，印第安人的十字架是火神的代表，進而代表太陽神和他的使者。在印加，西班牙人到來之前，也早已有十字架的存在。在庫斯科珍藏的一個十字架用大理石製成，長度和寬度相等，約六十厘米左右，呈正十字形，石料的厚度達兩、三指。整個十字架是用一塊完整的大理石雕刻而成，製作精細，造型優美。這個十字架原存於某個王宮的一間叫作「瓦卡」的房間中。「瓦卡」是印加人「泛靈信仰」的稱謂，這裡的意思相當於「聖地」，指這個房間是存放神聖物品的地方。可見，儘管印加人對於十字架並不如他們的鄰居瑪雅人、查穆拉人那樣熟悉，但對它也是必恭必敬，不敢怠慢。

　　西班牙人進入當地以後，這個十字架被移到庫斯科大教堂的聖器室裡。它的頂部，原來可能是安裝金質或銀質提手之處，被換上一根天鵝絨絲絲。印第安人的聖物就這樣稍稍改頭

換面，就堂而皇之地進入天主教的殿堂。

土著宗教與基督教的教義也有相應之處——在對三位一體的理解上就可以相通。

在瑪雅人的宗教中，存在著非常典型的例子。尤卡坦和恰帕斯地區的土著崇拜萬能的創造之神——伊科納或伊索納。這個神與上帝相當。他們的聖母瑪利亞是奇里維里亞斯。還有一個類似耶穌的子神巴卡布。特別令人驚奇的是，巴卡布的經歷與耶穌基督一般無二。他受到鞭打，被戴上荊冠之後，又被埃阿普科釘在一根木樁上。這完全像是彼拉多將基督釘上十字架故事的美洲版本。到了第三天，巴卡布也像基督一樣復活而升天，在天上與父母團圓。人們還崇拜聖靈之神埃斯特魯亞克‧伊克納。他又叫埃丘亞納奇。在巴卡布死後，他來到人間，為人類造福。

因此，十六世紀的一些天主教神父十分相信，在瑪雅人中間存在著一種「前西班牙時期的基督教」。但千真萬確的是，美洲新大陸文化是在與舊大陸隔絕的情況下，獨立發展的產物，正如本文開頭提到的那位傳教士所說，印第安人對基督教的神聖教義一無所知。故此，如此相像的事實不能不令人感到驚奇。

在印加，西班牙人也找到了「三位一體」的宗教現象。他們認為，供奉在太陽神廟中的太陽塑像和雷鳴、霹靂的塑像是三聖一體。閃電、雷鳴和霹靂，在印加語言克丘亞語中只有一個稱謂，這三種現象都叫作「伊利亞帕」。西班牙人把它視作一個三位一體的神。在他們看來，三位一體的現象頗為普遍地存在於當地事物中。

從語言中就可以找到上述現象。克丘亞語詞彙很少，往往用一個詞表示幾種不同的事物。比如，「查基」的意思是腳，

也可以表示小腿和大腿。如果把這名詞的發音部位轉移到上顎，就變成了動詞，表達的意思是口渴、乾涸或把濕的東西擦乾，也是用一個詞彙表示三個意義。

儘管貌合神離，但這些相似之處顯然在推廣基督教的教義時起到了作用。某些印第安人承認當地也有三位一體的說法，正可證明他們的思維方式能與西方人合拍，因而也能夠經由自己的理解方式，接受基督教的思想。

另外，土著宗教和基督教的相似之處還表現在宗教儀式上。類似於洗禮的儀式，在印第安人的生活中普遍存在。比如墨西哥的阿茲特克人在出生後八或十天，要接受沐浴，並獲得名字。瑪雅相似的宗教儀式，甚至連名稱也與基督教十分相似，他們的「西伊爾」就是「再生」的意思。當然，這在宗教上並非罕見。而印加人的兩周歲典禮，必須事先選出一個長輩，他的職責類似於孩子的教父，由他給孩子剃去第一縷頭髮。在這個儀式上，孩子也得到了一個正式的名字。

印第安人也有口頭懺悔的作法，他們向神，有時向巫師懺悔罪過，也為贖罪進行苦行。印加人在祭祝、成人儀式之前，必須實行嚴格的齋戒。其他神聖時期也有此規定。在對犯罪者進行體罰的方法中，有一項也是不吃不喝的齋戒。與聖餐儀式相似的是，印第安人在宗教典禮上分食食品。印加人在隆重的太陽祭祝上，共同分食一種由太陽貞女製作的精美麵食，同時共同飲酒。這個辦法和基督教以餅（一種麵食）和葡萄酒代表耶穌血肉的方式實在相近。

與西方人有所不同，洗禮、懺悔等儀式並非完全出現於宗教場合，大多在世俗生活中進行，與傳統的道德觀念差不多。可以說，原始信仰較諸西方宗教，更是全方位的，無時不在、無處不在。道德和宗教在這裡並不能嚴格區分，而是相輔相成

的。

在基督教和當地信仰的融合中，上述的諸多方面都被改造和利用。印第安人在最初的短暫反抗之後，終於逐漸接受了基督教信仰。這不能不說：天主教屢試不爽的調和主義傳統，在美洲大陸取得了最後的勝利。

亦新亦舊的世界

西班牙人的出現，在印第安世界引起的騷動，不久以後，隨著殖民化的進程而演變為一種文化影響。一方面，上層社會中，變革在不動聲色之間悄然發生，並隨著西化教育在他們子輩中的巨大作用而逐漸加深；另一方面，民間生活中的持久慣性固執地盤踞著印第安文化傳統，它使外來文化的作用忍氣吞聲地退化為一種附加物，重新編組進古老的文化格式中去。印第安人可以頭戴西班牙寬邊帽，使用西班牙的舶來品，卻按照祖祖輩輩以來不變的作息方式進行每一天的生活。

不出意料的是，西班牙人的辦法非常接近於過去的印加帝王歷來採用的慣例。他們來到之後，力圖重組一套社會等級形態，這種等級化顯然是服從於西班牙人的興味。從某種程度上說，他們成功地做到了這一點。新政府規定，印第安貴族中的某些成員，視他們的原有地位而定，可以穿著歐洲服裝，並可以像西班牙人那樣騎馬、佩劍，或使用火繩槍等。服裝和工具可能帶來一定的便利，但是這種便利十分有限。實際上，這些東西更像是一些道具，是給出統治地位的某些新的文化象徵物，用以取代印加帝國時期的相同物件。西班牙統治集團以這種方式，籠絡印加社會的上層貴族，承認他們在新社會形制中

仍然具有高級地位。這個舉措在實行統治的初始階段顯然是十分明智的。無數印第安首領在社交方面迅速西班牙化，也很快學會了如何使用西班牙語。他們是西班牙人實施統治的有效中介，同時也不啻給其他印第安人提供了可供效仿的樣板。

西班牙人的另一個高明之處在於立即意識到教育的重要性。這種作法在過去的印加帝國中歷來為國王們所重視。在墨西哥，供給貴族子弟上課的學校隨著殖民者的到來，很快建立。在安第斯，儘管類似的學校到了十六世紀七〇年代才建立起來，首先是在原首都庫斯科，後來又在萬卡約等地設了學校，但這些學校的作用是顯而易見的。

西式教育和基督教教義的影響，在緊接著征服之後的一個時期，引發了貴族子弟與他們的父輩人物之間的激烈隔閡和衝突。一五二四年，特拉斯卡拉祭司中的一員竟然被由方濟各會教士教育的孩子們處死。這些孩子自發地結隊向土著宗教發起革命，打倒印第安偶像，並斥責其信奉者。美洲的殖民政府在統治中很快發現，想要改變印第安祭司根深柢固的信仰幾乎不可能，因而在以後的統治中，他們採取了某種寬容政策，不再把年老的祭司當作頑固的異教徒而以強迫勞動體罰他們。因為值得欣慰的是，對印第安子弟的教育顯然是成功的，社會的發展趨向是令人放心的。

西班牙人和當地印第安貴族的聯姻加快和深化了歐洲化進程。瓦伊納·卡帕克肯定沒有想到，他的子輩和孫輩中，居然有不少人成了西班牙人的配偶。例如，他的女兒唐娜萊昂諾爾·科婭公主，起初嫁給名叫胡安·巴爾薩的西班牙人，後來又改嫁給秘魯的首批征服者之一弗郎西斯科·德比利亞卡斯廷。阿塔瓦爾帕的女兒唐娜安赫利娜與弗朗西斯科·皮薩羅生了一個兒子；瓦伊納·卡帕克的女兒唐娜伊內斯·瓦伊利亞斯

公主則給皮薩羅生了個女兒。

著名的作家、歷史學家，寫出《印加王室述評》這部巨著的印加·加西拉索·德拉維加，他的父親是西班牙遠征隊的統領塞瓦斯蒂安·加西拉索·德拉維加，母親是瓦伊納·卡帕克的侄女，印加帝國的公主伊莎貝爾·欽普·奧克略。

經西班牙人重組的意識型態產生了預期的效果，它激發了印第安青年的聰明才智和學習西班牙文化的熱情。比如，有些土生土長的印第安學生在學習晦澀難懂的拉丁文時，取得的成績令人刮目相看。他們的深刻理解，和西班牙·印第安貴族混血兒梅斯蒂索人中最優秀的學生不相上下，儘管後者生長的環境更接近於歐洲文化。印第安青年自發排演的宗教劇，幫功西班牙人推廣了基督教教義。在波托克西的一次演出，吸引了一萬兩千多個印第安人前來觀看；庫斯科城演出過關於聖嬰耶穌的對話劇；在諸王之城的總督府門前，也有類似的大型演出。這些戲的劇本中有些是傳教士以西班牙語寫成，參加演出的卻多是印第安人的平民青年，並不懂得西班牙語。拿到寫好的腳本之後，演員們尋求當地西班牙人的幫助，根據他們的讀音，做下標誌，在絲毫不懂得字意的情況下，最後能夠完全熟記，並聲情並茂地演出。

西班牙文化在印第安貴族中產生的影響，取得了一些突出的成功例子。像以下的事件：為表示對新世界臣民的關注，羅馬教皇曾經頒發詔令，對死於庫斯科印第安醫院裡的土著給予免罪和寬恕。一位印第安王室血統的婦女聽了這個消息後，堅持在臨死前住進醫院。她並不希冀歐洲人的醫療技術治療她的身體，而是希望能夠在醫院中得到教皇的寬恕和赦免。她口中念著上帝、聖母馬利亞之名，四天之後死去，整個臨終的過程完全像一名歐洲基督徒。這件事當時在庫斯科影響很大。

然而，在貴族中卓有成效的影響力，面對印第安土著的生活，尤其是那些相對隔絕和閉塞的地方時，遇到了前所未有的阻抗。印第安部落生活仍然在以村社「艾柳」為核心的原有的公共組織體系上展開，仍然以親屬與互助的紐帶團結其成員。以此為基礎，他們的生活繼續忠誠於古老的習俗。他們繼續說土著語言，穿著顏色鮮紅的傳統服裝。殖民的影響有時在他們的帽子上有著些微的體現，有些人以西班牙的闊邊帽代替傳統的印第安硬帽。這可能只是因其實用價值而為他們所青睞。

　　在殖民化的美洲，原有的官方宗教，比如印加的太陽神信仰，帝國滅亡之後旋即消亡，但各種地方性崇拜卻仍然暗自繼續。到了十六世紀七〇年代，殖民統治的最初幾十年間，墨西哥印第安人似乎對基督教懷有熱情。這種情況在秘魯卻十分少見。在西班牙傳教士的努力下，印第安人或許表面上顯得已經接受基督教，但這種現象顯然是值得懷疑的。有些傳教士抱怨，魔鬼使印第安人狡詐地使用詭計，利用基督教儀式作偽裝，行其異教信仰之實。西班牙人為使印第安人接受基督教，借用了古老的聖地，把十字架和教堂建在舊的宗教地點。印第安人則樂於接受這種安排，因為在他們看來，在舊有的聖地上進行的宗教儀式儘管形式有變，但實質不變。土著們有時甚至採用一些大膽的辦法，比如在耶穌聖像等地點隱藏自己的聖物，以保證他們的祈禱為他們的神靈所聽到。況且，印第安人的思維似乎始終沒有進化到抽象階段，他們認為，基督教也是一種偶像崇拜，是屬於西班牙人的偶像崇拜。即使印第安人相信基督教的神確實存在，也只認為其影響是針對西班牙人世界的，印第安神明則是保佑他們自己的權威神靈。基督教和土著信仰，這兩種宗教並沒有融合成一種綜合體，而是並存的。

　　西班牙人接管的印加社會，出人意料地受到大量來自民間

的抱怨。流行病和西班牙統治的殘酷壓迫，造成了印第安人口的迅速下降。人們因此對帝國時代和印加王的統治倍感懷念，有時這種態度的表述甚至顯得有些奇特。

《關於西印度群島的地理描述（一五二八～一五八六）》一書，在對印第安人的生活狀況進行實地調查時得到的回應是，印第安人普遍感到壽命縮短，健康變差。然而，在回答造成這種情況的原因時，有些印第安人將其歸咎於新生活方式的不合理，比如工作減少，吃得較好，開懷飲酒。他們認為，過去的人壽命較長是因為生活較有規律，食品不如現在這麼豐富，也沒有機會由於好吃懶作、酗酒等各種惡行而放縱自己。再者，這些條件也是社會上罪行泛濫的原因。

這樣的回答是傳統精神的體現，或許它正說出了印加帝國組構社會的智慧。在印加帝國中，太陽之子印加代表了人與神之間的中介。同時，貫通天、地、人三者的「天人合一」精神也在這個建構中得以體現。這套宗教信仰結構有效地保證了社會的和諧。一旦印加王這個位置空缺了，按照原有的信仰，人們認為宇宙的中心及其整個宇宙的秩序就因而被顛覆了。西班牙人的殘酷統治也佐證了他們的認識：整個社會乃至自然都失去了平衡，顯得一片混亂。

歐洲歷史學家注意到，印第安人在印加帝國滅亡，傳統的行為準則消失之後，感到精神空虛。土著文化的衰退引起了印第安人的精神苦悶，舊有行為準則的消失又使他們無所適從。這時候，表現出的社會性症狀是酒精中毒。被西班牙人征服的安第斯社會，酒精中毒遍及社會各階層的男男女女。印加帝國時期的禁酒令消失之後，每到下午，印第安人就開始喝酒，沒等天黑就已經灌得酩酊大醉。在酒精的作用下，人們普遍行為失控，放蕩不羈。西班牙統治者儘管對此感到不滿，經濟上的

利益卻又使他們變相地對此推波助瀾。他們從歐洲販來酒精濃度更高的酒類，滿足了印第安人的嗜好。

西班牙人在另一宗交易中也大獲盈利，那就是古柯買賣。像奇恰酒一樣，古柯在印加帝國也是一項貴族用品，只供少量貴族享用，或是在宗教祭祀儀式中出現。它的用途極其有限，不會影響社會生產，也不會普及到廣大百姓之中。但在殖民地統治時期，古柯的產量大大增加，印第安人普遍對這種麻醉品開始上癮。這對西班牙人來說，是有利可圖的。西班牙人對古柯所擁有的廣大的印第安人消費群，對於它潛在的市場以及已經顯示出來的利益了如指掌，安第斯地區的古柯交易完全由西班牙人控制。對礦主來說，古柯的作用也給他帶來好處。採礦的印第安人尤其需要古柯的支持，它能使他們幾乎可以不吃東西而不停地工作。

酒精中毒和古柯泛濫，成為當時土著社會的顯著特徵，這其中反映出印第安人面對新生活方式的不適應，企圖以自我麻醉的方式逃避一個「文明」失落後的混亂世界。這也反映出，西班牙人乃至西方社會在建設社會精神價值方面的失敗。儘管這裡對他們而言是一個可以大顯身手的「新世界」，這個世界卻在他們手中遭到嚴重的敗壞。

西班牙人的功利主義和印加帝國的社會理想主義彼此格格不入，這些差異表現在殖民時期社會生活的方方面面。

對當時的「拉丁美洲」，更為中肯地描述是：在這裡，兩種文明相互交織，印第安人的「拿來主義」使西方文明更多地被借用到印第安文化傳統中去。即使在那些最西班牙化的貴族身上，傳統的思想方式仍然占主導地位。

一五六七年，一批來自維爾卡班巴的印第安叛亂者前往庫斯科拜訪塞里‧圖帕克的遺孀瑪麗亞‧曼里克公主。他們向她

奉獻羽毛及其他在西班牙人眼裡「價值不大」的東西。這些傳統禮物的意義是表達對統治者的敬意。公主回贈了食物、飲料、大羊駝、珠寶鼻飾、手鐲與金耳環等大量傳統禮品。此外，她還贈送他們「自商店購買的來自卡斯提爾的東西」。西班牙的貨物被結合到贈禮和還禮的制度中去，歐洲貨物的實際使用方式仍然符合傳統的風俗習慣。

這就是那個獨特且亦舊亦新的世界——拉丁美洲。

結語 PREFACE

印加智慧：比較與反思

　　人們不無驚異地發現，同在美洲大陸上，印加文明與阿茲特克文明之間的反差竟如此巨大，簡直判若天壤。據此可以判斷，這兩個文明是在對對方毫不知情的情況下，彼此獨立發展起來的。同時，儘管有限，卻委實發生的文化交流，比如，客觀存在的技術、知識、工藝上的互通，似乎並沒有對兩個文明之間巨大差異的調和產生任何作用，也使人頗感不得其解。

　　自瑪雅的輝煌時代過去以後，可以說，美洲大陸同時並存著兩大文明中心──南美的印加和中部美洲的阿茲特克。先於印加被西班牙人征服的阿茲特克人同樣是偉大的美洲民族，他們所建立的帝國與印加的帝國構成了美洲大陸上的兩大奇觀。

　　從某些條件來看，這兩個文明相互之間很可以連成一體，取長補短：它們基本上都是沿著縱貫美洲的山脈走向散播文明，前者是馬德雷山脈，後者是安第斯山脈；它們各自開始發動帝國擴張和文化征服事業的年代也可能非常接近。

　　然而，有趣的是，無論是統治方式或民族性格，這兩個印第安民族在諸多方面都大異其趣，令人對它們雖有同屬於印第安種族、共居一片大陸、同處一個時期等共同屬性，卻簡直得不出相近的觀感。

　　觀其文化成就，印加與阿茲特克兩個民族在較小的機械工藝上都表現出相當大的才能。印加在重大公共工程建設上的成

績，例如，全國道路系統、遠距輸水溝渠，以及在農業的一切細節上，要傑出優越得多。但奇怪的是，從現有的發現來看，在知識方面，比如天文學，尤其是文字符號上，印加又遠遠落後於對方。

印加文明最顯著的特色體現在統治方式和政治體制上。

以特諾奇蒂特蘭為首都的阿茲特克對被征服民族的統治政策，或者說維繫帝國中其他部族的方法，主要是強制推行賦稅和兵役。除去強制性征繳和納貢，特諾奇蒂特蘭的中央政權似乎並未用其他方法聯繫整個帝國，因而阿茲特克帝國中的各個部族仍然相當獨立。這種作法顯然與印加人的統治方式大相徑庭，後者的制度化程度相對更高，推行了比較完整性質的政策法規。

在推廣農業技術中，它刻意以較為統一的文明模式規範各地，將越來越多的被征服民族納入它的政治版圖，不斷使新來者整合入帝國。

政治運作方式上的不同，使得兩個國家的統治風格大異其趣：阿茲特克獨斷暴戾，印加則溫柔敦厚。

阿茲特克帝國使用高壓政策，帝國對被征服民族課以沉重的賦稅和勞役，不斷加壓，直到對方所能承受的最大限度。這種以外力壓迫下締結的聯盟，其牢固程度顯然難以經受考驗。西班牙人初來乍到，阿茲特克帝國中的一些部落就主動提出共同作戰，反抗帝國的建議。

印加帝國的統治則以懷柔政策安撫新臣民，使被征服部落享有一定的權利，即在遵守帝國法律和習俗的前提下，享受到統治者給予的各種互惠互利政策的利益。帝國的統治方式和印

加王「太陽之子」之名，使帝國臣民彷彿置身於慈父般的神明關懷之中，聚合於帝國的庇護之下。這種以共同利益為基礎，以信仰輔助、維繫的國家制度，從一定程度上獲取了臣民的擁護與忠誠，這種忠誠感與信仰心對帝國統治下的社會和平與政治安定起到了很大的作用。

印加和阿茲特克之間政治運作、壓制手段上的差別，或許並非統治術的簡單差異，其深層的根源在於各自民族個性的差異與文明階段的不同特點。阿茲特克的民族性格以凶猛暴戾著稱。儘管活人祭祀普遍存在於美洲各地，但阿茲特克連年不斷的祭祀大屠殺，足令任何外來者聞之膽寒。阿茲特克人認為他們的戰神嗜殺好血，因而在宗教儀式中肆行活人祭和人肉宴，每逢戰事結束，便屠殺大批俘虜以祭獻神靈。對活人犧牲的大量需求，往往成了阿茲特克人發動戰爭的一個重要原因。

較諸以嗜殺好戰的遊牧性格為標誌的阿茲特克人，印加人顯然文明得多。印加帝國具備了高級農業文明的多種特點，印加民族性格溫雅，戰爭中先禮後兵，以談判和計謀取勝，並以理智的態度保存戰爭地區的人力、物力資源，最後使對手以朋友的身分歸順帝國。宗教上，由農業文明產生的印加太陽神比起阿茲特克戰神，也顯得「先進」些。從認知階段和信仰方式上而言，印加人的信仰也較為傾向於精神生活，在此基礎上產生了對統治宇宙的帕查卡馬克神的崇拜。這一神靈與基督教中的上帝已面目相似了。

此外，印加政權的另一個特點，表現出與西方歷史某些階段的相似，這就是它的神權統治。印加王和教皇不同的是，他不僅僅是神的代表，作為神在人間的代理人出現，他本身就是神。與其說他是法律的制定者，不如說他就是法律本身。在印

加，任何違反現世法律，必須予以處罰者，他所冒犯的首先是與神同格的印加王，因此，懲處犯罪，歸根結柢，就是懲治其人褻瀆印加王的瀆神、瀆聖罪。印加王的神聖權威超過了處於極盛時期的教皇；印加帝國的神權政治也比古猶太人的神權政治更為有效。西方學者慨嘆道：從來沒有一個政府能夠對其臣民產生如此巨大的壓力，它不僅控制人們的有形活動，而且控制人們的私人行為、語言，甚至思想。印加政府、印加統治者控制物質和精神的能力，達到了人類歷史上前所未有的程度。

在印加文明與它的美洲近鄰間尋找相似之處，反而不如在時空中越過較大的跨度，發現它與其他文明之間的契合來得容易。人們並不難感覺到，印加帝國的制度與古老的東方文明之間彷彿氣息相通，彼此的治國風格都以溫和韌性的陰柔美著稱，而不崇尚阿茲特克式的血性陽剛；並且，社會成員以家族組織的紐帶聯繫在一起，整個國家彷彿就是一個放大了的巨大家族。

上述類比中，有些細節頗為有趣。比如，西方學者描述了印加人與中國人相近的民族性格：絕對服從權威；尊重古老的習俗；追求形式；思想上善於模仿而不擅發明創造；溫和卻又有些固執；極富耐心——正是這種耐心和集體主義精神，而不是個人主義或對創造進取的推崇，幫助他們完成了那些宏偉艱巨的工程。印加與古印度的相似之處則體現在兩者均將社會劃分為多重等級階層，對天體和自然現象予以崇拜，並了解了頗多農業耕種的原則與規律。

同樣，印加與古埃及也十分相近；尤為突出的是：印加王、埃及法老的法定通婚對象必須是嫡親姐妹，以這種方式保持血統的純潔性；同持來世復活的觀念，雙方在各自的條件

下，以不同的方式發展了保存屍體的木乃伊技術。

為何印加文明與遙遠的外部世界有著某些相似性呢？人們或許會重提最初歐亞大陸向美洲的人口遷移，希冀從人種和文明的源頭，尋找出導致後來種種類似之處的有力支持。研究者認為，古美洲人是從西伯利亞東北部通過白令海峽而來的亞洲移民後裔。冰河時代末期，亞洲東北部先民在追捕獵物時，跟隨動物的蹤跡穿越當時還是陸橋的白令海峽，到達北美阿拉斯加，並以極快的速率向整個美洲推進，在這個廣袤的處女地上，人口迅速增加起來。早在一萬一千年前，他們已經抵達南美洲南端。

然而，如果說這些來自歐亞大陸最落後地區之一 —— 西伯利亞東北部的原始移民，帶來的極其有限的文化基因，從根本上決定了其後文化發展的軌跡，這種猜想不啻於臆斷。更為中肯的態度是，必須承認美洲大陸的燦爛文明是後來生活在這片土地的美洲居民的獨立創造，因為並沒有什麼殷實的遺產可以讓他們用來坐享其成。

似與不似的疑問，或許在另一種視野下，可以得到較為合理的解釋。正如不同民族的神話有著驚人相似的現象一樣，人類在應對現實世界，努力謀求生存之中創造出的人類文明也包含相似的內容。印加文明與其他文明之間的相似，可能是高級農業文明在相似的條件下產生的共同現象。印加與阿茲特克之間的差異，或許是不同的文明類型和文明階段之間的罅隙。因為，當時的印加擁有美洲大陸上最先進、最發達的農業。

印加文明與其他文明之間類同的一些現象，正表現出不同的民族在面對世界，征服環境，發展生存中，所具有的共同智慧。

比如，據研究，埃及法老實施兄妹通婚的作法竟然與保障灌溉農業這樣一個大題目有著深層的複雜聯繫。儘管這聽起來頗讓我們現代人感到費解，但它確實是與其相協調的一種文化產物。而灌概農業與帝族內婚也是印加的重要特徵。

可見，在一定的文明階段，兩個民族不自覺地走上不約而同的路線。

印加與古代中國的不謀而合也令人叫絕。

印加的耕地「查克拉」實行三分法，即分為太陽田、印加田和村社田，分別為祭司、王族和村社所有。農民集體耕種太陽田、印加田，所獲田產歸祭司、王族所有。村社田平均分配，男子獲得一份份地，女子半份，份地的收成歸農民所有。另一方面，中國早在殷周時期就出現「井田制」。《孟子·滕文公上》說：「方里而井，井九百畝，其中為公田。八家皆司百畝，同養公田。公事畢，然後敢治私事。」

這兩種土地制度可謂如出一轍，實質十分相近。

印加帝國的國土概念十分理想化，帝國的實際名稱「塔萬廷蘇尤」，意思就是「四個聯合在一起的地區」，即朝東、南、西、北四個方向延伸的四個區域，聯合的中心是首都庫斯科。庫斯科一詞的意思就是「世界的中心」。

而中國的四方朝拱、天下之中，以及禹劃中國為九州的觀念，也是這樣的一種理想模式。黃仁宇在《中國大歷史》中寫道：「九州的規劃實際上是一種間架性的設計，在人口統計和土地測量的技術尚未完備之際，在一個區域廣大的國家內造成了一種人為的政治區分，這種理想方式使統治者只憑一種抽象觀念即可以將全部人眾組織起來。」

無論是中國還是印加，或許在當時並不具備這種政治自覺

和政治意識，然而，其中的文明機理卻隱含著高超的智慧。

「太陽神之子」印加王在每年的春耕、秋收兩季，參與特別的宗教儀式。儀式中，印加王親手以金頭木概（印加的農耕工具）開掘第一個穴坑，播下種子。全國的農耕隨後開始。秋收時，印加王也在特定的宗教儀式中，以輕微勞作的方式，象徵性地參加勞動。在這一點上，印加與中國也十分相像。中國的帝王──「天子」──也有祭拜社稷和親耕的儀式活動。

以上種種，是不同民族在邁進前行中印留的相似足跡，與其說蹊蹺，不如說是一種人類文明的大智慧，它顯現了在歷史運命的隨機偶然中存在著某種必然。

然而，印加又有其獨特的精彩之處，它的沉穩靜謐，它那種類似國營經濟的計劃管理方式獲得的成功，使它在各個古代文明的比較中贏得「有史以來世界上最成功的集權國家之一」的美稱。

印加帝國不允許懶惰和貧困存在。普通大眾不停地勞作，他們的一生忙碌於農耕和各項大型工程之中，老來則得到集體供養。在印加，勤勞不僅是一種美德，國家還以監察制度不斷督促人們，並有專門的法律懲治懶惰。防止貧困的法律和全國調濟的辦法則使得印加國土上任何人都能免於衣食短缺。當時，在其他美洲國家，饑荒普遍流行。即使在歐洲，饑荒也十分常見。印加帝國的土地上縱然有災荒，卻沒有饑饉，不可不謂是印加王統治的巨大成就。

上述措施，同時也是防患於未然的條件和基礎。人們為免於饑餓，不停地勞作，相應地減少了犯罪和社會動亂的機率。這種作法與現代社會「繩之以法」的事後懲罰大不相同，卻更為成功。當然，這與當時的社會狀態十分相關。

印加社會的繁榮昌盛、帝國統治的條理秩序令最初訪問這個國家的西班牙開明人士大為激賞。很多人指出，對於古秘魯人來說，沒有比印加更好的政府。西班牙人物質主義的統治反而使社會狀態急劇敗壞。

　　許多善意持平態度的西方人，如卡利在《美洲通信》中宣稱的那樣，認為：「秘魯人的精神世界，遠遠勝過歐洲人。」現代社會予古老的印加帝國如此青睞，或許也是這個傑出文明所具有之成就的一項最為生動的證明。

國家圖書館出版品預行編目資料

印加的智慧，沈小榆 著 -- 初版 --
新北市：新視野 New Vision, 2019.11
　　面；　　公分 --
　　　ISBN　978-986-98077-4-6（平裝）
1. 印加文化

750.235　　　　　　　　　　　108014362

印加的智慧

沈小榆　著

主　　編　顧曉鳴
企　　劃　林郁工作室
出　　版　新視野 New Vision
責　　編　林郁、周向潮
　　　　　電話：(02) 8666-5711
　　　　　傳真：(02) 8666-5833
　　　　　E-mail：service@xcsbook.com.tw

印前作業　菩薩蠻數位文化有限公司
印　　刷　福霖印刷有限公司

總 經 銷　聯合發行股份有限公司
　　　　　新北市新店區寶橋路 235 巷 6 弄 6 號 2F
　　　　　電話 02-2917-8022
　　　　　傳真 02-2915-6275

初　　版　2019 年 11 月